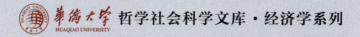
华侨大学 哲学社会科学文库·经济学系列
HUAQIAO UNIVERSITY

华侨大学哲学社会科学学术著作专项资助计划

中国工业企业
创新异质性与出口动态

CHINESE INDUSTRIAL FIRMS' INNOVATION HETEROGENEITY
AND EXPORT DYNAMICS:
THEORY AND EMPIRICAL RESEARCH

陈乘风 著

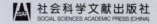
社会科学文献出版社
SOCIAL SCIENCES ACADEMIC PRESS (CHINA)

构建原创性学术平台　打造新时代精品力作

——《华侨大学哲学社会科学文库》总序

习近平总书记在哲学社会科学工作座谈会上提出："哲学社会科学是人们认识世界、改造世界的重要工具，是推动历史发展和社会进步的重要力量。"中国特色社会主义建设已经进入新时代，我国社会的主要矛盾已经发生变化，要把握这一变化的新特点，将党的十九大描绘的决胜全面建成小康社会、夺取新时代中国特色社会主义伟大胜利的宏伟蓝图变为现实，迫切需要哲学社会科学的发展和支撑，需要加快构建中国特色哲学社会科学。当前我国的哲学社会科学事业已经进入大繁荣大发展时期，党和国家对哲学社会科学事业的投入不断增加，伴随我国社会的转型、经济的高质量发展，对于哲学社会科学优秀成果的需求也日益增长，可以说，当代的哲学社会科学研究迎来了前所未有的发展机遇与挑战。

构建中国特色哲学社会科学，必须以习近平新时代中国特色社会主义思想为指导，坚持"以人民为中心"的根本立场，围绕我国和世界面临的重大理论和现实问题，努力打造体现中国特色、中国风格、中国气派的哲学社会科学精品力作，提升中华文化软实力。要推出具有时代价值和中国特色的优秀作品，必须发挥广大学者的主体作用，必须为哲学社会科学工作者提供广阔的发展平台。今天，这样一个广阔的发展平台正在被搭建起来。

华侨大学是我国著名的华侨高等学府，多年来始终坚持走内涵发展、特色发展之路，注重发挥比较优势，在为侨服务、传播中华文化的过程中，形成了深厚的人文底蕴和独特的发展模式。新时代，我校审时度势，积极融入构建中国特色哲学社会科学的伟大事业中，努力为学者发挥创造力、打造精品力作提供优质平台，一大批优秀成果得以涌现。依托侨校的天然优势，以"为侨服务、传播中华文化"为宗旨，华侨大学积极承担涉侨研究，努力打造具有侨校特色的新型智库，在海外华文教育、侨务理论与政策、侨务公共外交、华商研究、海上丝绸之路研究、东南亚国别与区域研究、海外宗教文化研究等诸多领域形成具有特色的研究方向，推出了以《华侨华人蓝皮书：华侨华人研究报告》《世界华文教育年鉴》《泰国蓝皮书：泰国研究报告》《海丝蓝皮书：21世纪海上丝绸之路研究报告》等为代表的一系列标志性成果。

围绕党和国家加快构建中国特色哲学社会科学、繁荣哲学社会科学的重大历史任务，华侨大学颁布实施《华侨大学哲学社会科学繁荣计划》，作为学校哲学社会科学的行动纲领和大平台，切实推进和保障了学校哲学社会科学事业的繁荣发展。"华侨大学哲学社会科学学术著作专项资助计划"是《华侨大学哲学社会科学繁荣计划》的子计划，旨在产出一批在国内外有较大影响力的高水平原创性研究成果。作为此资助计划的重要成果——《华侨大学哲学社会科学文库》已推出一批具有相当学术参考价值的学术著作。这些著作凝聚着华侨大学人文学者的心力与智慧，充分体现了他们多年围绕重大理论与现实问题进行的研判与思考，得到同行学术共同体的认可和好评，其社会影响力逐渐显现。

《华侨大学哲学社会科学文库》按学科划分为哲学、法学、经济学、管理学、文学、历史学、艺术学、教育学8个系列，内容涵盖马克思主义理论、哲学、法学、应用经济、国际政治、华商研究、旅游管理、依法治国、中华文化研究、海外华文教育、"一带一路"等基础理论与特色研究，其选题紧扣时代问题和人民需求，致力于解决新时代面临的新问题、新困境，其成果直接或间接服务于国家侨务事业和经济社会发展，服务于国家华文教育事业与中华文化软实力的提升。可以说，该文库是华侨大学展示自身哲学社会科学研究力、创造力、价值引领力的原创学术平台。

"华侨大学哲学社会科学繁荣计划"的实施成效显著，学校的文科整体实力明显提升，一大批高水平研究成果相继问世。凝结着华侨大学学者智慧的《华侨大学哲学社会科学文库》的陆续出版，必将鼓励更多的哲学社会科学工作者尤其是青年教师勇攀学术高峰，努力打造更多的造福于国家与人民的精品力作。

最后，让我们共同期待更多的优秀作品在"华侨大学哲学社会科学文库"这一优质平台上出版，为新时代决胜全面建成小康社会、开启全面建设社会主义现代化国家新征程作出更大的贡献。

我们将以更大的决心、更宽广的视野、更精心的设计、更有效的措施、更优质的服务，促进华侨大学哲学社会科学的繁荣发展，更好地履行"两个面向"的办学使命，早日将华侨大学建成特色鲜明、海内外著名的高水平大学！

华侨大学校长　徐西鹏

2018 年 11 月 22 日

摘　要

企业创新是实现中国出口高质量发展的重要微观基础。但是传统国际贸易理论对技术创新和国际贸易关系的研究仅停留在国家和行业层面，而现有企业异质性贸易理论没有完全解释创新对企业异质性的根本性影响，也还没充分厘清其与出口动态的关系。本书认为企业创新异质性决定了企业在生产率、产品质量和产品种类等方面的异质性表现，进而决定了异质性的出口动态，也决定了贸易利益的多样化。在实践方面，进入 21 世纪以来，中国工业企业参与出口贸易的广度和深度得到了前所未有的增长，以企业创新为基础的高技术产品出口日益占据主导地位，但是与美国等发达国家的企业相比，中国企业创新驱动出口升级的能力与全球价值链主导权仍然有待提升。

因此，本书尝试构建基于企业创新异质性的企业异质性贸易理论（模型），阐释其理论机制和企业出口动态，并以此为基础，利用中国工业企业数据库和中国海关企业进出口数据库匹配后的大样本数据，测算分析 2001～2014 年中国工业企业的过程创新、质量创新和品种创新等创新异质性特征事实，结合其出口状态、出口生存和出口增长的异质性动态，实证检验企业创新异质性对出口动态的影响，从而为制定有效的创新激励政策，促进企业出口提供对策建议。得出主要结论如下：

（1）基于企业创新异质性构建的企业异质性贸易理论（模型）认为：企业创新异质性能够提高出口生存概率，促进企业出口增长；相比于过程创新，高生产率企业的质量创新和品种创新会带来更大的出口促进效应；在多产品企业内部，创新异质性能提高企业出口的集约边际，但不同创新对出口广延边际的影响有所差别；创新异质性是研发补贴促进出口的政策传导渠道。

（2）2001～2014 年中国工业企业的创新异质性行为存在明显的波动

性，不同类型的企业侧重不同的创新选择。劳动密集型企业和资本密集型企业的过程创新活动比技术密集型企业活跃；出口企业进行过程创新的比例超过非出口企业；外资企业和加工贸易企业的质量创新比例超过本土企业和非加工贸易企业；加工贸易企业与非加工贸易企业、本土企业与外资企业的品种创新比例也有明显差别。

（3）中国工业企业的出口行为缺乏稳定性和连续性，连续出口企业的占比较低。通过多项 Logit 检验和 Cloglog 检验发现，创新异质性能够显著提高企业出口行为的连续性，减少出口进入、出口退出、间断出口等出口波动，降低企业出口失败的风险；特别是，质量创新和品种创新能够显著降低国有企业和民营企业的出口波动性，提高出口生存的概率。

（4）中国工业企业出口增长主要来自集约边际。实证检验发现，对于创新能力比较高（生产率比较高）的企业而言，质量创新和品种创新更容易带动出口扩张；质量创新对高技术企业和加工贸易企业的出口带动作用超过其他创新方式，品种创新对中低技术企业和一般贸易企业的出口促进作用超过其他创新方式。对企业出口总额在"产品－市场"层面进行二元边际分解和检验发现，创新异质性能显著促进出口集约边际和广延边际的扩张。

（5）整体来看，研发补贴能够显著激励企业创新、促进出口增长。其中，经由质量创新和品种创新的政策传导作用尤为突出；同时，品种创新在高科技产品出口中的作用更明显，而质量创新在中低技术产品出口中的作用更重要。

本书的创新在于：一是透过企业生产率、产品质量和产品品种异质性等企业异质性的表象，引入创新异质性的概念，深刻认识过程创新、质量创新和品种创新对企业出口动态起到的根本性作用，打通了"企业创新异质性—企业生产率、产品质量、产品品种异质性—出口动态异质性"的逻辑链条，深化了人们对企业创新与出口动态关系的认识；二是构建了一个同时包含过程创新、质量创新和品种创新的企业异质性贸易模型，为分析企业创新异质性对出口动态的影响提供了一个简洁的理论框架；三是基于企业层面的大样本数据，比较深入地测度分析了中国工业企业的创新异质性行为，综合采用多种计量方法进行了实证检验，为在中国情境下研究企业创新异质性与出口动态的关系提供了相对可靠的经验证据。

Abstract

Firm innovation is an important micro base for China's high-quality export development, but traditional trade theory and new trade growth theory mainly focus on the relationship between technology innovation and international trade at country or industry level, and while trade theory based on firm-heterogeneity allows study into firm-level, it fails to explain the role of firm heterogeneities. Firms' heterogeneity in efficiency, product quality and product types result from firms' different ability in innovation, i. e. , process, quality and variety innovation. Heterogenous innovations incurs heterogenous firm export behaviors and thus different trade benefit. In practice, the trade margin of Chinese export firms increased dramatically during the last 20 years, high-tech products account for the majority of China's total export. However, compared with U. S. firms, there is still long way to go for Chinese firms to export innovative products and climb up along global value chain.

Thus, this dissertation attempts to build a firm-heterogenous model based on firm's heterogeneous innovation. Besides, using the matched dataset of Chinese Industrial Enterprises Dataset and Chinese Custom Enterprises' Export & Import Dataset, this dissertation calculates and analyses Chinese manufacturing firm's performance in process, quality and variety innovation, together with their heterogenous behavior in export choice, export survial time and export growth, this dissertation further investigates the impact of heterogenous innovation on firm export, so as to make suggestions on how to introduce effective innovation-enhancing policies and promote firms' export, the main conclusions are as below:

(1) The model finds that process, quality and variety innovation all stimulate firms' export growth, increase the likelihood of firms' export survival; quality and variety innovation's export-enhancing effect is larger for more efficient firms, while process innovation cannot; for multi-product firms, heterogenous innovation could increase firms intensive margin, but different types of innovation's effects on extensive margin are quite different; R&D subsidies could stimulate firms' innovation activities and thus promote export growth.

(2) This dissertation also gives the stylized facts of Chinese manufacturing firms' heterogenous innovation as below: labor-intensive and capital-intensive firms are more active in process innovation than technology-intensive firms; the proportion of firm carrying out process innovation is higher for exporters compared with non-exports; foreign-owned firms and firms focusing on processing trade are more active in quality innovation than local firms and firms focusing on non-processing trade firms; before 2008, local firms are more active in variety innovation, while it is the opposite after.

(3) Chinese manufacturing firms' export behavior lack stability or continuity, only a small part of all firms continued export during sample period, especially capital and technology-intensive firms and private-owned firms; after mlogit and cloglog test, the dissertation finds that process, quality and variety innovation could increase firms' export continuity, reduce the phenomenom of frequent enter, exit or pause, also the likelihood of export failure; particularly, quality and variety innovation could significantly reduce state-owned and private-owned firms' export fluctuation, help them avoid export failures.

(4) Intensive margin accounts for the majority of Chinese manufacturing firms' export growth, i.e. firms export in "old products to old markets". Empirical evidence finds that: process, quality and variety innovation could help increase firms' export sales, especially quality and variety innovation;

after decomposing a firm's export into intensive and extensive margins at "product-market" levels, heterogenous innovation will promotes firms to adjust product and market combination at with-firm levels, significantly increase firms intensive and extensive margins.

(5) Overall, R&D subsidies could stimulates firm innovation and exports. Quality and variety innovation are the main channel through which subsidies works. Besides, quality innovation plays a more important role in high-tech export firms and processing trade firms, while variety innovation plays a more important role in medium-tech export firms and non-processing trade firms.

The possible contribution of this dissertation may be: first, by introducing the definition of heterogenous innovation including process, quality and variety innovation, it links firms' heterogeneity in effeiency, quality and type with firm's innovation, thus to build a logic of "firms' heterogeneity in innovation-firms' heterogeneity in effeiency, quality and type-export dynamics", thus to improve people's knowledge of innovation and firm export; second, it builds a trade model based on firm heterogeneity including process, quality and variety innovation at the same time, which provides a simple framework to investigate the impact of innovation heterogeneity on firm export dynamics; third, based on large datasets at firm-level, the dissertation calculates and analyzes the innovation behavior of Chinese manufacturing firms, and by using different empirical approaches, the dissertation provides reliable evidence on the relations between innovation heterogeneity and export dynamics under China scenes.

目　录

第 1 章　引　言

1.1　问题的提出

　　企业创新是实现创新驱动发展最重要也是最基本的微观活动，只有激发企业的创新活力、提升创新水平，才能成功打造中国出口贸易高质量发展的微观基础。企业异质性贸易理论的发展和企业层面数据的普及使学术界得以从微观层面研究企业创新与出口动态的关系。Melitz 建立了基于生产率异质性的贸易理论框架[①]，Baldwin et al. 研究将其沿着垂直差异化的方向[②]、Bernard et al. 研究将其沿水平差异化的方向[③][④]拓展，分别建立了基于质量异质性和品种异质性的企业异质性贸易模型。基于以上理论，以 Bustos[⑤]、Turco et al. [⑥] 和 Dhingra[⑦] 以及 Flach et al. [⑧] 为代表的研究将

---

①　Melitz M. J, "The Impact of Trade on Intra-Industry Reallocations and Aggregate Industry Productivity," *Econometrica*, No. 6（2003）：1695 – 1725.

②　Baldwin R. & Harrigan J, "Zeros, Quality, and Space：Trade Theory and Trade Evidence," *American Economic Journal：Microeconomics*, No. 2（2011）：60 – 88.

③　Bernard A. B, Redding S. J. & Schott P. K, "Multiple-Product Firms and Product Switching," *American Economic Review*, No. 1（2010）：70 – 97.

④　Bernard A. B, Redding S. J. & Schott P. K, "Multiproduct Firms and Trade Liberalization," *The Quarterly Journal of Economics*, No. 3（2011）：1271 – 1318.

⑤　Bustos P, "Trade Liberalization, Exports, and Technology Upgrading：Evidence on the Impact of MERCOSUR on Argentinian Firms," *American Economic Review*, No. 1（2011）：304 – 340.

⑥　Lo Turco A. & Maggioni D, "Dissecting the Impact of Innovation on Exporting in Turkey," *Economics of Innovation and New Technology*, No. 4（2015）：309 – 338.

⑦　Dhingra S, "Trading Away Wide Brands for Cheap Brands," *American Economic Review*, No. 6（2013）：2554 – 2584.

⑧　Flach L. & Irlacher M, "Product versus Process：Innovation Strategies of Multiproduct Firms," *American Economic Journal：Microeconomics*, No. 1（2018）：236 – 277.

生产率、产品质量和产品范围决定内生化，分别建立了包含过程创新、质量创新和品种创新的企业异质性贸易模型。

尽管企业创新与出口动态的关系得到越来越多的关注，但是鲜有文献深入研究企业创新对企业异质性形成和动态发展的根本性影响。本书认为：企业出口动态的差异源于企业的异质性，而企业的异质性又源于企业的创新异质性。过程创新影响企业的生产率水平，决定企业产品的生产边际成本和市场价格；质量创新影响企业的产品质量水平，决定了企业产品能否满足市场需求；品种创新影响企业的产品品种组合，决定了企业能够为市场提供多少种产品。企业是否参与出口的决策出于对生产率、产品质量和产品品种组合的综合考量，从创新异质性的角度研究企业出口动态，能够更好地理解企业出口竞争力的水平和来源。有关中国企业出口"生产率悖论"的出现，其根本原因在于生产率并不能够完全解释企业的出口动态，而基于"生产率异质性"的单一来源假定研究过程创新的贸易效应，会过分强调量的增长，而当前中国对外贸易转型升级的任务则是质的提升。

研究企业创新异质性对出口动态的影响具有重要的理论价值。一方面，将传统国际贸易理论有关技术创新的研究和企业异质性贸易理论有机联系在一起，从微观视角研究过程创新、质量创新和品种创新对出口贸易的影响，从而提升企业异质性贸易理论对经典学术议题的解释力。另一方面，借助有关企业异质性表现研究的最新成果，将生产率、产品质量和产品品种数量决定内生化，并纳入统一的理论框架，有利于从更丰富、全面的视角认识企业创新对出口动态的影响。

从创新异质性的视角研究企业创新对中国工业企业出口动态的影响也有着重要的实践意义。一方面，中国正在大力推动创新驱动发展战略，促进对外贸易转型升级，实现高质量发展。基于中国工业企业数据库和中国海关企业进出口数据库的大样本数据进行实证研究，有利于更好地认识企业创新与出口动态的关系。另一方面，未来中国经济和对外贸易高质量发展，需要发挥企业的主体作用，去寻求全球科技创新的主导权和主动权。因此，需要系统研究过程创新、质量创新和品种创新对中国工业企业的出口状态、出口生存能力和出口增长的影响，掌握企业创新影响企业出口动态的机制，了解创新激励政策促进出口、服务对外贸易高质量发展的效果。为此，需借助经验研究全面、系统、深入地认识创新异质性对企业出口动态的影响。

1.2 核心概念的界定

1.2.1 创新异质性

创新异质性是本书的核心概念，关于创新异质性，目前仍然没有明确统一的定义。Akcigit et al. 首次提出创新异质性包含"内部创新"和"外部创新"两种类型，其中内部创新指改良企业已有的生产线，外部创新指创造新产品和获取新的市场①。目前企业异质性贸易理论关于企业创新的讨论更多地集中在过程创新和产品创新两个方面。其中，不同文献关于产品创新的定义有所差别。熊彼特认为，创新包含五大类型，分别是推出全新的产品或者开发已有产品的新品种、产品生产或者销售的新方法、开发新的市场、获得新的原材料或半成品供应、产业结构的创造或破坏②。显然上述定义中的产品创新包含了产品种类增加和产品质量提升。Caldera的定义与上述相似，认为产品创新指开发新产品或者改良新产品，过程创新指的是通过新机器或新生产方式提高生产率③。而 Turco et al. 认为产品创新影响产品质量，过程创新影响边际成本④。Dhingra⑤、Flach et al. ⑥则认为产品创新包含产品种类的增加，而不包含产品质量的内容，过程创

---

① Akcigit U. & Kerr W. R, "Growth through Heterogeneous Innovations," *Journal of Political Economy*, No. 4 (2018): 1374 – 1443.

② Śledzik K, "Schumpeter's View on Innovation and Entrepreneurship," *SSRN Electronic Journal*, No. 4 (2013): 89 – 95.

③ Caldera A, "Innovation and Exporting: Evidence from Spanish Manufacturing Firms," *Review of World Economics*, No. 4 (2010): 657 – 689.

④ Lo Turco A. & Maggioni D, "Dissecting the Impact of Innovation on Exporting in Turkey," *Economics of Innovation and New Technology*, No. 4 (2015): 309 – 338.

⑤ Dhingra S, "Trading Away Wide Brands for Cheap Brands," *American Economic Review*, No. 6 (2013): 2554 – 2584.

⑥ Flach L. & Irlacher M, "Product versus Process: Innovation Strategies of Multiproduct Firms," *American Economic Journal: Microeconomics*, No. 1 (2018): 236 – 277.

新包含单位成本的下降。根据新贸易理论，产品垂直差异化和水平差异化分别是重要而不同的两个概念，而产品种类的增加和质量的提高是现实生活中人们福利提升的重要方向（崔凡等）[①]。因此本书基于熊彼特对创新的经典定义，借鉴 Dhingra、Flach et al. 的观点，将产品创新划分为品种创新和质量创新，与过程创新一起定义为创新异质性的三大内容。其中：

（1）过程创新旨在改进生产过程和流程，提高企业生产率，降低原有产品的边际成本和价格，从而增加企业的收入和利润；

（2）质量创新旨在原有产品的基础上提升产品质量水平，实现产品的垂直差异化，扩大市场对产品的需求，从而增加企业的收入和利润；

（3）品种创新旨在开发产品新的款式、类型和应用范围，实现产品的水平差异化，增加产品种类、扩大产品组合，从而增加企业的收入和利润。

1.2.2 出口动态

关于企业出口动态，其实并没有统一严格的定义，根据不同的研究目的和所使用数据的特点，不同文献对出口动态的定义和衡量方法有所不同。本书研究的出口动态包括以下三个方面：

一是企业出口状态，借鉴何文韬的方法，本书将所有出口企业划分为连续出口、出口进入、出口退出、间断出口等四种类型[②]，从整体上衡量企业的出口状态分布[③]。

二是企业出口生存时间，采用 Besedes et al.[④] 和陈勇兵等[⑤]的生存函数分析法，测算企业的出口生存时间和退出概率，从个体上衡量企业的出口生存能力。

[①] 崔凡、邓兴华：《异质性企业贸易理论的发展综述》，《世界经济》2014 年第 6 期，第 138～160 页。

[②] 何文韬：《中国知识产权海关保护、企业生产率与出口动态研究》，《国际贸易问题》2019 年第 6 期，第 46～64 页。

[③] 详见 5.1 节。

[④] Besedes T. & Prusa T. J. , "Ins, Outs, and the Duration of Trade," *Canadian Journal of Economics*, No. 1 (2006): 266 – 295.

[⑤] 陈勇兵、李燕、周世民：《中国企业出口持续时间及其决定因素》，《经济研究》2012 年第 7 期，第 48～61 页。

三是企业出口增长，包括企业层面的总额增长和企业内部的出口二元边际增长，后者主要借鉴 Bernard et al.[①]、黄远浙等[②]和孙天阳等[③]的方法，将企业出口总额在"产品－市场[④]"层面划分为集约边际和广延边际。不同的出口边际包含不同类型的企业出口交易关系，其中：集约边际指的是企业向"旧市场"出口"旧产品"，广延边际指的是企业向"新市场"出口"旧产品"或者"新产品"及企业向"旧市场"出口"新产品"[⑤]。

通过上述三个方面，本书比较全面地衡量了企业出口状态、出口生存时间、出口增长等异质性的出口动态。

1.3 研究思路、内容及方法

1.3.1 研究思路

本书从企业异质性来源多样性的视角出发，假定企业异质性包括生产率、产品质量、产品品种异质性，将技术创新内生化引入企业异质性贸易理论框架，构建过程创新、质量创新和品种创新影响企业出口动态的理论模型。具体地，本书先梳理了传统国际贸易理论关于技术创新与国际贸易关系的经典文献，结合企业异质性贸易理论有关企业创新的最新研究进展，在充分了解和掌握该领域已有成果的基础上，提出了本书的研究方向。接下来从理论上讨论企业的创新异质性决策，以及其对企业出口动态的影响。在实证研究部分，本书通过测算企业全要素生产率、出口产品质量和企业出口产品转换行为，构建企业过程创新、质量创新和品种创新的代理变量，并进一步实证检验企业创新异质性对中国工业企业出口状态、出口生存时间和出口增长的影响，进一步评估创新

---

① Bernard A, Van Beveren I. & Vandenbussche H, "Multi-Product Exporters and the Margins of Trade," *The Japanese Economic Review*, No. 2 (2014): 142 – 157.

② 黄远浙、李鑫洋、王成岐：《外资对中国企业出口影响的二元边际经验分析》，《国际贸易问题》2017 年第 5 期，第 114 ~ 125 页。

③ 孙天阳、许和连、王海成：《产品关联、市场邻近与企业出口扩展边际》，《中国工业经济》2018 年第 5 期，第 24 ~ 42 页。

④ 这里的"市场"指的是企业的出口目的国（地区），为叙述简便，本书均使用"市场"。

⑤ 详见 6.1 节。

异质性在研发补贴促进出口中的传导机制和效应。最后总结全文，并基于本书的实证结论，围绕促进中国工业企业的出口高质量发展，提出相应的政策建议。

1.3.2　研究内容

根据上述研究思路，本书的主要内容由以下各章组成：

第 1 章是引言，主要介绍本书的选题背景、研究意义、研究思路、研究内容以及研究方法，并阐明本书的创新之处。

第 2 章是技术创新、国际贸易与企业异质性：文献综述，主要系统回顾了传统国际贸易理论中有关技术创新的内容及变迁，梳理了企业异质性贸易理论有关异质性来源，以及企业创新与出口动态关系的理论进展，同时梳理了相关的实证研究成果。

第 3 章是企业创新异质性影响出口动态的理论机制。分为三个部分：一是介绍企业异质性贸易理论中有关异质性表现的理论分析；二是总结现有理论模型对企业创新与出口动态关系的研究，重点介绍了它们将不同的创新类型纳入企业异质性贸易理论的方法；三是引入创新异质性的概念，构建一个同时包含过程创新、质量创新和品种创新的企业贸易模型，最后给出了创新异质性影响企业出口动态的 4 个理论命题。

第 4 章是中国工业企业创新异质性的测度与特征事实。该章首先系统整理和匹配了中国工业企业数据库和中国海关企业进出口数据库，然后利用 Olley-Pake 法（简称 OP 法）测算中国工业企业的全要素生产率，利用需求信息回归推断法（简称 KSW 法）计算企业产品质量，考察出口企业 HS 6 位商品编码的产品转换行为，从而构建了衡量 2001~2014 年中国工业企业的过程创新、质量创新和品种创新等创新异质性行为的代理变量[1]，并从企业所有制类型、出口状态、要素密集度和贸易方式等多个维度进行了比较分析。

---

[1]　"中国工业企业数据库"和"中国海关企业进出口数据库"分别由国家统计局和海关总署收集和管理。受相关部门数据公开的进度影响，现在从市场上采购到的数据，前者最新公布数据截至 2014 年，后者最新公布数据截至 2015 年，作者所用数据已经是目前可得到的最新数据。

第 5 章是创新异质性影响中国工业企业出口状态的实证检验。本章首先采用多项 Logit 模型对中国工业企业连续出口、出口进入、出口退出、间断出口的选择进行实证检验，然后用生存分析法考察了创新异质性对企业出口生存概率的影响，并按照要素密集度和企业所有制类型进行分组回归和异质性分析。

第 6 章是创新异质性影响中国工业企业出口增长的实证检验。本章首先从"企业 - 产品 - 市场"维度测度和分析了中国工业企业出口二元边际增长的特征事实，接着用双向固定效应模型检验了创新异质性对企业出口总额和出口二元边际增长的影响，然后将所有出口企业按照创新能力、出口产品的技术水平、贸易方式和所在行业的竞争程度进行分类，分别检验创新异质性如何影响不同类型企业的出口增长，最后用两阶段最小二乘法、Heckman 两步法和交互固定效应法等多种方法进行了稳健性检验。

第 7 章是研发补贴、创新异质性和出口增长关系的实证检验。本章从科技部的"科技型中小企业创新基金"获得企业层面的研发补贴数据，将其作为政府创新激励政策的代理变量，借助基于倾向得分匹配的双重差分模型和中介效应模型，评估了企业创新异质性在研发补贴促进出口的过程中所起的政策传导作用。本章还将所有出口企业按照出口产品的技术水平和贸易方式进行分类，然后分别检验和比较研发补贴对不同类型企业的创新能力和出口动态的影响。

第 8 章是结论和政策建议，是对全文的总结，概括了本书的主要结论和政策建议，并指出了未来的研究方向。

根据上述研究内容，本书的研究框架如图 1 - 1 所示。

1.3.3 研究方法

本书基于企业创新异质性影响出口动态的理论框架，深入分析了过程创新、质量创新和品种创新影响企业出口动态的理论机制，然后利用大样本的企业微观数据，全面分析中国工业企业的创新异质性行为并实证检验了其对企业出口动态的影响。为了使研究结论更加准确、可靠，本书综合采用了多维度、多层次和多视角的方法，总结归纳如下。

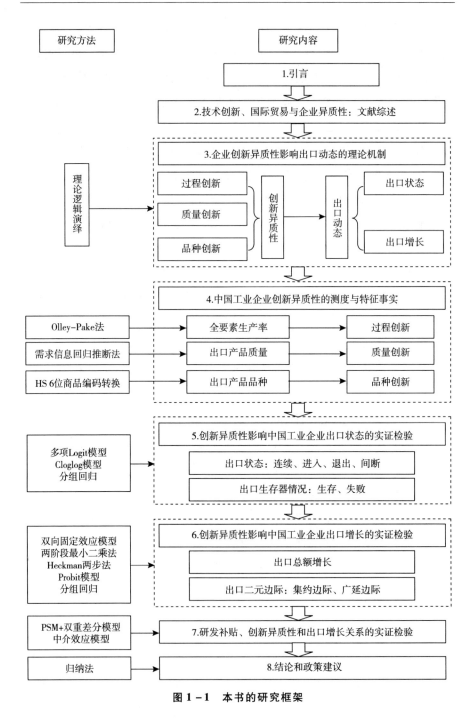

图 1-1　本书的研究框架

（1）理论逻辑演绎。本书以 Arkolakis et al. 的多产品企业模型为基准模型[①]，将 Baldwin et al. 的产品质量[②]、Bernard et al. 的多产品企业假设[③]以及 Eckel et al. 的新品种生产率递减假设[④]纳入 Melitz 模型的垄断竞争框架，从而构建了一个同时包含生产率、产品质量和品种等多种异质性的企业异质性贸易模型。然后借鉴 Caldera[⑤]、Bustos[⑥]、Turco et al.[⑦] 的做法，分别引入过程创新、质量创新和品种创新所需的固定研发成本 r_p、r_q 和 r_g，从而将企业异质性的决定内生化，构造了创新异质性影响企业出口动态的理论模型。模型中，企业的研发固定成本可以在"企业 – 产品 – 市场"层面细分或加总，从而产生不同层面、不同类型的创新异质性行为。另外，创新需要投入额外的固定成本，从而提高企业出口生产率门槛，增加退出市场的风险，但是也会通过生产率提升、产品质量升级或者品种增加使企业出口收入增加，因此企业需要在两者之间权衡，做出创新异质性决策，进而影响出口动态。

（2）中国情境下的大样本数据检验。过去 10 多年来中国工业企业的创新和出口高速发展为研究企业创新与出口动态的关系提供了独有的中国样本。本书基于中国工业企业数据库和中国海关企业进出口数据库的匹配样本，利用成熟的数据处理方法，系统地整理、匹配和测算了超过 300 万个中国工业企业数据样本和超过 1000 万条交易层面的海关企业出口数据，最终获得了 2001 ~ 2014 年包含 10 万多家企业、50 多万个观测值的中国工业出口企业非平衡面板数据。在此基础上，本书分析了中国工业企业的

① Arkolakis C, Ganapati S. & Muendler M, "The Extensive Margin of Exporting Products," NBER Working Paper 16641, 2019, http: //www. econ. yale. edu/ ~ ka265/research/Multi-Product/Arkolakis_Ganapati_Muendler_products. pdf.

② Baldwin R. & Harrigan J, "Zeros, Quality, and Space: Trade Theory and Trade Evidence," *American Economic Journal: Microeconomics*, No. 2 (2011): 60 – 88.

③ Bernard A. B, Redding S. J. & Schott P. K, "Multiproduct Firms and Trade Liberalization," *The Quarterly Journal of Economics*, No. 3 (2011): 1271 – 1318.

④ Eckel C. & Neary J. P, "Multi-Product Firms and Flexible Manufacturing in the Global Economy," *The Review of Economic Studies*, No. 1 (2010): 188 – 217.

⑤ Caldera A, "Innovation and Exporting: Evidence from Spanish Manufacturing Firms," *Review of World Economics*, No. 4 (2010): 657 – 689.

⑥ Bustos P, "Trade Liberalization, Exports, and Technology Upgrading: Evidence on the Impact of MERCOSUR on Argentinian Firms," *American Economic Review*, No. 1 (2011): 304 – 340.

⑦ Lo Turco A. & Maggioni D, "Dissecting the Impact of Innovation on Exporting in Turkey," *Economics of Innovation and New Technology*, No. 4 (2015): 309 – 338.

过程创新、质量创新和品种创新等创新异质性行为的发展动态，并发挥大样本的优势，检验了创新异质性对中国工业企业出口动态的影响，从而给出了中国情境下企业创新异质性影响出口动态的经验证据。

（3）多维度的计量分析方法。本书发挥大样本微观数据的优势，对回归样本在"企业－产品－市场"层面进行多维度的划分，并采用多种计量方法对创新异质性影响企业出口状态、出口生存时间、出口增长以及创新政策效果等问题进行了系统分析，主要使用多项 Logit 模型、Cloglog 模型、双向固定效应模型和基于倾向得分匹配的双重差分模型（PSM－DiD）以及中介效应模型进行基准检验；为了评估企业创新异质性对出口动态影响的异质性表现，本书还从创新能力、要素密集度、企业所有制类型、产品技术水平等角度进行了分组回归。为了使本书的结论更为稳健、可靠，本书综合采用两阶段最小二乘法、Heckman 两步法、Probit 模型和交互固定效应法以及改变核心变量构造方法等进行稳健性检验。

1.4　本书的创新

本书的创新在于：

（1）研究视角的创新。从企业异质性贸易理论的理论假定和经验证据来看，无论是规模成长还是出口动态都只是企业异质性的后果，而生产率、产品质量和产品品种才是企业异质性的表现，创新则是企业异质性的根本原因。本书引入创新异质性的概念，通过过程创新、质量创新和品种创新，将企业异质性的表现和原因联系起来，打通了"企业创新异质性—企业生产率、产品质量、产品品种异质性—出口动态异质性"的逻辑链条。企业异质性的创新能力决定了企业在生产率、产品质量和产品品种方面的异质性表现，进而决定了企业间出现异质性的出口动态。本书的研究视角拓展了已有文献对创新与企业出口动态的研究，并为实施创新激励政策、提升企业创新能力从而促进企业出口奠定了坚实的理论基础。

（2）理论模型的创新。本书借鉴 Arkolakis et al. 对市场进入成本的处理，引入研发固定成本，将生产率、产品质量和产品品种的决定内生化，构造了一个能从"企业－产品－市场"层面解释企业创新异质性和出口动态关系的理论模型。与已有文献不同，本书的理论模型成功地将产品质量和产品品种进行了区分，考察了其不同的影响路径；另外，已有文献通常更多的是关注创新对企业出口选择的影响，而本书的理论模型则可以分析创新对企业出口增长的影响，还可以研究创新对企业内部"产品 - 市场"层面出口二元边际增长的影响。通过引入一个代表研发补贴力度的系数，模型还能够解释创新异质性在政策激励促进企业出口中所起的传导作用。

（3）研究方法的创新。为了克服大样本企业创新调查数据缺失的难题，本书采用间接测度的方法，利用中国工业企业数据库和中国海关企业进出口数据库的匹配样本，通过全要素生产率来测度过程创新，通过出口产品质量来测度质量创新，借鉴多产品企业出口理论的成果、利用 HS 6 位商品编码的产品转换行为来测度品种创新，从而完成了企业创新异质性的测度和分析，为本书研究创新异质性与中国企业出口动态的关系创造必备的基础数据条件。

第 2 章　技术创新、国际贸易与企业异质性：文献综述

技术创新与国际贸易的关系是一个古老经典但又长盛不衰的学术议题。传统国际贸易理论和新贸易增长理论认为技术（创新）是促进出口、区域发展和经济增长的一个重要动力，并发展出成熟和系统的理论体系，如技术差距贸易理论和产品生命周期理论。随着企业异质性贸易理论的兴起和微观数据的普及，一些学者开始从微观角度对技术创新与企业出口动态的关系进行理论和实证研究，并取得了丰硕的成果，使人们对该问题的认识从国家和产业层面拓展深化到企业和产品层面。但是与传统理论相比，包含技术创新的企业异质性贸易理论研究仍然存在许多尚待解决的问题，比如如何在清晰界定不同创新类型的基础上，解释企业异质性的来源，并在统一的理论框架下研究创新对企业出口状态、出口生存时间和出口增长模式的影响。为此，本书梳理了有关技术创新与国际贸易关系的理论和经验文献，探寻技术创新与企业出口动态关系的理论变迁。

2.1　技术创新与国际贸易——国家和行业层面

2.1.1　有关技术创新的国际贸易理论

熊彼特认为经济增长得益于产业和贸易的发展，而创新又是驱动贸易发展的根本性动力之一，他将创新定义为：经济内部不断自我改革的产业突变过程，不断破坏旧的结构，创造新的结构，也称为"创造性的破坏"（creative destruction）。他把创新分为五大类型，分别是推出全新的产品或

者开发已有产品的新品种、产品生产或者销售的新方法、开发新的市场、获得新的原材料或半成品供应、产业结构的创造或破坏①。上述定义包含了产品创新、过程创新、营销创新和组织创新等广泛的内容，覆盖经济活动的方方面面，而且强调创新是技术的动态变化。

尽管如此，早期的国际贸易理论并没有十分重视技术创新的作用。以大卫·李嘉图为代表的古典贸易理论提出国家间的技术差异（劳动生产率）是各国参与国际贸易的动因；赫克歇尔－俄林理论则认为各国凭借自身的资源禀赋（和外生给定的劳动生产率）确立比较优势，参与国际贸易分工。但是无论是基于技术差异还是资源禀赋差异的贸易理论，它们都没有体现技术水平的动态进步，只是假定技术是"静态"的（黄静波等）②，所以从本质上来讲他们的理论并没有体现技术创新的内容。

直到 20 世纪中叶，随着制成品特别是高技术产品出口在全球出口中所占的比重稳步提升（Cantner et al.）③，学术界才开始大量关注技术进步对国际贸易的影响。以 Ponser 为代表的技术差距理论侧重从供给侧解释技术进步与国际贸易的关系，他将熊彼特有关创新的定义引入一个动态模型，假设每个国家都存在持续的产品创新或者过程创新，但是在不同国家之间乃至同一国家内部的不同产业之间，技术水平、技术进步的速率、技术投资的比例和技术应用的效率都有差别，所以不同国家同一产业不可避免地存在技术差距。这使得技术创新能力较强的国家获得了竞争优势，生产和出口技术领先的产品，而技术进步"滞后"的国家处于模仿和追赶的地位，要从技术领先的国家进口相应的产品，直到完成追赶④。以 Vernon 为代表的产品生命周期理论则侧重从需求侧解释技术创新与国际贸易的关系，他将营销理论中的产品生命周期概念引入贸易理论，他认为发达国家凭借技

---

① Śledzik K,"Schumpeter's View on Innovation and Entrepreneurship," *SSRN Electronic Journal*, No. 4（2013）：89－95.

② 黄静波、孙晓琴：《技术创新与出口：理论与实证研究的发展》，《国际贸易问题》2007年第9期，第124～128页。

③ Cantner U. & Hanusch H,"Process and Product Innovations in an International Trade Context," *Economics of Innovation and New Technology*, No. 3（1993）：217－236.

④ Ponser M. V,"International Trade and Technical Change," *Oxford Economic Papers*, No. 3（1961）：323－341.

术优势率先推出创新性的产品，在产品生命周期的初期阶段，本国的消费者需求旺盛，但随后逐渐减少，于是发达国家转而将产品出口到不发达国家，不发达国家通过对进口产品的技术模仿，开始生产并最终出口相应的产品。发达国家为了保持出口优势，必须不断进行技术创新[1]。Krugman 以产品生命周期理论为基础发展了一个解释南北贸易的一般均衡模型，假设技术创新采用"产品创新"的形式，北方国家率先研发、生产和出口新产品并向南方国家进行技术转移，南方国家进口新产品、学习北方国家的先进技术并出口北方国家不再生产的旧产品[2]。除了上述文献，Hirsch[3]、Dollar[4]、Davis[5] 等的许多文献也对技术创新与国际贸易的关系进行了大量的研究。上述理论一般称为"新技术贸易理论"（Neo-Technology Trade Theory）或者"新技术贸易流派"（Neo-Technology Approach）。相比于早期的国际贸易理论，新技术贸易理论的进步显而易见，但是局限性也非常明显。它们虽然也肯定技术创新的存在和作用，但这种创新依然是外生的，依赖发达国家的技术转移，而这种技术转移也是外生产生的，并在此基础上解释了南北贸易的格局。

新贸易理论则强调规模经济、不完全竞争给技术创新和国际贸易带来的影响（Helpman）[6]，比如加大研发投资、进行技术创新并出口产品，有利于克服企业的固定成本，从而实现规模经济。而因为贸易成本和不完全竞争市场的存在，母国市场规模对企业贸易竞争力的形成至关重要，一个国家会集中研发、生产和出口本国市场规模较大的产品，即"母国市场

① Vernon R，"International Investment and International Trade in the Product Cycle," *The Quarterly Journal of Economics*, No. 2（1966）：190 – 207.

② Krugman P，"A Model of Innovation, Technology Transfer, and the World Distribution of Income," *Journal of Political Economy*, No. 2（1979）：253 – 266.

③ Hirsch S, *Location of Industry and International Competitiveness*（Oxford：Clarendon Press, 1967）.

④ Dollar D，"Technological Innovations, Capital Mobility, and the Product Cycle in North – South Trade," *American Economic Review*, No. 1（1986）：177 – 190.

⑤ Davis D. R，"Intra-Industry Trade：A Heckscher-Ohlin-Ricardo Approach," *Journal of International Economics*, No. 3（1995）：201 – 226.

⑥ Helpman E，"Multinational Corporations and Trade Structure," *The Review of Economic Studies*, No. 3（1985）：443 – 457.

效应"（Krugman）①。因为规模经济的存在，市场规模比较大的国家集中生产差异化的产品，而市场规模小的国家则专注生产同质化产品。但也有文献以新贸易理论为基础发展出包含技术创新的理论模型（如 Huang et al. ②），认为只要市场规模小的国家的技术创新速度够快、相对于市场规模比较大的国家的技术优势够大，那么就能够克服母国市场效应的不利影响。

　　新增长理论认为技术创新是内生的，是经济发展的重要驱动力，当被拓展到开放经济框架时，则被称为"新贸易增长理论"（Romer③，Aghion et al. ④，Grossman et al. ⑤）。相关理论认为：企业基于利润最大化的动机进行研发投资、从事技术创新，并将产品出口到国际市场。根据对创新的不同定义，不同文献构建的理论模型略有差别。如 Grossman et al. 建立了包含产品质量阶梯持续升级的动态模型，并用该模型解释了创新对国际贸易模式的影响。产品生命周期的循环和国际贸易的模式建立在发达国家的质量创新和发展中国家的质量模仿上面，这两种类型的国家都能够实现产品质量阶梯上升。与传统产品生命周期理论不同的是，发达国家可能通过质量创新重新夺回被发展中国家占据的出口份额。Young 则建立了一个包含干中学的内生增长模型，他认为发达国家能够从国际贸易中获得更快的技术进步，而发展中国家则不然，所以在没有政策干预的情况下，发达国家和发展中国家的技术差距会被国际贸易放大⑥。新贸易增长理论将技术创新内生化，并与其他国际贸易理论甚至区域经济学的研究进展大量结合，从而大大增强了技术创新对国际贸易的解释能力，其局限性在于仍然僵硬地假设发达国家在技术创新方面处于全面领先，而不发达国家完全处

---

①　Krugman P，"Scale Economies，Product Differentiation，and the Pattern of Trade，" *American Economic Review*，No. 5（1980）：950 – 959.

②　Huang Y. & Huang D，"Technology Advantage and Home-Market Effect：An Empirical Investigation，" *Journal of Economic Integration*，No. 1（2011）：81 – 109.

③　Romer P. M，"Endogenous Technological Change，" *Journal of Political Economy*，No. 5，Part 2（1990）：S71 – S102.

④　Aghion P. & Howitt P，"A Model of Growth through Creative Destruction，" *Econometrica*，No. 2（1992）：323 – 351.

⑤　Grossman G. M. & Helpman E，"Quality Ladders in the Theory of Growth，" *The Review of Economic Studies*，No. 1（1991）：43 – 61.

⑥　Young A，"Learning by Doing and the Dynamic Effects of International Trade，" *The Quarterly Journal of Economics*，No. 2（1991）：369 – 405.

于落后、模仿和追赶的地位。

2.1.2 技术创新对国际贸易的影响

正如上文所述，技术水平（技术创新能力）的差异是国际贸易产生和进行的一个主要原因。具有异质性技术（Heterogeneous Technology）的不同国家专注于生产本身具有比较优势的产品（Kerr）[①]。从某种程度而言，异质性的创新及其对国家和行业产生的异质性影响一直是国际贸易理论研究的重要内容。

从技术创新本身来看，其异质性可以体现为技术创新类型的差异，如 Dornbusch et al. [②]、Wilson[③] 等关注以成本节约为核心的过程创新；Vernon[④]、Krugman[⑤] 和 Dollar[⑥] 关注产品创新；Grossman et al. [⑦] 则关注产品质量改进的技术创新。其中很多文献还认为技术创新对国际贸易的影响不仅仅体现在一个国家是否进行了技术创新，还体现在是什么样的国家开展了技术创新。他们认为技术创新的异质性也可以体现为技术创新能力的高低，如在包含技术创新的南北贸易模型中，他们大多假设北方国家从事原发创新，而南方国家从事模仿创新。另外一些学者则认为，采取了什么样的技术创新才是关键，只考虑单一创新类型的模型局限性比较明显。如 Cantner et al. 构建了一个同时包含过程创新和产品创新的两国贸易模型，他们假设

① Kerr W. R, "Heterogeneous Technology Diffusion and Ricardian Trade Patterns," *The World Bank Economic Review*, No. 1（2017）: 163 – 182.

② Dornbusch R, Fischer S. & Samuelson P. A, "Comparative Advantage, Trade, and Payments in a Ricardian Model with a Continuum of Goods," *The American Economic Review*, No. 5（1977）: 823 – 839.

③ Wilson C. A, "On the General Structure of Ricardian Models with a Continuum of Goods: Applications to Growth, Tariff Theory, and Technical Change," *Econometrica*, No. 7（1980）: 1675 – 1702.

④ Vernon R, "International Investment and International Trade in the Product Cycle," *The Quarterly Journal of Economics*, No. 2（1966）: 190 – 207.

⑤ Krugman P, "A Model of Innovation, Technology Transfer, and the World Distribution of Income," *Journal of Political Economy*, No. 2（1979）: 253 – 266.

⑥ Dollar D, "Technological Innovations, Capital Mobility, and the Product Cycle in North-South Trade," *American Economic Review*, No. 1（1986）: 177 – 190.

⑦ Grossman G. M. & Helpman E, "Quality Ladders in the Theory of Growth," *The Review of Economic Studies*, No. 1（1991）: 43 – 61.

两个国家存在技术差距，但都能同时进行过程创新，而只有技术先进国有能力进行产品创新，技术跟随国只能进行产品模仿。模型结果发现，无论是技术先进国还是技术跟随国进行产品创新（模仿），都能够改善两国福利；而在进行过程创新时，先进行创新的国家福利会增加，而被动进行创新的国家福利会减少[1]。Eaton et al. 则进一步认为传统的国际贸易理论都没有在统一的框架下解释行业间和国家间的技术差异，而这种技术差异或者说技术异质性（Technology Heterogeneity）是国家绝对优势和比较优势的来源。他们以大卫·李嘉图模型为基础构建了一个包含技术异质性的贸易模型，其中一个国家的生产率服从 Frechet 分布：$F_i(z) = e^{-T_i z^{-\theta}}$，其中 $T_i > 0$ 代表 i 国的整体技术水平，即绝对优势[2]，$\theta > 0$ 代表不同产品的技术异质性，即比较优势，θ 的值越小，异质性程度越大，而参与国际贸易的福利也越大[3]。

　　国家间的差异对技术创新的贸易效应也会产生重要的影响。当国际贸易理论开始关注技术创新的影响时，国家差异导致的异质性影响就被当作重要的参考因素，其中最为典型的是南北贸易模型（Goglio et al.[4]、Fagerberg[5]）。这种国家差异既可能源于技术创新水平的差异，如创新能力强的北方国家和模仿能力强的南方国家；也可能来自创新政策的差别，如 Grossman et al.[6] 强调不同国家研发投入水平的差异和国家规模的影响；甚至可能来自制度的差别，如 Amable et al. 实证研究了技术创新对出口竞争力的影响，发现"日本的制度安排与德国、英国、美国和意大利等都

---

[1]　Cantner U. & Hanusch H, "Process and Product Innovations in an International Trade Context," *Economics of Innovation and New Technology*, No. 3 (1993): 217 - 236.

[2]　该模型假设所有国家是独立同分布的，$T_i > 0$ 代表不同国家生产率分布的位置，其值越大，代表该国在任意产品上的生产率越高。

[3]　Eaton J. & Kortum S, "Technology, Geography, and Trade," *Econometrica*, No. 5 (2002): 1741 - 1779.

[4]　Goglio A. & United N. C. O. T, "*Technology Gap*" *Theory of International Trade* (A Survey: UN, 1991).

[5]　Fagerberg J, "Technology and Competitiveness," *Oxford Review of Economic Policy*, No. 3 (1996): 39 - 51.

[6]　Grossman G. M. & Helpman E, "Quality Ladders in the Theory of Growth," *The Review of Economic Studies*, No. 1 (1991): 43 - 61.

有所不同"①；而 Porter② 和 Fagerberg③ 则强调了产业集聚对技术创新贸易效应的影响。

　　在行业间的差异方面，传统国际贸易理论通过绝对优势和比较优势的概念来区分不同行业的差异，但是大多假设技术创新（技术进步）在所有产业部门或者所有产业方面是同步发生的，因为理论框架的局限，他们难以对行业差异乃至行业内部企业创新的差异进行深入的研究。直到 20 世纪 90 年代，一些学者开始尝试研究行业的技术创新差异，如在 Cantner et al. 的模型中，他们假设技术创新给技术密集度（Technological Intensity）更高的部门带来的生产率提升幅度更大。Cohen et al. 认为不同行业的创新策略存在很大的差别，如石油行业有四分之三的研发投资用于过程创新，而医药行业仅有四分之一的投资用于过程创新。他们认为这种行业间的差异来自外生的行业或企业差别。为此，他们建立了一个模型来分析企业规模和创新选择之间的关系，结果发现规模越大的企业越倾向于过程创新而不是产品创新④。

　　随着全球化的推进，技术创新在促进国际贸易发展中的作用越来越突出，而越来越多的学者注意到，传统理论的局限性越来越明显，比如即使是发达国家研发领先的行业也只有极少部分企业是创新型企业，绝大多数企业仅从事一般性生产活动。一些学者则在传统理论的框架下融入企业异质性，尝试从企业层面和行业层面更好地解释技术创新和国际贸易的关系。Klette et al. ⑤、Lentz et al. ⑥、Doraszelski et al. ⑦ 在新贸易增长理论的

①　Amable B. & Verspagen B,"The Role of Technology in Market Shares Dynamics," *Applied Economics*, No. 2 (1995)：197 – 204.

②　Porter M. E, *Competitive Advantage of Nations* (New York：Free Press, 1990).

③　Fagerberg J, "User-Producer Interaction, Learning and Comparative Advantage," *Cambridge Journal of Economics*, No. 1 (1995)：243 – 256.

④　Cohen W. M. & Klepper S,"Firm Size and the Nature of Innovation within Industries：The Case of Process and Product R&D," *The Review of Economics and Statistics*, No. 2 (1996)：232 – 243.

⑤　Klette T. J. & Kortum S, "Innovating Firms and Aggregate Innovation," *Journal of Political Economy*, No. 5 (2004)：986 – 1018.

⑥　Lentz R. & Mortensen D. T, "An Empirical Model of Growth through Product Innovation," *Econometrica*, No. 6 (2008)：1317 – 1373.

⑦　Doraszelski U. & Jaumandreu J,"R&D and Productivity：Estimating Endogenous Productivity," *The Review of Economic Studies*, No. 4 (2013)：1338 – 1383.

框架下构建了企业异质性创新影响行业总体创新水平的模型。Akcigit et al. 甚至直接提出"异质性创新"（Heterogeneous Innovation）的概念，他们假设企业存在两种异质性的创新，分别是外部创新和内部创新，前者指的是新产品开发和市场开发，后者指的是已有产品线的改良，其核心观点在于异质性的创新会影响企业发展动态进而影响整体经济的增长①。Navas 则将企业异质性纳入两国、两种商品、两种要素和两种创新的赫克歇尔 – 俄林模型，研究发现一国具有比较优势的行业中，企业有更大的倾向进行过程创新，提高企业和行业的生产率，从而提高企业的出口倾向，进而促进产品创新②③。

2.1.3　技术创新与国际贸易的实证研究

随着相关理论的成熟和国际贸易的发展，国外学者较早开始对技术创新与国际贸易的关系展开实证研究。Greenhalgh 发现技术创新对英国出口具有显著的促进作用④。Verspagen et al. 通过研究 OECD 国家的行业面板数据发现，R&D 支出能显著促进一国的出口，但是这种出口效应存在明显的行业差别⑤。Miguel 基于 21 个 OECD 国家的面板数据研究发现来自国外的技术溢出对非 G7 国家的出口具有显著的促进作用，但是对 G7 国家的出口却没有影响⑥。DiPietro et al. 基于世界经济论坛提供的 59 个国家的面板数据的研究发现，技术创新能够显著促进一国的出口，特别是制造业

①　Akcigit U. & Kerr W. R.，"Growth through Heterogeneous Innovations，" *Journal of Political Economy*，No. 4（2018）：1374 – 1443.

②　Navas A，"Technology and the Dynamics of Comparative Advantage，" *Review of International Economics*，No. 1（2018）：140 – 164.

③　该文的理论模型中，消费者函数和最终产品生产函数与 Melitz 的相同，不同之处在于每个企业可以通过中间品投资进行过程创新，从而提高生产率。不同行业间企业的差异来自中间品投入。该模型通过一个柯布 – 道格拉斯生产函数来代表中间投入品的生产：$x_i = A_i S_i^{\beta_i} L_i^{1-\beta_i}$，其中 $A_i = \beta_i^{-\beta_i}(1-\beta_i)^{\beta_i-1}$，$0 < \beta_i < 1$，$\beta_i$ 代表 i 行业中间投入品的要素密集度。

④　Greenhalgh C，"Innovation and Trade Performance in the United Kingdom，" *Economic Journal*，No. 1（1990）：105 – 118.

⑤　Verspagen B. & Wakelin K，"Trade and Technology from a Schumpeterian Perspective，" *International Review of Applied Economics*，No. 2（1997）：181 – 194.

⑥　Miguel L，"Exports，Product Differentiation and Knowledge Spillovers，" *Open Economies Review*，No. 4（2005）：363 – 379.

中的高科技产业①。Salim et al. 采用格兰杰因果分析发现增加研发支出能够明显促进对澳大利亚出口，减少贸易逆差②。Montobbio et al. 基于包括中国在内的 9 个发展中国家 9 个产业的数据进行实证研究，结果证明技术创新能够显著改善一国的出口表现，在产业层面高科技行业的作用最为明显，在国别方面中国和新加坡的表现最为突出，认为发展中国家可以通过技术创新来改变国际竞争力过低的情况③。Pereira et al. 则基于比利时、法国、德国和意大利四国行业层面的面板数据研究发现技术创新能够显著促进制造业出口④。

　　中国技术创新的快速进步和对外贸易的崛起为研究技术创新与对外贸易的关系提供了良好的样本，国内学者也做了大量的实证研究，对相关理论进行了实证检验。一些学者侧重从国家和地区层面研究技术创新对中国对外贸易的影响，比如：余道先等研究发现来自国外的专利授权显著地促进了我国出口贸易的发展，而我国的专利授权对出口贸易的影响不显著⑤。张辽等实证检验了 R&D 投入、专利授权量和科研机构比重对 1998～2012 年中国 30 个省、区、市的外贸增长质量的影响，结果发现技术创新能够显著提高地区外贸增长质量⑥。代明等利用 2007～2014 年中国对 112 个国家出口贸易的面板数据的研究发现：中国技术水平与高收入进口国知识产权保护的交互效应对中国出口贸易的影响显著为负，而与低收入进口国知识产权保护的交互效应的影响并不显著⑦。汪桥红利用中国省级面板数据

---

① DiPietro W. R. & Anoruo E, "Creativity, Innovation, and Export Performance," *Journal of Policy Modeling*, No. 2 (2006): 133 – 139.

② Salim R. A. & Bloch H, "Business Expenditures on R&D and Trade Performances in Australia: Is There a Link?" *Applied Economics*, No. 3 (2009): 351 – 361.

③ Montobbio F. & Rampa F, "The Impact of Technology and Structural Change on Export Performance in Nine Developing Countries," *World Development*, No. 4 (2005): 527 – 547.

④ Pereira E. T, Bento J. P. C. & Priede J, "The Contribution of Technological Change on EU's Exports," *Procedia-Social and Behavioral Sciences*, No. 6 (2013): 658 – 664.

⑤ 余道先、刘海云：《我国自主创新能力对出口贸易的影响研究——基于专利授权量的实证》，《国际贸易问题》2008 年第 3 期，第 28～33 页。

⑥ 张辽、杨成林：《技术能力、金融发展与外贸增长质量——来自我国的证据》，《国际贸易问题》2015 年第 7 期，第 158～167 页。

⑦ 代明、陈霄、姜寒：《出口国技术水平与进口国知识产权保护的互动效应对出口国出口贸易的影响——基于中国出口贸易的实证》，《技术经济》2017 年第 5 期，第 103～109 页。

研究发现：适宜性技术进步显著促进了全国以及东部地区的出口广度增长，但是对出口深度增长无促进效果①。

一些学者侧重从行业差异的角度进行研究，比如：李汉君基于技术含量的视角，分别研究技术创新投入和产出指标对中国出口商品结构的影响。研究发现 R&D 经费支出促进了高技术产品的出口，抑制了低技术产品的出口；而专利授权量促进了低技术产品的出口，抑制了高技术产品的出口。不论以 R&D 经费支出还是专利授权量来衡量的技术创新能力都不利于中国技术产品的出口②。李小平等测算和比较了中国不同行业出口产品的质量水平，并通过实证检验发现中国行业出口质量的提升是各国从中国进口贸易占比增长的重要原因③。胡小娟等通过研究 2001~2013 年中国制造业的行业面板数据发现，模仿创新和自主创新都能够显著促进中国制造业出口，其中模仿创新能够显著促进重工业的出口，但对轻工业出口影响不显著④。崔娜等从行业异质性视角研究创新对中国工业行业出口中本土市场效应的调节作用，发现行业创新能够显著增强中国的本土市场效应，其中自主研发的增强作用在逐年减弱，而购买国内技术的增强作用则在逐年加强⑤。李勤昌等利用中国制造业行业层面的面板数据进行实证检验，发现技术创新能够显著提高中国出口增加值，提高中国制造业的全球竞争力⑥。祝树金等基于 2006~2014 年中国制造业行业的出口数据，构建了以技术创新和技术模仿为中介变量的单步多重中介效应模型，实证检验发现：行业知识产权保护的加强促进了出口二元边际的增长，技术创新和技术模仿在其中发挥了重要的中介渠道作用，其中技术创新的中介效应

① 汪桥红：《技术引进、适宜性技术进步与出口增长》，《东南大学学报》（哲学社会科学版）2015 年第 6 期，第 92~98 页。
② 李汉君：《技术创新对中国出口商品结构的影响——基于技术含量视角的实证分析》，《国际经贸探索》2012 年第 11 期，第 26~33 页。
③ 李小平、周记顺、卢现祥等：《出口的"质"影响了出口的"量"吗？》，《经济研究》2015 年第 8 期，第 114~129 页。
④ 胡小娟、陈欣：《技术创新模式对中国制造业出口贸易影响的实证研究》，《国际经贸探索》2017 年第 1 期，第 47~59 页。
⑤ 崔娜、柳春：《中国工业行业出口的本土市场效应：创新的调节作用》，《国际贸易问题》2018 年第 3 期，第 37~50 页。
⑥ 李勤昌、刘明霞、焦亚南：《技术创新、出口本国增加值与全球竞争力——来自中国制造业的证据》，《宏观经济研究》2019 年第 1 期，第 110~124 页。

更强，这种中介效应在资本与技术密集型行业的影响超过在劳动密集型行业的影响①。

　　还有一些学者研究了技术差距和技术传递对贸易的影响，如：邓兴华等利用引力模型检验了 1992～2010 年 186 个国家和地区间专利流动量对双边贸易流量的影响，研究发现专利国际化通过广延边际的增长显著地提高了双边贸易额，而对集约边际的影响则不确定②。傅帅雄等实证检验了 26 个国家间的技术差距与贸易的关系，发现技术差距越大，两国的贸易总额越少③。

　　整体而言，经验研究的证据支持传统理论中有关技术创新与国际贸易关系的理论预期，如技术创新会促进国家出口，并且技术密集型行业中技术创新的出口带动效应大于非技术密集型行业，以及发达国家通过本土原创技术提高国际贸易的比较优势，而发展中国家更容易通过技术模仿或者外来技术溢出提高产业的国际竞争力。但是由于理论框架和数据可获得性的限制，新贸易理论和新增长理论及其实证研究只能从国家层面和行业层面研究技术创新对国际贸易的影响，而且大多只能使用 R&D 投入、专利授权量等作为技术创新的指标，无法区分和研究过程创新、质量创新和品种创新等创新产出指标对国际贸易的影响，更无法深入企业层面了解出口动态。

2.2　技术创新与出口动态——企业层面

　　企业异质性贸易理论的发展为认识技术创新与国际贸易的关系提供了全新的理论框架，使得人们能够从微观的视角研究技术创新对企业出口动态的影响。在有关技术创新的议题上，企业异质性贸易理论与传统国际贸易理论既有所差别但是又一脉相承，主要差别在于前者能够从企业层面研

---

① 祝树金、段凡、李仁宇：《本国知识产权保护如何影响出口边际——基于技术创新和技术模仿的中介效应分析》，《湖南大学学报》（社会科学版）2018 年第 6 期，第 40～48 页。

② 邓兴华、林洲钰：《专利国际化推动了贸易增长吗——基于贸易二元边际的实证研究》，《国际经贸探索》2016 年第 12 期，第 4～20 页。

③ 傅帅雄、罗来军：《技术差距促进国际贸易吗？——基于引力模型的实证研究》，《管理世界》2017 年第 2 期，第 43～52 页。

究企业的技术创新和出口动态的关系；相同之处在于都是以聚焦生产率改进的过程创新为出发点，以聚焦质量升级的质量创新和产品范围扩张的品种创新为主要拓展方向，从企业层面形成异质性创新影响企业出口动态的理论体系。本节将对相关理论成果和实证研究进行梳理介绍。

2.2.1　企业异质性贸易理论：企业异质性的表现

如果说传统国际贸易理论从宏观层面研究国家和行业参与国际贸易的动因，企业异质性贸易理论则从微观层面研究企业参与出口业务的动因，或者决定企业异质性出口动态的因素。随着企业异质性贸易理论的发展和微观数据的大量普及，基于企业异质性贸易理论的理论和经验研究成果大量涌现，但这些成果更多的是关于企业异质性表现或者结果，如规模、出口与否、所有制和要素密集度等企业特征。近年来，有学者开始尝试从根本上探讨企业异质性的来源，如 Hottman et al.[①]，其中生产率、产品质量和产品品种等方面的异质性是比较重要的三个维度。下文将对相关文献的发展脉络进行梳理。

1. 生产率异质性

Melitz 以生产率差异作为企业异质性的单一来源，开创了企业异质性贸易理论的先河[②]。该模型以新贸易理论为基础，引入 Hopenhayn 中企业生产率异质性的假设，纳入 Krugman 的企业自由进入的均衡条件，同时包含固定的贸易成本，建立了一个包含企业生产率异质性的贸易理论模型。该模型认为国际贸易会促使资源在产业内企业间重新优化配置，资源会进一步向生产率比较高的企业集中，形成企业层面的"优胜劣汰"，从而提高整个行业的生产率水平。该模型优美简练，具有较强的明确性和可扩展性。经过 10 多年的理论发展和实证检验，Melitz 模型得到更广泛的应用，目前在谷歌学术上的引用次数超过 14000 次[③]。如果说传统国际贸易理论关注

---

① Hottman C. J, Redding S. J. & Weinstein D. E, "Quantifying the Sources of Firm Heterogeneity," *Quarterly Journal of Economics*, No. 3（2016）：1291 – 1364.

② Melitz M. J, "The Impact of Trade on Intra – Industry Reallocations and Aggregate Industry Productivity," *Econometrica*, No. 6（2003）：1695 – 1725.

③ 检索时间：2020 年 2 月 17 日。

国家间和行业间的比较优势和资源优化配置，企业异质性贸易理论则让我们更好地理解企业层面的竞争力来源和资源优化配置，如企业的进入与退出乃至产品层面的优胜劣汰。在 Melitz 之前，已经有其他学者基于企业异质性建立了不同的理论模型，如 Montagna 基于企业间和国家间的技术异质性建立了一个垄断竞争框架下的贸易模型①，Jean 以 Montagna 的模型为基础建立了一个包含企业异质性的局部均衡贸易模型②，Bernard et al. 则建立了一个包含企业异质性的大卫·李嘉图模型③。不论采用什么样的模型框架，他们都假设生产率差异是企业异质性的来源，也得出了相似的结论，如生产率更高的企业出口倾向更高。这与经典经济学理论的逻辑是一致的，生产率更高的企业、行业和国家，更能够克服交易成本，在市场竞争中表现出更高的竞争力，从而获得更高的市场份额。所以不论是从传统国际贸易理论还是企业异质性贸易理论，无论是从宏观层面还是微观层面，生产率都是出口竞争力的一个重要来源，也是决定企业异质性和出口动态的重要因素。

2. 质量异质性

按照国际贸易理论和基于生产率差异的企业异质性贸易模型，产品价格应该和生产率成反比，生产率更高的企业出口倾向大于生产率低的企业。但是国际贸易的特征事实却显示，上述假设并不总是成立。Schott 认为原因在于国际贸易中存在大量的产品内分工（within product），资本和技术禀赋不同的国家会生产垂直差异化的产品，他认为 Grossman et al. 的质量阶梯理论和企业异质性理论能够较好地解释上述现象，创新能力比较强的企业会不断提高产品质量以代替原有产品，而这会提高单位产品价格④。此后出现一系列基于产品质量的企业异质性贸易理论文献，如 Baldwin et al.⑤、

① Montagna Catia, "Monopolistic Competition with Firm-Specific Costs," *Oxford Economic Papers*, No. 47 (1995): 318 – 328.

② Jean S, "International Trade and Firms' Heterogeneity under Monopolistic Competition," *Open Economies Review*, No. 3 (2002): 291 – 311.

③ Bernard A. B, Eaton J. & Jensen J. B., et al, "Plants and Productivity in International Trade," *The American Economic Review*, No. 4 (2003): 1268 – 1290.

④ Schott P. K, "Across-Product versus Within-Product Specialization in International Trade," *The Quarterly Journal of Economics*, No. 2 (2004): 647 – 678.

⑤ Baldwin R. & Harrigan J, "Zeros, Quality, and Space: Trade Theory and Trade Evidence," *American Economic Journal: Microeconomics*, No. 2 (2011): 60 – 88.

Johnson 将产品质量异质性引入 Helpman et al. 模型，发现质量能力更强的企业会选择生产高质量的产品并制定较高的价格[①]；Hallak et al. 则建立基于生产率和产品质量双重异质性的贸易模型，发现当存在最低出口质量限制时，出口企业常常会出口质量和价格都比较高的产品，市场资源也会向质量水平更高的企业集中。于是他们认为，产品质量和生产率一样都是企业竞争力的重要来源，对企业出口动态有重要影响[②][③]。为了克服产品质量难以测量和比较的问题，Crozet et al. 构建了一个基于产品质量异质性的贸易理论模型，并以法国红酒出口企业为样本实证检验基于产品质量的出口自选择效应：产品质量更好的企业出口概率更大、出口量更多且出口价格更高[④]。Kugler et al. 则建立了一个基于产品质量内生选择的企业异质性模型，当所有企业的产品质量不存在差别时，该模型就是标准的 Melitz 模型；当质量存在差异时，生产率更高的企业会选择使用更高质量的中间投入品或者通过规模经济克服质量升级所需的固定成本，进而生产出更高质量的产品，从而更容易进入出口市场[⑤]。

近年来，不少学者开始考虑消费者国别需求的异质性，这时生产率单一异质性越发无法解释企业出口动态，产品质量异质性也越发重要，比如收入较高的发达国家对高质量产品的需求较高，这种外来的需求冲击会增加高质量产品的出口概率。此外，也有不少学者采用其他方式构建了不同的产品质量异质性贸易理论模型，如 Choi et al.[⑥]、Fajgelbaum et al.[⑦]、

[①] Johnson R. C, "Trade and Prices with Heterogeneous Firms," *Journal of International Economics*, No. 1 (2012): 43 – 56.

[②] Hallak J. & Sivadasan J, "Productivity, Quality and Exporting Behavior under Minimum Quality Constraints," University Library of Munich, Germany, MPRA Paper, 2008, http://webuser. bus. umich. edu/jagadees/papers/ucsc_all. pdf.

[③] Hallak J. C. & Schott P. K, "Estimating Cross-Country Differences in Product Quality," *The Quarterly Journal of Economics*, No. 1 (2011): 417 – 474.

[④] Crozet M, Head K. & Mayer T, "Quality Sorting and Trade: Firm-Level Evidence for French Wine," *The Review of Economic Studies*, No. 2 (2012): 609 – 644.

[⑤] Kugler M. & Verhoogen E, "Prices, Plant Size, and Product Quality," *The Review of Economic Studies*, No. 1 (2012): 307 – 339.

[⑥] Choi Y. C, Hummels D. & Xiang C, "Explaining Import Quality: The Role of the Income Distribution," *Journal of International Economics*, No. 2 (2009): 293 – 303.

[⑦] Fajgelbaum P, Grossman G. M. & Helpman E, "Income Distribution, Product Quality, and International Trade," *Journal of Political Economy*, No. 4 (2011): 721 – 765.

Bekkers et al. ①、Simonovska et al. ②、Di Comite et al. ③、Feenstra et al. ④ 和
Fieler et al. ⑤。

3. 品种异质性

除了质量异质性之外，生产率的单一异质性假定还受到多产品企业贸
易理论的挑战。针对国际贸易中存在大量多产品企业的特征事实，一些文
献提出企业异质性的另一个重要来源——"生产多种产品的能力"或者
"灵活生产能力"（Carvalho et al. ⑥，Macedoni et al. ⑦）。相比于 Melitz 的单
一产品假定，在同一个企业内部开发、生产和销售多种产品需要付出额外
的固定成本或者边际成本，要求企业具备更强的管理能力和组织能力。企
业"生产多种产品的能力"的差异决定了企业"产品范围"的大小，进而
影响了企业规模和出口动态。一些学者基于 Melitz 的垄断竞争框架构建了多
产品企业贸易分析框架，如 Bernard et al. 假设同时存在行业内部企业间的
生产率差异和企业内部产品间的产品特质差别，该模型有关产品特质的定
义比较宽泛，它既可以是技术差异导致企业内部产品线生产率差别，也可以
是为满足不同市场需求所做的产品规格调整，但可以肯定的是生产率较高的
企业能够较好地克服多产品的额外成本，为市场提供更多的产品品种⑧⑨。

① Bekkers E, Francois J. & Manchin M, "Import Prices, Income, and Inequality," *European Economic Review*, No. 4 (2012): 848 – 869.

② Simonovska I. & Waugh M. E, "The Elasticity of Trade: Estimates and Evidence," *Journal of International Economics*, No. 1 (2014): 34 – 50.

③ Di Comite F, Thisse J. & Vandenbussche H, "Verti-Zontal Differentiation in Export Markets," *Journal of International Economics*, No. 1 (2014): 50 – 66.

④ Feenstra R. C. & Romalis J, "International Prices and Endogenous Quality," *The Quarterly Journal of Economics*, No. 2 (2014): 477 – 527.

⑤ Fieler A. C, Eslava M. & Xu D. Y, "Trade, Quality Upgrading, and Input Linkages: Theory and Evidence from Colombia," *American Economic Review*, No. 1 (2018): 109 – 146.

⑥ Carvalho C, Hong G. H. & Zhou J, *Extensive Margin Adjustment of Multi-Product Firm and Risk Diversification* (Washington, D. C.: International Monetary Fund, 2017).

⑦ Macedoni L. & Xu M, "Flexibility and Productivity: Towards the Understanding of Firm Heterogeneity for Multi-Product Exporters," Aarhus University, 2020, https://www. lucamacedoni. com/uploads/7/2/1/9/72195123/jie_v3. pdf.

⑧ Bernard A. B, Redding S. J. & Schott P. K, "Multiple-Product Firms and Product Switching," *American Economic Review*, No. 1 (2010): 70 – 97.

⑨ Bernard A. B, Redding S. J. & Schott P. K, "Multiproduct Firms and Trade Liberalization," *The Quarterly Journal of Economics*, No. 3 (2011): 1271 – 1318.

Nocke et al. 假设企业的异质性来源于组织资本和组织效率，企业分配给某一个产品的组织资本越多，该产品的边际成本越低；企业的组织效率越高，其利用给定组织资本降低产品边际成本的能力就越强。在该模型中，企业的生产决策需要决定是要提供种类较少、边际成本较低的产品组合还是要提供种类较多但边际成本较高的产品组合①。

　　另外一些学者基于寡头垄断模型建立了多产品企业贸易分析框架，如 Eckel et al. 则基于寡头垄断框架建立了一个多产品企业贸易模型，该模型假设产品间存在利润侵蚀效应（Cannibalization Effect）和灵活生产技术，后者使得每个企业都有一个自身最擅长的核心产品并能够在保证范围经济的前提下引入新的产品种类。其中，核心产品的边际成本最低，新引进产品的边际成本是递增的。所以在该模型中，企业间的异质性来自生产率和灵活生产技术②。

　　后来的学者基本上是沿着上面两种思路改进的，如 Feenstra et al. ③、Mayer et al. ④、Macedoni et al. ⑤。总体而言，尽管模型框架和理论假设存在差异，但是多产品企业贸易理论大多假设生产率在生产决策和出口选择中起到基础性作用。在同一个行业，企业的资源配置和优胜劣汰同时在企业间和企业内部进行，生产率越高的企业得到更多的市场资源，生产更多种类的产品，有更大的概率进入出口市场。而在企业内部，生产率更高的产品（核心产品）会得到更多的资源，销量更高，成功销往国外市场的概率也更高，而生产率低的产品则销量更低，或者仅在本地市场销售甚至被淘汰。可见，同时存在企业层面和产品层面的出口自选择效应。

---

① Nocke V. & Yeaple S, "Globalization and Multiproduct Firms," *International Economic Review*, No. 4（2014）：993 - 1018.

② Eckel C. & Neary J. P, "Multi-Product Firms and Flexible Manufacturing in the Global Economy," *The Review of Economic Studies*, No. 1（2010）：188 - 217.

③ Feenstra R. & Ma H, "Optimal Choice of Product Scope for Multiproduct Firms under Monopolistic Competition," NBER Working Paper 13703, 2007, https：//www. nber. org/papers/w13703.

④ Mayer T, Melitz M. J. & Ottaviano G. I. P, "Market Size, Competition, and the Product Mix of Exporters," *American Economic Review*, No. 2（2014）：495 - 536.

⑤ Macedoni L. & Xu M, "Flexibility and Productivity: Towards the Understanding of Firm Heterogeneity for Multi-Product Exporters," Aarhus University, 2020, https：//www. lucamacedoni. com/uploads/7/2/1/9/72195123/jie_v3. pdf.

4. 生产率、质量和品种异质性的统一

基于质量的企业异质性贸易理论和基于产品品种异质性的多产品企业贸易理论分别是基于垂直差异化和水平差异化两个不同方向的拓展和改进，但是前者并没有回应国际贸易中大量存在多产品企业的特征事实，而后者没有明确界定企业内部不同产品的质量差别。近年来开始有一些文献将两者融合，典型的做法是将产品质量异质性引入多产品企业贸易模型。Eckel et al. 首先做了尝试，他们以 Eckel et al. 模型为基础，建立了同时包含产品质量和生产率差异的多产品企业模型，企业仍然具备灵活生产技术，即核心产品的边际生产成本最低。根据自身产品和市场需求的不同，企业的核心产品呈现出"成本竞争"和"质量竞争"两种不同导向。该模型认为产品差异化程度比较高的部门表现为质量竞争导向，企业会倾向于提高核心产品的质量；而产品同质化程度比较高的部门表现为成本竞争导向，企业倾向于降低核心产品的边际成本[1]。

Bloom et al. [2] 和 Manova et al. [3] 分别将产品质量差异引入 Bernard 的垄断竞争框架和 Mayer et al. 的寡头竞争框架，他们假设企业的生产率由两部分构成，分别是企业层面的生产率（φ）和产品层面的特定知识（λ_i），而产品的质量又内生于 φ 和 λ_i，同时他们还假定面临"企业 – 产品 – 目的地"层面的出口固定成本。在他们的模型中，企业根据"质量排序""效率排序"等不同的市场导向，基于自身的生产率和质量水平以及出口固定成本分布，做出相应的生产决策和出口选择。

值得注意的是，越来越多的学者引入可变市场进入成本，使得人们可以从更丰富的视角研究企业异质性对出口动态的影响，如 Arkolakis et al. 将 Eckel et al. 的新产品生产率递减和 Eaton et al. 的产品质量外生冲击融入 Bernard 的框架，并假设存在"企业 – 产品 – 市场"层面的市场进入成本，

---

[1]　Eckel C, Iacovone L. & Javorcik B, et al,"Multi-Product Firms at Home and Away: Cost-versus Quality-based Competence," *Journal of International Economics*, No. 2 (2015): 216 – 232.

[2]　Bloom N, Manova K. & Sun S. T, et al,"Managing Trade: Evidence from China and the US," NBER Working Paper 24718, 2018, http://www.nber.org/papers/w24718.pdf.

[3]　Manova K. & Yu Z,"Multi-Product Firms and Product Quality," *Journal of International Economics*, No. 11 (2017): 116 – 137.

该模型侧重分析市场进入成本对企业产品范围决策和出口动态的影响[1]。

除了生产率、产品质量和产品品种等视角，还有学者从其他角度解释企业异质性，如 Das et al. 的固定成本[2]；De Loecker et al. 的成本加成[3]；Fitzgerald et al.[4]、Foster et al.[5] 和 Blum et al.[6] 的需求冲击；Bernard et al. 的生产网络分布[7]。但是要使一个理论框架包含所有的因素既不现实也无必要，而依据新贸易理论和新贸易增长理论的角度，生产率、产品质量和产品品种的异质性足以解释企业异质性的生产和出口动态。

2.2.2 引入技术创新：异质性的内生决定

企业异质性贸易理论的进展为从微观视角研究技术创新的作用提供了全新的理论框架。Melitz 等人的早期文献揭示了生产率异质性对企业出口动态的影响，但是没有解释生产率异质性的形成机制。Yeaple 率先将生产率决定内生化，假定企业在进入市场初期的生产率是一样的，只是因为技术选择和员工水平的差异才实现异质性的发展动态。只有那些选择技术创新从而降低单位成本的企业才能够出口[8]。

---

① Arkolakis C, Ganapati S. & Muendler M, "The Extensive Margin of Exporting Products," NBER Working Paper 16641, 2019, http://www.econ.yale.edu/~ka265/research/Multi-Product/Arkolakis_Ganapati_Muendler_products.pdf.

② Das S, Roberts M. J. & Tybout J. R, "Market Entry Costs, Producer Heterogeneity, and Export Dynamics," *Econometrica*, No. 3 (2007): 837 – 873.

③ De Loecker J, Goldberg P. K. & Khandelwal A. K, et al, "Prices, Markups, and Trade Reform," *Econometrica*, No. 2 (2016): 445 – 510.

④ Doireann Fitzgerald, Stefanie H. & Yaniv Y, "How Exporters Grow?" NBER Working Paper 21935, 2016, https://www.nber.org/papers/w21935.

⑤ Foster L, Haltiwanger J. & Syverson C, "The Slow Growth of New Plants: Learning about Demand?" *Economica*, No. 329 (2016): 91 – 129.

⑥ Blum B. S, Claro S. & Horstmann I, et al, "The ABCs of Firm Heterogeneity: The Effects of Demand and Cost Differences on Exporting," Working Paper, University of Toronto, Toronto, 2018, https://www.carloalberto.org/wp-content/uploads/2019/04/BCHR_markups_11_7_18_full.pdf.

⑦ Bernard A. B, Dhyne E. & Magerman G. C. G, et al, "The Origins of Firm Heterogeneity: A Production Network Approach," CEP Discussion Papers dp1592, *Centre for Economic Performance, LSE*, 2019, http://eprints.lse.ac.uk/102594/.

⑧ Yeaple S. R, "A Simple Model of Firm Heterogeneity, International Trade, and Wages," *Journal of International Economics*, No. 1 (2005): 1 – 20.

　　Bustos[①] 假设企业初始状态的生产率是异质的，但是可以选择不同技术水平，更高的技术需要付出更多的固定成本，从而提高产品质量或者降低边际成本。模型认为企业是否技术创新和出口取决于初始生产率水平，所以有生产率最低的企业退出市场，生产率处于中下水平的企业不进行技术创新且只在本国市场销售，生产率处于中上水平的企业进行技术创新但只在本国市场销售，而生产率最高的企业进行技术创新并出口到国外[②]。Caldera 基于 Bustos 的模型建立了包含技术创新的企业异质性贸易模型，该模型发现生产率更高的企业存在创新的自选择效应，即生产率更高的企业进行创新更容易成功，而创新的企业比非创新的企业更能够克服固定的出口成本，从而具有较高的出口倾向[③]。Lileeva et al. 的理论模型则表明那些初始生产率低于最低出口门槛的企业，只要生产率足以支撑技术投资，实现大幅度的生产率提升，那么最终也能够成功进入出口市场[④]。Bonfiglioli et al. 基于垄断竞争框架构建了一个技术创新决策决定企业异质性的理论模型，企业在进入市场初期可以内生地决定创新投入力度，从而决定生产率水平，进而决定企业能否进入出口市场[⑤]。

　　上述文献均假设创新是"成本节约"型的，能够提高生产率，降低边际成本，而 Imbriani et al. 则假设创新也可以是"加成提升"型的，比如质量创新。他们建立了一个包含质量创新的企业贸易模型，认为高生产率的企业比低生产率的企业更倾向于质量创新，而高质量的企业出口倾向更高[⑥]。

　　上述文献大多以单一创新为研究对象，而 Turco et al. 以 Caldera 和

---

①　Bustos（2011）最早的工作论文版本是 2005 年的。

②　Bustos P,"Trade Liberalization, Exports, and Technology Upgrading: Evidence on the Impact of MERCOSUR on Argentinian Firms," *American Economic Review*, No. 1（2011）：304 – 340.

③　Caldera A,"Innovation and Exporting: Evidence from Spanish Manufacturing Firms," *Review of World Economics*, No. 4（2010）：657 – 689.

④　Lileeva A. & Trefler D,"Improved Access to Foreign Markets Raises Plant-level Productivity… For Some Plants," *The Quarterly Journal of Economics*, No. 3（2010）：1051 – 1099.

⑤　Bonfiglioli A, Crinò R. & Gancia G,"Betting on Exports: Trade and Endogenous Heterogeneity," *The Economic Journal*, No. 609（2018）：612 – 651.

⑥　Imbriani C, Morone P. & Morone P, et al,"Innovation and Exporting: Does Quality Matter?" *The International Trade Journal*, No. 4（2015）：273 – 290.

Bustos 的研究为基础，区分质量创新①和过程创新，并假设两种创新存在互补效应（表现在同时进行两种创新所需的研发成本小于先后进行两种创新的研发总成本），从而建立了包含两种创新的企业贸易模型，结果发现无论进行哪种创新都能够提高企业出口倾向，而同时进行两种创新的出口带动效应大于先后进行两种创新。该模型还发现出口目的国的整体产品质量和生产成本越低，企业质量创新的带动作用越强②。Crinò et al. 则将基于 Verhoogen 的质量异质性假设引入 Eaton et al. 模型，从而建立了包含质量创新的企业贸易模型。他们假设质量创新需要一定的研发投入并且不同国家对产品质量的需求存在差异，收入较高的国家偏好高质量产品，经过理论推导发现：高生产率的企业倾向于质量创新，而高质量的企业会将出口集中于高收入国家③。

上述文献大多是基于单一产品假设的 Melitz 模型进行的拓展，无法研究多产品情况下的技术创新对企业出口行为的影响，因此常常模糊了品种创新和质量创新的差别，前者指的是产品种类的增加而后者指的是产品质量的升级（Dhingra）④。以 Bernard et al. 为代表的多产品企业贸易模型包含有关产品转换（product switch）的企业决策，企业可以通过推出更有竞争力的产品或者淘汰落后的产品，来调整产品组合，从而影响企业整体生产率和质量水平⑤⑥。可见，产品转换本身包含着品种创新的内容，但严格意义来讲又有所区别，因为这并不是研发投资和创新决策的结果，更多的是由企业的外生生产率决定的。因此一些学者开始在多产品企业贸易理论下研究产品创新及企业决策对出口动态的影响。Montinari et al. 将 Luttmer

---

① 原文为"产品创新"（product innovation），但实际指的是产品质量升级，故本书翻译为质量创新。

② Lo Turco A. & Maggioni D,"Dissecting the Impact of Innovation on Exporting in Turkey," *Economics of Innovation and New Technology*, No. 4 (2015): 309 – 338.

③ Crinò R. & Epifani P,"Productivity, Quality and Export Behaviour," *The Economic Journal*, No. 12 (2012): 1206 – 1243.

④ Dhingra S,"Trading Away Wide Brands for Cheap Brands," *American Economic Review*, No. 6 (2013): 2554 – 2584.

⑤ Bernard A. B, Redding S. J. & Schott P. K,"Multiple-Product Firms and Product Switching," *American Economic Review*, No. 1 (2010): 70 – 97.

⑥ Bernard A. B, Redding S. J. & Schott P. K,"Multiproduct Firms and Trade Liberalization," *The Quarterly Journal of Economics*, No. 3 (2011): 1271 – 1318.

的企业创新决策引入 Klette et al. 模型，建立了产品创新影响企业出口动态的理论模型①。该模型强调产品创新不同于过程创新的成本节约和质量创新的质量提升，企业通过引进新的产品来实现产品多元化，而这是除了生产率之外，企业异质性的又一重要来源。在 Montinari 模型中，企业必须进行研发投资以便扩大生产和增加出口的产品组合，即品种创新。模型还假定企业的产品创新能力是随机产生的但存在累积效应，已有产品越多，企业能用于产品创新的资源就越多。经过理论推导，模型认为在产品创新和企业进入退出动态的共同作用下，企业出口产品范围呈现出重尾分布（heavy tail distribution）的特征。通过引入目的国层面的出口成本，模型还解释了企业内产品销售的等级现象（hierarchy），即最好的产品出口到越多的国家，而在每个国家的销售量也都比较大。

一些学者还在多产品企业贸易模型的基础上构建了包含过程创新和产品创新的理论框架，考察企业的创新决策，得出了更为丰富的结论。如 Dhingra 通过在垄断竞争框架下包含品牌差异来研究贸易自由化对企业创新决策的影响，他假设消费者偏好品牌差异化的产品，而每个企业都有一个独特品牌。产品创新能够增加企业的产品组合，从而提高企业品牌辨识度和吸收建立品牌的沉没成本，但会对已有产品产生"利润侵蚀效应"并造成跨品牌竞争（across brand competition）。而过程创新能给企业带来规模经济的好处并且没有"利润侵蚀效应"。Dhingra 模型认为，在双边贸易自由化时，市场扩大效应和竞争效应会促使企业减少产品创新而偏向过程创新；在出口国单方贸易自由化时，本国企业间竞争的加剧促使企业减少过程创新而偏向产品创新②。Flach et al. 则强调行业差异对企业创新决策的影响，其模型假设企业通过 R&D 投资分配来控制创新决策，而产品创新会给现有产品带来"利润侵蚀效应"，过程创新则会带来"技术溢出效应"。Flach et al. 认为：产品异质性比较强的行业，企业会偏向产品

---

① Montinari L, Riccaboni M. & Schiavo S, "Innovation, Trade and Multi – Product Firms," University of Trento Working Paper, 2017, https：//www.semanticscholar.org/paper/Innovation-%2C-trade-and-multi-product-firms-Montinari-Riccaboni/c6e96552766933a1660658ef1d7bc8c77d190e91.

② Dhingra S, "Trading Away Wide Brands for Cheap Brands," *American Economic Review*, No. 6 (2013)：2554 – 2584.

创新；产品同质性比较强的行业，企业会偏向过程创新①。

上述学者将技术创新引入企业异质性贸易理论，对过程创新、质量创新和产品创新的定义及其对企业动态的影响机制做了区分和讨论，极大地丰富了有关技术创新的国际贸易理论。但是目前还没有学者将三种异质性的创新放在统一的理论框架下进行研究。

2.2.3　技术创新与企业出口动态的实证研究

近 10 年来，企业异质性贸易理论中有关技术创新的理论研究取得了明显的进展，同时企业层面的创新数据不断普及，为实证研究技术创新与企业出口动态的关系提供了坚实的理论基础和丰富的视角。越来越多的文献从更广阔的维度和更深层的领域研究企业创新对出口动态的影响，相关研究已经不再满足于使用 R&D 等创新投入指标，更多的是在有效区分过程创新、质量创新和品种创新等创新异质性行为的基础上，对企业出口动态进行丰富的解释。其中：

一些学者侧重对过程创新和产品创新的作用进行检验比较，如：Damijan et al. 通过研究西班牙企业的数据发现，企业可以通过进口来改进过程创新和产品创新，并提高出口参与度。这种通过参与贸易学会创新从而促进出口的作用在小企业和高科技企业身上表现得比较明显②。Tuhin通过对澳大利亚中小企业进行实证研究发现，产品创新、过程创新、组织创新和营销创新均能显著提高企业的出口倾向，但是产品创新的影响作用最大③。

一些学者侧重强调产品创新的影响，如 Tavassoli 基于瑞典企业的创新调查数据实证检验发现，真正影响企业出口的是创新产出而不是创新投

---

① Flach L. & Irlacher M,"Product versus Process：Innovation Strategies of Multiproduct Firms," *American Economic Journal：Microeconomics*，No. 1（2018）：236 – 277.

② Damijan J. P. & Kostevc Crt,"Learning from Trade through Innovation," *Oxford Bulletin of Economics and Statistics*，No. 3（2015）：408 – 436.

③ Tuhin R,"Modelling the Relationship between Innovation and Exporting：Evidence from Australian SMEs," Research Papers，Department of Industry，Innovation and Science，Australia Government，2016，https：//www. industry. gov. au/sites/default/files/May% 202018/document/pdf/modelling_the_relationship_between_innovation_and_exporting_ – _evidence_from_australian_smes. pdf？acsf_files_redirect.

入（如R&D），产品创新能够显著提高企业的出口倾向和出口强度①。
Gkypali et al. 对2015～2017年英国7279家小型企业的问卷调查数据进行
了实证研究，他们将企业的出口决策分为出口和不出口两大类型，将不出
口的企业又进一步分为"有合适的产品但不出口"和"没有合适产品且
专注本地市场"，研究结果表明：产品创新对提高企业出口倾向有直接而
显著影响，过程创新的影响系数为正却不显著；对于没有合适产品且专注
本地市场的企业而言，产品创新只能帮它们开发出合适的产品而不能促使
它们实际出口。他们还考察了产品创新通过生产率影响企业出口的间接效
应，结果发现产品创新初期会带来生产率的下降②。

另一些学者关注质量创新的影响，如Duvaleix-Treguer et al. 将原产地
保护标志（PDO）作为衡量质量的代理变量，实证检验质量对法国奶酪
和奶油企业出口动态的影响。结果发现相比于未获得原产地保护授权的企
业，获得原产地保护授权的企业出口倾向更高、出口目的地更多、出口金
额更大并且出口单价也更高③。Blyde et al. 将智利企业创新调查数据和智
利海关出口数据合并，研究创新对智利企业出口行为的影响。研究发现，
过程创新和产品创新均能显著促进企业的出口，特别是与质量提升相关的
创新所带来的出口带动效应更加显著④。Flach et al. 构建了一个包含质量
创新的多国企业异质性模型来估计贸易引力，并分别利用巴西总体层面和
企业层面数据进行实证检验，结果发现：在垂直差异化较高的行业，地理
距离和语言等固定出口成本对出口额和企业出口比例的影响较小；而企业
的质量创新行为能够显著改变固定出口成本带来的贸易弹性，但是对可变

---

① Tavassoli S，"The Role of Product Innovation on Export Behavior of Firms," *European Journal of Innovation Management*，No. 2（2017）：294 – 314.

② Gkypali A，Love P. J. H. & Roper P. S，"Export Status and SME Productivity：Learning-to-Export versus Learning-by-Exporting," ERC Research Paper 71，2018，https：//www. enterpriseresearch. ac. uk/wp-content/uploads/2018/05/ERC-ResPap71-GkypaliLoveRoper-Final. pdf.

③ Duvaleix-Treguer S，Emlinger C. & Latouche C. G，"Quality and Export Performance：Evidence from Cheese Industry," 145th Seminar，April 14 – 15，2015，Parma，Italy 200237，*European Association of Agricultural Economists*.

④ Blyde J，Iberti G. & Mussini M，"When does Innovation Matter for Exporting？" *Empirical Economics*，No. 4（2018）：1653 – 1671.

出口成本的影响不明显①。

在出口边际方面，Elliott et al. 基于 1999～2007 年 27791 家法国企业的微观数据实证检验了创新对企业出口边际的影响，他们同时使用创新投入（R&D 支出）和创新产出（过程创新和产品创新）作为解释变量。研究发现，企业创新对企业总出口均有显著的促进效应，同时进行过程创新和产品创新的出口促进效应大于单独进行产品创新或过程创新，这与 Caldera et al. 的结论是一致的；创新的出口促进效应存在明显的滞后，且在实行创新后的三年内逐年递增；创新对企业出口集约边际影响显著，而对广延边际的影响不明显（无论是用产品范围还是用出口目的国数量衡量）。该文献进一步将样本数据在"产品－市场"层面划分为新增业务和退出业务两种类型，经过实证检验：创新活动在初期会扰乱企业出口，大量原有业务退出，而新的业务出口额还比较小，直到 2～3 年后，创新带来的新增业务超过退出业务，企业净出口才有明显增加，这就解释了为什么企业创新的出口带动效应有明显的滞后以及对出口广延边际的影响有限②。

近年来，国内也有一些学者研究创新异质性对企业出口动态的影响。叶林等基于 2004～2007 年 10467 家中国高科技企业的面板数据进行了实证检验，他们用新产品产值作为产品创新变量，用单位成本下降代替工艺创新，研究结果表明：产品创新对提高企业出口倾向有明显作用，但是过程创新没有；同时进行产品创新和过程创新比单独进行一种创新的出口带动作用更强③。郝良峰等基于 2001～2009 年中国工业企业数据进行实证检验，他们用企业出口代表出口扩展边际，用企业出口规模代表出口集约边际，研究结果表明：创新投入、产品创新强度和生产率均能促进企业出口扩展边际，能提高企业的出口倾向，而对集约边际

① Flach L. & Unger F, "Quality and Gravity in International Trade," CEPR Discussion Paper No. DP12602, 2018, https：//ssrn. com/abstract = 3106806.

② Elliott R. J. R, Jabbour L. & Vanino E, "Innovation and the Creative Destruction of Trade: A Study of the Intensive and Extensive Margins of Trade for French Firms," *Oxford Bulletin of Economics and Statistics*, No. 1（2019）: 180 – 208.

③ 叶林、简新华：《技术创新对中国高技术企业出口的影响》，《经济与管理研究》2014 年第 6 期，第 93～102 页。

的影响显著为负。但是该文并没有进一步考察其中的原因①。王奇珍等
基于 1999～2009 年中国工业企业数据和专利数据，分别使用新产品产
值和申请专利作为产品创新和技术创新产出的代理变量，用出口持续时
间和出口金额作为集约边际的代理变量，用出口代替企业扩展边际，实
证检验发现：产品创新能够显著促进企业的出口边际增长，申请专利能
够显著促进企业集约边际和扩展边际的增长，这种促进作用在不同地
区、不同所有制企业间存在差异②③。鲍宗客基于 2000～2007 年中国工
业企业数据，使用新产品产值作为研发创新的代理变量④，然后采用倾向
得分匹配方法和 Cox 模型研究了创新对企业出口生存时间的风险，结果发
现：创新企业比非创新企业拥有更强的风险抵御能力，创新活动大约释放
12% 的生存风险，能增加企业 0.84 年的生存时间；规模大和生产率高的
企业进行创新活动所产生的生存增量效应更为明显⑤。胡馨月等研究发
现：产品创新存在蚕食效应，工艺创新存在规模效应，企业会依据两种效
应的相对大小决定以何种创新实现出口进入。对在位出口产品而言，产
品创新将增大企业面临的蚕食效应，提高在位产品出口退出率，缩短产
品出口持续时间；工艺创新可利用规模效应，降低产品出口退出率，延
长产品出口持续时间⑥。诸竹君等研究了产品创新对出口企业加成率的
影响，结果发现：产品创新能够显著提高加成率，并且以东部地区提升
最为明显；资本密集型和技术密集型出口企业、民营和外资出口企业的
产品创新能明显提升加成率，但是劳动密集型和国有企业的产品创新影
响不显著。他们进一步的考察发现，产品创新带来的出口产品质量提升

① 郝良峰、邱斌、吴飞飞：《企业创新是否促进了出口边际的增长》，《经济问题探索》
2016 年第 6 期，第 101～107 页。

② 王奇珍、朱英明：《技术创新的出口增长集约边际效应——基于企业产品创新的视角》，
《国际经贸探索》2016 年第 2 期，第 48～62 页。

③ 王奇珍、朱英明、朱淑文：《技术创新对出口增长二元边际的影响——基于微观企业的
实证分析》，《国际贸易问题》2016 年第 4 期，第 62～71 页。

④ 胡馨月等（2017）和诸竹君等（2017）也是以新产品产值作为产品创新的代理变量。

⑤ 鲍宗客：《创新行为与中国企业生存风险：一个经验研究》，《财贸经济》2016 年第 2
期，第 85～99 页。

⑥ 胡馨月、黄先海、李晓钟：《产品创新、工艺创新与中国多产品企业出口动态：理论框
架与计量检验》，《国际贸易问题》2017 年第 12 期，第 24～35 页。

是加成率提升的关键①。

上述学者就企业创新异质性对中国企业出口动态的影响进行了有益的探索，但是仍然处于起步阶段，而且由于难以获得中国企业层面不同创新类型的统计数据，因此无法真正深入研究中国企业创新异质性问题，同时有关企业出口动态的分析更多地停留在是否参与出口、出口持续时间和出口金额上面，较少深入研究"产品－市场"层面的出口动态。

2.2.4　研发补贴对企业创新异质性和出口动态的影响

近年来，越来越多的文献关注政府补贴对提高企业创新能力、促进出口增长的影响。相关的文献主要分为两类，一类是有关政府补贴对企业创新影响的研究，另一类是有关政府补贴影响企业出口的研究。已有研究发现，从创新投入的角度来评价，政府补贴能够帮助企业克服研发的正外部性问题，显著增加企业的研发投资，提高企业的创新积极性，如陈玲等②、佟爱琴等③、张辉等④、路春城等⑤以及李香菊等⑥。Boeing 基于中国上市公司的数据研究发现，政府补贴会对企业的研发投资产生"挤出效应"。更多的学者从创新产出/创新绩效的角度研究了政府补贴对企业创新的影响⑦。Dang et al. 基于微观层面的中国企业专利数据和财务信息研究发现，地方政府的专利补贴能够显著提高企业的专利授权量⑧。Bronzini

---

① 诸竹君、黄先海、王煌：《产品创新提升了出口企业加成率吗》，《国际贸易问题》2017年第 7 期，第 17～26 页。

② 陈玲、杨文辉：《政府研发补贴会促进企业创新吗？——来自中国上市公司的实证研究》，《科学学研究》2016 年第 3 期，第 433～442 页。

③ 佟爱琴、陈蔚：《政府补贴对企业研发投入影响的实证研究——基于中小板民营上市公司政治联系的新视角》，《科学学研究》2016 年第 7 期，第 1044～1053 页。

④ 张辉、刘佳颖、何宗辉：《政府补贴对企业研发投入的影响——基于中国工业企业数据库的门槛分析》，《经济学动态》2016 年第 12 期，第 28～38 页。

⑤ 路春城、吕慧：《财政补贴促进了中国制造业企业的研发投入吗——基于 2008—2016 年上市公司的门槛效应分析》，《宏观经济研究》2019 年第 8 期，第 94～103 页。

⑥ 李香菊、杨欢：《财税激励政策、外部环境与企业研发投入——基于中国战略性新兴产业 A 股上市公司的实证研究》，《当代财经》2019 年第 3 期，第 25～36 页。

⑦ Boeing P, "The Allocation and Effectiveness of China's R&D Subsidies-Evidence from Listed Firms," *Research Policy*, No. 9 (2016): 1774 – 1789.

⑧ Dang J. & Motohashi K, "Patent Statistics: A Good Indicator for Innovation in China? Patent Subsidy Program Impacts on Patent Quality," *China Economic Review*, No. 9 (2015): 137 – 155.

et al. 针对意大利企业的研究发现，政府补贴能够显著提高企业的专利授权量，特别是中小企业[①]。Le et al. 基于新西兰的企业样本研究发现，研发补贴能够显著提高企业的创新产出，包括过程创新、产品创新、新产品销售和出口以及专利申请量[②]。Howell 针对美国能源企业的研究发现，美国能源部的资助项目能够将企业的专利潜力提高 2.5 倍[③]。Cheng et al. 基于 2015 ~ 2016 年中国企业 – 劳动力匹配调查数据[④]研究发现，政府补贴能够显著提高企业的专利申请量和授权量，也能够激励企业推出新产品，但是不能有效提高企业的全要素生产率[⑤]。

还有一些学者从生产率、产品质量和新产品开发等角度研究政府补贴的影响，这些指标通常需要根据企业生产经营绩效进行测算，能够直观反映企业的绩效水平，也能够间接衡量企业的过程创新、质量创新和产品创新情况，但是相关的结论并不统一。全要素生产率方面，邵敏等较早利用 2000 ~ 2006 年的中国工业企业数据，研究发现当补贴力度低于某一临界值时，政府对企业的补贴能够显著提高生产率，但是当补贴力度超过某一临界值时，反而带来显著的抑制作用[⑥]；徐保昌等则发现政府补贴对企业全要素生产率存在抑制作用，而政府质量的提高可以缓解这种作用[⑦]；闫志俊等利用 1999 ~ 2007 年中国工业企业数据进行研究也得出类似的结论，

---

① Bronzini R. & Piselli P, "The Impact of R&D Subsidies on Firm Innovation," *Research Policy*, No. 2 (2016): 442 – 457.

② Le T. & Jaffe A. B, "The Impact of R&D Subsidy on Innovation: Evidence from New Zealand Firms," *Economics of Innovation and New Technology*, No. 5 (2017): 429 – 452.

③ Howell S, "Financing Innovation: Evidence from R&D Grants," *American Economic Review*, No. 4 (2017): 1136 – 1164.

④ 中国企业 – 劳动力匹配调查 (China Employer-Employee Survey, CEES) 由武汉大学质量发展战略研究院、斯坦福大学、香港科技大学和中国社会科学院共同发起。网址：http://cees. whu. edu. cn/。

⑤ Cheng H, Fan H. & Hoshi T, et al, "Do Innovation Subsidies Make Chinese Firms More Innovative? Evidence from the China Employer Employee Survey," *National Bureau of Economic Research Working Paper Series*, 2019, http://www. nber. org/papers/w25432.

⑥ 邵敏、包群：《政府补贴与企业生产率——基于我国工业企业的经验分析》，《中国工业经济》2012 年第 7 期，第 70 ~ 82 页。

⑦ 徐保昌、谢建国：《政府质量、政府补贴与企业全要素生产率》，《经济评论》2015 年第 4 期，第 45 ~ 56 页。

政府补贴显著抑制了企业全要素生产率的提升①；戴一鑫等认为政府补贴具有"不平等"的典型特征，基于 2011～2013 年 18435 家中国工业企业的数据研究发现，政府补贴水平不平等对国企和民企的创新效率皆具有抑制效应且对国企的影响更大②；戴小勇等利用 1998～2007 年中国工业企业数据进行研究，发现政府补贴并没有带来企业全要素生产率的提高③；张先锋等将 1998～2007 年的中国工业企业数据与海关数据进行匹配，利用倾向得分匹配的倍差法研究发现政府补贴显著提升了企业的出口学习效应，提升了出口企业的生产率④；许家云等则发现政府补贴本身对企业生产率并没有显著的提升作用⑤。

出口产品质量方面，张洋利用 2000～2006 年匹配的中国工业企业数据库、海关数据库和 CEPII 数据库获得 142606 家企业的 3058181 个样本研究发现，政府补贴能够显著提高企业的出口产品质量⑥；张杰等利用 2000～2006 年匹配的中国工业企业数据和海关数据采用 OLS、动态 GMM、Heckman 两步法和两阶段最小二乘法（2SLS）实证研究发现，政府补贴抑制了出口企业的产品质量升级⑦；唐丹丹和阮伟华通过中介效应分析发现，制度条件越好的地区，研发补贴促进研发投资进而提高出口产品质量的作用越强⑧。

基于企业层面数据研究政府补贴对企业品种创新影响的文献仍然比较

① 闫志俊、于津平：《政府补贴与企业全要素生产率——基于新兴产业和传统制造业的对比分析》，《产业经济研究》2017 年第 1 期，第 1～13 页。

② 戴一鑫、李杏、冉征：《研发补贴不平等与企业创新效率》，《财贸研究》2019 年第 7 期，第 63～78 页。

③ 戴小勇、成力为：《产业政策如何更有效：中国制造业生产率与加成率的证据》，《世界经济》2019 年第 3 期，第 69～93 页。

④ 张先锋、李辉、吴飞飞：《政府补贴与企业出口学习：基于政策外溢效应的视角》，《世界经济研究》2019 年第 5 期，第 53～66 页。

⑤ 许家云、毛其淋：《生产性补贴与企业进口行为：来自中国制造业企业的证据》，《世界经济》2019 年第 7 期，第 46～70 页。

⑥ 张洋：《政府补贴提高了中国制造业企业出口产品质量吗》，《国际贸易问题》2017 年第 4 期，第 27～37 页。

⑦ 张杰、翟福昕、周晓艳：《政府补贴、市场竞争与出口产品质量》，《数量经济技术经济研究》2015 年第 4 期，第 71～87 页。

⑧ 唐丹丹、阮伟华：《政府补贴提高了企业出口产品质量吗——基于地区制度条件下的分析》，《国际经贸探索》2019 年第 6 期，第 49～66 页。

少，如毛其淋等采用倾向得分匹配的倍差法与生存分析方法的实证检验发现，适度的政府补贴能够显著促进企业的新产品创新，但是过高的补贴会通过"寻补贴"投资带来抑制效应[①]；王军等基于 1998～2007 年境外投资企业数据，利用倾向得分匹配的倍差法和门槛回归方法研究发现，政府补贴在整体上对中国海外投资企业的产品创新有负向影响，但对其中非资源密集型企业产品创新有显著的提升作用[②]；张健等利用 2000～2006 年中国工业企业数据和海关数据研究发现，政府补贴能够有效提高出口企业的产品差异度[③]；梅冰菁等基于 2015～2017 年安徽省蚌埠市 862 家规模以上企业数据，采用有调节的中介效应模型研究发现，政府补贴能够通过扩大企业研发规模来提高新产品产值[④]。

有关政府补贴对企业出口行为的影响一直是学术界关注的重点议题。Görg et al. 针对爱尔兰制造业企业的研究发现，只要政府补贴的规模足够大，就能扩大已出口企业的出口规模，但是不能显著提高未出口企业的出口倾向[⑤]。Girma et al. 利用微观层面的中国制造业企业数据研究也得出类似的结论，政府的生产性补贴能够提高企业的出口集约边际，但是对出口扩展边际的影响并不明显[⑥]。于建勋利用 2003～2007 年的中国工业企业数据实证研究发现，政府补贴能够显著提高企业的出口倾向，促进企业出口规模的扩大[⑦]。施炳展等研究发现，虽然补贴提升了中国工业企业的出口总量和数量，但是降低了出口价格，促成了"低价竞争、数量取胜"

① 毛其淋、许家云：《政府补贴对企业新产品创新的影响——基于补贴强度"适度区间"的视角》，《中国工业经济》2015 年第 6 期，第 94～107 页。

② 王军、黄凌云：《政策补贴对中国海外投资企业产品创新的影响》，《研究与发展管理》2017 年第 3 期，第 87～97 页。

③ 张健、鲁晓东：《产业政策是否促进了中国企业出口转型升级》，《国际贸易问题》2018 年第 5 期，第 39～53 页。

④ 梅冰菁、罗剑朝：《财政补贴、研发投入与企业创新绩效——制度差异下有调节的中介效应模型检验》，《经济经纬》2020 年第 1 期，第 1～19 页。

⑤ Görg H, Strobl E. & Henry M, "Grant Support and Exporting Activity," *The Review of Economics and Statistics*, No. 2 (2008): 168-174.

⑥ Girma S, Gong Y. & Görg H. et al, "Can Production Subsidies Explain China's Export Performance? Evidence from Firm-Level Data," *The Scandinavian Journal of Economics*, No. 4 (2009): 863-891.

⑦ 于建勋：《生产补贴对出口的促进作用》，《统计研究》2012 年第 10 期，第 85～89 页。

的出口模式，而且在不同所有制企业中存在显著差异①。徐建军等基于
32242 家 2005～2011 年间持续经营的中国工业企业数据，采用剂量反应
函数实证检验发现，企业平均受补贴强度的提高有助于我国企业出口的持
续增长②。康志勇通过扩展的 G－H－S 模型分析了政府补贴对中国工业
企业出口行为的作用机制，发现政府补贴有利于提高中国企业的出口倾
向、扩大企业的出口规模③。张杰等利用匹配的中国工业企业数据和海关
数据，在"产品－国家"层面测算了企业出口集约边际和扩展边际，采
用 GMM 估计和 Heckman 两步法研究，发现政府补贴对中国企业的出口集
约边际没有显著影响，但是对出口广义边际具有显著的倒 U 形影响④。周
康研究发现，政府补贴能够显著增加企业的出口目的地、出口产品种类
数，也能显著增加企业的出口总额和产品－出口目的地平均出口额⑤。毛
其淋等研究发现适度的政府补贴能够通过增加企业研发投入提高企业的出
口技术复杂度⑥。蔡承彬则发现政府补贴有利于提高企业出口的国内附加
值，特别是对于发展阶段后期和规模较大的企业⑦。余娟娟等利用全要素
生产率修正了企业出口技术复杂度，实证研究发现政府补贴抑制了企业出
口技术复杂度的提升，特别是在低竞争行业⑧。高翔等研究发现，政府补
贴通过降低出口产品价格、弱化出口企业的"创新激励"和增加企业的

---

① 施炳展、逯建、王有鑫：《补贴对中国企业出口模式的影响：数量还是价格?》，《经济学》（季刊）2013 年第 4 期，第 1413～1442 页。

② 徐建军、汪浩瀚：《生产补贴对企业出口的促进作用——基于剂量反应函数的实证分析》，《国际贸易问题》2014 年第 4 期，第 3～13 页。

③ 康志勇：《政府补贴与中国本土企业出口行为研究》，《世界经济研究》2014 年第 12 期，第 22～27 页。

④ 张杰、郑文平：《政府补贴如何影响中国企业出口的二元边际》，《世界经济》2015 年第 6 期，第 22～48 页。

⑤ 周康：《政府补贴、贸易边际与出口企业的核心能力——基于倾向值匹配估计的经验研究》，《国际贸易问题》2015 年第 10 期，第 48～58 页。

⑥ 毛其淋、方森辉：《创新驱动与中国制造业企业出口技术复杂度》，《世界经济与政治论坛》2018 年第 2 期，第 1～24 页。

⑦ 蔡承彬：《政府补贴对企业出口国内附加值的影响研究》，《宏观经济研究》2018 年第 7 期，第 103～113 页。

⑧ 余娟娟、余东升：《政府补贴、行业竞争与企业出口技术复杂度》，《财经研究》2018 年第 3 期，第 112～124 页。

寻租行为，从而降低了出口企业的加成率[①]。

此外，也有一些学者直接研究研发补贴与企业创新及出口行为的关系，如 Sissoko 基于法国企业层面数据研究发现，政府研发补贴对低效率企业和产品创新导向企业具有较大的出口促进作用[②]。张杰等利用科技部的"科技型中小企业技术创新基金"和中国工业企业数据库的匹配数据研究发现，整体上政府研发补贴对私人企业的研发投入没有显著的影响，只有在知识产权保护比较完善的地区才能显著增加企业研发投入[③]。许和连等同样基于"科技型中小企业技术创新基金"和中国工业企业数据库的匹配数据实证检验发现，创新补贴显著增加了企业的出口集约边际和扩展边际[④]。Guo et al. 也基于"科技型中小企业技术创新基金"和中国工业企业数据库的匹配数据研究发现，研发补贴能够显著提高企业的新产品销售收入、出口倾向和专利授权量[⑤]。

2.3　简要评述

技术创新是国际贸易产生和进行的重要驱动力。早期的国际贸易理论假设技术是静态的，国家间基于资源禀赋和技术差异进行贸易分工。"新技术贸易理论"或者"新技术贸易流派"假设存在外生的技术进步，开始将技术创新引入国际贸易理论。新贸易理论则强调规模经济的影响以及垂直差异化和水平差异化对国际贸易福利的提升。新贸易增长理论将技术创新决定内生化，国家可以通过研发投资和对外贸易促进技术进步，从而

①　高翔、黄建忠：《政府补贴对出口企业成本加成的影响研究——基于微观企业数据的经验分析》，《产业经济研究》2019 年第 4 期，第 49～60 页。

②　Sissoko A，"R&D Subsidies and Firm-Level Productivity：Evidence from France," Université catholique de Louvain, Institut de Recherches Economiques et Sociales（IRES）No. 2011002, 2011, https：//ideas. repec. org/p/ctl/louvir/2011002. html.

③　张杰、陈志远、杨连星等：《中国创新补贴政策的绩效评估：理论与证据》，《经济研究》2015 年第 10 期，第 4～17 页。

④　许和连、徐莉、王海成：《创新补贴影响企业出口二元边际研究》，《湖南大学学报》（社会科学版）2017 年第 2 期，第 61～68 页。

⑤　Guo D, Guo Y. & Jiang K，"Government-Subsidized R&D and Firm Innovation：Evidence from China," *Research Policy*，No. 6（2016）：1129－1144.

推动企业发展和经济增长，提升国际贸易竞争力。上述经典理论也曾试图解释企业的创新行为和创新异质性问题，但受已有理论框架和微观数据的限制，并没有本质性的突破。直到以 Melitz 为代表的企业异质性贸易理论兴起，学术界才从微观层面研究企业的出口动态及动因。而创新异质性的影响开始受到关注，借助大样本的微观数据，学术界以创新产出为视角研究企业创新对出口动态影响的文献不断涌现。从国内外研究来看，国外文献对不同类型创新对企业出口动态影响的研究起步较早，理论基础更为深厚，机制分析更为深入；国内文献起步较晚，微观数据可得性有限，对相关问题的研究仍然有很大的拓展空间。

通过对已有文献的梳理，本书总结如下：

（1）关于企业创新异质性与出口动态的理论研究。早期的国际贸易理论和新贸易增长理论更多的是从国家或者行业层面进行理论建构，并且难以在同一理论框架下研究多种异质性的创新。企业异质性贸易理论开始关注不同创新类型对企业出口动态的影响，但是没有将创新类型划分与传统国际贸易理论中的技术差异、水平差异化和垂直差异化联系在一起，也没有将创新类型差异与企业异质性特征联系在一起。本书认为企业异质性贸易理论框架下的创新与传统国际贸易理论中的技术创新是一脉相承的，因此有必要区分过程创新、质量创新和品种创新，并将它们与生产率、产品质量和产品品种等企业异质性联系在一起，进而构建一个企业创新异质性影响出口动态的理论模型。

（2）在创新异质性与企业出口动态的关系方面。现有文献更关注从创新产出指标来测度和衡量企业的创新水平，而谨慎使用 R&D 等创新投入指标；同时更关心企业在不同创新类型上的创新投入差异和创新产出差异。相比之下，国外文献更多地使用政府部门的调查数据，国内文献受限于企业创新数据的可获得性，更多地采用中国工业企业数据库中的产出、资本和劳动力数据测算 TFP，使用"新产品产值"代替产品创新。已有理论成果和实证研究都从创新投入和创新产出的视角证明创新能够提高企业的出口倾向与企业出口持续时间。但不同创新类型的出口促进效应存在差异，一些文献认为产品创新、质量创新的作用超过过程创新。当然这种效应在不同规模、不同所有制和不同国家乃至一个国家同一行业内的不同企业之间也存在异质性。

（3）在创新异质性与企业出口二元边际方面。根据数据样本和二元边际划分的差异，不同文献的结论略有差别，但是大多数认为创新对企业出口集约边际的影响超过广延边际。目前有关创新异质性对中国企业出口二元边际影响的文献仍然非常有限。在中国大力推动创新驱动发展和对外贸易转型升级的背景下，研究如何促进企业创新，助力企业出口集约边际和广延边际增长是一个很重要的理论和具有现实意义的议题。

（4）有关研发补贴、创新异质性与出口关系的研究。已有文献没有对政府补贴进行必要的细分，在研究政府补贴对中国企业创新和出口行为的影响时，大多采用中国工业企业数据库中的"补助收入"项目，但该项目指的是企业从政府无偿取得货币性资产或非货币性资产，包括所得税优惠、出口退税、贷款贴息和研发补贴等各种项目①，显然不同补助收入的作用是不一样的。郭玥研究发现创新补助对企业创新具有显著的促进作用，但是非创新补助则有抑制作用②。另外，已有文献没有厘清和定义企业创新异质性行为，从而不能有效评估创新异质性在"研发补贴－创新－出口"中的传导作用。创新基金要求申报项目"在制造工艺技术改进、材料替代应用、产品性能提高、技术服务模式推广或解决行业关键技术等方面有较大创新"③，显而易见，创新基金支持的创新活动包括过程创新、质量创新和新品种开发等不同内容，而已有文献通常仅仅关注其中的某一个方面。它们可能忽略了研发补贴对企业全要素生产率、产品质量、品种创新和专利产出的不同影响，从而无法准确评价政府研发补贴对企业创新和出口的作用，甚至得出研发补贴存在"诅咒效应"的负面结论。

总之，已有文献为本书的研究提供良好的理论基础和方法，在此基础上，本书尝试拓展研究创新异质性对企业出口动态的影响。在理论研究方面，关于过程创新、质量创新和品种创新的研究比较分散，缺乏与企业异

---

① 《企业会计准则第 16 号——政府补助》（财会〔2017〕15 号）。网址：http://www. mof. gov. cn/mofhome/kjs/zhuantilanmu/kuaijizhunzeshishi/200806/t20080618_46232. html。

② 郭玥：《政府创新补助的信号传递机制与企业创新》，《中国工业经济》2018 年第 9 期，第 98～116 页。

③ 参见《2014 年度中小企业发展专项资金科技创新、科技服务项目申报说明》。网址：http://innofund. chinatorch. gov. cn/2/tzgg/201404/7fc3818412724296be5e2d28638f1b0e. shtml。

质性特征应有的紧密联系，也没有在统一的理论框架下进行解释。本书受已有技术创新和国际贸易关系理论的启发，借助企业异质性贸易理论的最新成果，建立了过程创新、质量创新和品种创新影响企业出口动态的统一框架。在经验研究方面，本书以 2001～2014 年中国工业企业数据和中国海关企业进出口数据为样本，从以下几个方面对已有研究进行拓展：一是借助关于全要素生产率、质量测算和多产品企业理论的成果，测算了中国工业企业过程创新、质量创新和品种创新的数据，全面分析了中国工业企业创新异质性的发展情况；二是将过程创新、质量创新和品种创新放在统一框架下进行实证检验，比较分析了异质性的创新对企业出口动态的异质性影响；三是从"企业－市场"维度，比较分析创新异质性对中国企业出口二元边际的影响。总体而言，本书通过构建创新异质性影响企业出口动态的理论框架，借助最新可获得的大样本企业微观数据，以中国工业企业为样本进行经验研究，在此基础上得到相应的结论和政策建议。

第3章 企业创新异质性影响
出口动态的理论机制

　　企业创新能够从微观层面深刻影响一个国家的技术创新、国际贸易和经济发展，正是企业创新的差异导致了企业成长路径乃至一个国家出口竞争力的差异。传统国际贸易理论从宏观层面对此进行了丰富而系统的研究。随着企业异质性贸易理论的兴起，学者们开始从微观层面对企业创新与出口动态的关系进行理论解释，一些文献的实证研究也证实了企业创新的出口带动效应，并且这种效应具有明显的企业异质性。但是，创新的出口带动效应的形成机制是什么？异质性出口动态的成因又是什么？对于这些问题仍然缺少系统的理论解释，现有文献更多地关注企业异质性的特征，而对企业异质性的根源缺少足够的理论探究（Bonfiglioli et al. [1]）。近年来的企业异质性贸易理论分析了企业生产率、产品质量和产品品种异质性与出口的关系，如 Hottman et al. [2]；而新贸易增长理论则研究了企业创新的异质性，如 Akcigit et al. [3]。本书认为创新异质性引致了企业异质性，进而形成不同的出口动态。即表现为过程创新、质量创新和品种创新三种形式的创新异质性分别从生产率、产品质量和产品品种三方面影响企业异质性，进而影响企业的出口动态。

　　本章从 Melitz 的生产率异质性出发，沿着产品质量异质性和产品品种

---

①　Bonfiglioli A, Crinò R. & Gancia G, "Betting on Exports: Trade and Endogenous Heterogeneity," *The Economic Journal*, No. 609 (2018): 612 – 651.

②　Hottman C. J, Redding S. J. & Weinstein D. E, "Quantifying the Sources of Firm Heterogeneity," *Quarterly Journal of Economics*, No. 3 (2016): 1291 – 1364.

③　Akcigit U. & Kerr W. R, "Growth through Heterogeneous Innovations," *Journal of Political Economy*, No. 4 (2018): 1374 – 1443.

异质性两个方向梳理了企业异质性贸易理论的发展脉络，然后分析企业创新影响出口的相关理论，最后将过程创新、质量创新和品种创新引入多产品企业模型，构建基于创新异质性的企业异质性贸易理论分析框架，并推导不同创新类型对企业出口增长、出口的集约边际和广延边际的差异化影响，提出 4 个理论命题（研究假说）。这些命题也是后续章节实证研究的基础。

3.1　企业异质性贸易理论及其扩展

Melitz 模型已经成为企业异质性贸易理论的基准模型，该模型假定生产率差异是企业异质性的唯一来源，以此为基础解释不同企业间的发展动态差异及其对行业和经济发展的影响。后来的学者以此为基础，通过修正假设条件、改变函数形式或者引入新的变量，从不同视角对 Melitz 模型进行解释和拓展。经过 10 多年的理论发展和实证检验，企业异质性贸易理论的基础更加坚实、体系日益完整并且仍然具有很强的拓展潜力。本节主要从 Melitz 模型的生产率异质性出发，逐步引入质量异质性和产品品种异质性，介绍有关企业异质性贸易理论的主要成果。

3.1.1　Melitz 模型——生产率异质性

Melitz 模型为分析企业出口动态提供了一个一般均衡的贸易模型，在该模型中，假设世界由许多国家组成，所有国家都是对称的，每个国家都跟 $n+1$ 个国家进行贸易。劳动力是唯一的生产要素并且不能跨国流动。只有高生产率的企业能够承担出口沉没成本，从而参与出口活动，而低生产率的企业则专注于国内市场[①]。

在需求方面，Melitz 模型的消费者偏好函数采用不变替代弹性（CES）函数：

$$U = \left[\int_{\omega \in \Omega} q(\omega)^{\rho} \mathrm{d}\omega \right]^{1/\rho}, 0 < \rho < 1$$

---

① Melitz M. J, "The Impact of Trade on Intra-Industry Reallocations and Aggregate Industry Productivity," *Econometrica*, No. 6 (2003): 1695–1725.

其中 Ω 表示可得到的产品集，ω 代表产品种类。总体价格指数由如下公式表示：

$$P = \left[\int_{\omega \in \Omega} p(\omega)^{1-\sigma} \mathrm{d}\omega \right]^{\frac{1}{1-\sigma}}$$

其中 σ 代表品种间的替代弹性[①]。

CES 效用函数意味着消费者的行为具有明显的"品种多样化偏好"：对任一品种的消费存在边际效用递减；总体效用随着消费品种的增加而增加；随着消费量趋向于 0，任何品种的效用趋向于无穷大。基于这种偏好特征，任何品种的支出/收入可以表示为

$$r(\omega) = R\left[\frac{p(\omega)}{P} \right]^{1-\sigma}$$

其中 $p(\omega)$ 代表品种 ω 的价格；R 代表总收入，等于总支出；P 代表其他产品种类的总体价格[②]。

在供给方面，Melitz 模型做了如下假定：有许多潜在的市场进入者，他们事先不知道自己进入该行业后的生产率，只有支付了 f_e 单位的沉没成本后，他们才能进入市场并得到一个随机生成的生产率 φ，该生产率来自一个随机分布函数 $\mu(\varphi)$。对于某一个企业而言，进入某一个行业后生产率 φ 是固定不变的。但是企业会面临一个外生冲击，使得企业退出市场的概率为 δ。通过上述假定，保证模型中的企业稳态进入和退出。

Melitz 模型还假定市场结构是垄断竞争的形式。每个企业只生产一种产品，每一种产品的生产成本包括固定成本和生产率决定的可变成本，成本函数形式如下：

$$l = f + \frac{q}{\varphi}$$

而所有企业具有相同的固定成本 $f > 0$，但是具有不同的生产率水平 $\varphi > 0$。
CES 效用函数和固定成本的存在对模型结论具有重要意义，因为这两

---

① $\sigma = \dfrac{1}{1-\rho} > 1$。

② $R = PQ = \displaystyle\int_{\omega \in \Omega} r(\omega)\mathrm{d}\omega$，即总支出等于在所有产品上的支出总和。

个假定意味着低生产率企业无法产生足够的可变利润去补偿固定成本，所以退出企业的生产率低于存活企业。如果企业决定出口，那么它还面临 f_x 的固定出口成本以及每单位产品为 τ 的冰山运输成本。固定出口成本的存在意味着只有高生产率企业才会从事出口，因为其可变利润足以补偿固定出口成本。但是如果仅有冰山运输成本的话，那么所有企业都能出口。

在生产和出口决策方面，因为每个企业只生产一种产品，对整个行业的总供给影响可以忽略不计，所以它们都是整个市场的价格接受者。由企业利润最大化的一阶条件可以得到均衡价格是边际成本的固定加成，取决于需求弹性，将工资 w 标准化为 1，则价格的表达式为

$$p(\varphi) = \frac{\tau}{\rho\varphi}$$

当 $\tau = 1$ 时，代表企业在国内市场销售。将上式代入收入公式，可以得到企业收入函数：

$$r(\varphi) = R\left(\frac{\tau}{P\rho\varphi}\right)^{1-\sigma}$$

于是，任何两个企业在同一个市场的收入之比与其生产率之比正相关[①]：

$$\frac{r(\varphi_1)}{r(\varphi_2)} = \left(\frac{\varphi_1}{\varphi_2}\right)^{\sigma-1}$$

而任何一个企业在国内市场的收入 $r_d(\varphi)$ 和国外市场的收入 $r_x(\varphi)$ 之比等于 $\tau^{\sigma-1}$。

根据 CES 效用函数和企业的成本函数，Melitz 模型得出企业在国内市场和国外市场的利润函数：

$$\pi_d(\varphi) = \frac{r_d(\varphi)}{\sigma} - f, \quad \pi_x(\varphi) = \frac{r_x(\varphi)}{\sigma} - f_x$$

利润函数的表达式意味着企业的利润等于可变利润减去固定成本。而固定成本的存在意味着存在一个临界生产率 φ_d^*，只有当企业生产率大于

①　两个企业的产出之比：$\dfrac{q(\varphi_1)}{q(\varphi_2)} = \left(\dfrac{\varphi_1}{\varphi_2}\right)^{\sigma}$。

该值时，企业才能在国内市场获得正的利润：

$$\frac{r_d(\varphi_d^*)}{\sigma} = f_d \Rightarrow R\Big[\frac{1}{P\rho(\varphi_d^*)}\Big]^{1-\sigma} = \sigma f_d$$

同理，存在一个临界生产率 φ_x^*，只有当企业生产率大于该值时，企业才能够在国外市场获得正的利润：

$$\frac{r_x(\varphi_x^*)}{\sigma} = f_x \Rightarrow R\Big[\frac{\tau}{P\rho(\varphi_x^*)}\Big]^{1-\sigma} = \sigma f_x$$

由国内市场和国外市场的临界生产率表达式可得：

$$\varphi_x^* = \tau\Big(\frac{f_x}{f_d}\Big)^{\frac{1}{\sigma-1}}\varphi_d^*$$

这意味着当存在固定出口成本 f_x 时，只有生产率足够高的企业才会选择进入出口市场，即出口自选择效应①。

在 Melitz 模型中，生产率差异是企业异质性的唯一来源。行业内企业间的生产率差异决定了企业间的收入差异、利润差异以及是否进入出口市场。面临同样的外部冲击（如国际贸易），生产率差异是导致企业间资源重新配置进而实现优胜劣汰的主要原因。这种"单一异质性"的局限性非常明显，无论是从理论还是经验角度，企业异质性都有着更为多样的表现。Melitz 的论文中也明确指出"更高的生产率意味着以较低的边际成本生产对称的产品集。更高的生产率也可以解释为以相同的成本生产更高质量的产品集"，也就是说，在该模型中生产率本身包含着成本差异和质量差异的内涵。这为企业异质性研究明确了拓展方向。

3.1.2　Melitz 模型的拓展——产品质量和品种的异质性

1. 引入产品质量——质量异质性

出口产品存在质量差异是国际贸易的重要特征事实，也是 Melitz 模型

---

① 该条件是 Melitz 模型考察生产率对企业出口选择影响最重要的条件，受到其他文献的广泛借鉴，本书的理论模型也将借鉴该方法。

中的一个隐含假设。Baldwin et al. [1] 首先将质量引入 Melitz 模型并将之命名为质量异质性的企业模型（简称"QHFT"模型）[2]。该模型假定消费者偏好更高质量的产品，而质量通过成本函数影响生产者的利润最大化决策，在此基础上研究产品质量差异对企业生产决策和出口动态的影响。该模型已经成为质量异质性企业模型的主流研究范式，许多学者借鉴了其中包含质量的 CES 消费者效用函数，如 Hallak et al. [3]、Crozet et al. [4]、Kugler et al. [5]。

在需求方面，通常假定消费者进行效用最大化决策时，既希望消费数量更多、种类更丰富的产品，也希望得到更高质量水平的产品，对应的消费者效用函数为

$$U = \left[\int_{i \in \Omega} \left(q_i x_i \right)^{\frac{\sigma-1}{\sigma}} \mathrm{d}i \right]^{\frac{\sigma}{\sigma-1}}$$

其中 x_i 代表产品 i 的消费数量，q_i 代表产品 i 的质量水平，σ 代表不同产品之间的替代弹性（$\sigma > 1$）。消费者进行效用最大化决策后，可得出产品 i 的最优需求量为

$$p_i x_i = \left(\frac{p_i}{q_i} \right)^{1-\sigma} B; \quad B = \frac{E}{P^{1-\sigma}}; \quad P^{1-\sigma} = \int_{i \in \Omega} \left(\frac{p_i}{q_i} \right)^{1-\sigma} \mathrm{d}i$$

其中 p_i/q_i 代表质量调整后的 i 产品价格，E 代表消费者总支出，P 代表质量调整后的总体价格指数。当 $q = 1$ 时，上述效用函数就是标准的 CES 效用函数。

也有一些文献使用其他形式的消费者效用函数，如 Verhoogen 的消费

①　Baldwin 和 Harrigan（2011）的工作论文最早于 2007 年在美国国家经济研究局发布。
②　Baldwin R. & Harrigan J, "Zeros, Quality, and Space: Trade Theory and Trade Evidence," *American Economic Journal: Microeconomics*, No. 2 (2011): 60 - 88.
③　Hallak J. & Sivadasan J, "Productivity, Quality and Exporting Behavior under Minimum Quality Constraints," University Library of Munich, Germany, MPRA Paper, 2008, http://webuser. bus. umich. edu/jagadees/papers/ucsc_all. pdf.
④　Crozet M, Head K. & Mayer T, "Quality Sorting and Trade: Firm-Level Evidence for French Wine," *The Review of Economic Studies*, No. 2 (2012): 609 - 644.
⑤　Kugler M. & Verhoogen E, "Prices, Plant Size, and Product Quality," *The Review of Economic Studies*, No. 1 (2012): 307 - 339.

者间接效用函数[①]、Auer et al. 的消费者异质性偏好假定[②]、Feenstra et al. 的质量需求非位似偏好假定[③]、Antoniades 的线性需求偏好函数[④]。但是无论哪种效用函数形式，都假定消费者愿意为更高的产品质量支付更高的价格，而 Baldwin et al. 的消费者效用函数更为简洁，因而得到更多的使用和借鉴。

在供给方面，质量异质性的企业模型认为企业之间的产品质量存在差异，企业通过质量调整后的价格（性价比）进行竞争，在均衡状态，高成本但高质量和高利润的产品能够胜出。建立质量异质性的企业模型核心在于质量如何决定以及质量进入成本函数的形式。一些文献假定质量和 Melitz 模型中的生产率一样，是企业支付的沉没的市场进入成本（由随机函数外生给定），如 Crozet et al.[⑤]、Arkolakis et al.[⑥⑦]。另外一些文献则假设质量由企业生产率、中间品投入和劳动力技能水平等因素内生决定，如 Baldwin et al.[⑧]、Manova et al.[⑨]，这些文献认为企业可以通过提升劳动力技能水平、提高生产率或者使用更高质量的中间投入品来实现产品质量升级。也就意味着质量会影响企业的成本函数。其中，一些文献认为质量

---

① Verhoogen E. A, "Trade, Quality Upgrading, and Wage Inequality in the Mexican Manufacturing Sector," *The Quarterly Journal of Economics*, No. 2 (2008): 489 – 530.

② Auer A. R, Chaney T. & Sauré P, "Quality Pricing-to-Market," *Journal of International Economics*, No. 1 (2018): 87 – 102.

③ Feenstra R. C. & Romalis J, "International Prices and Endogenous Quality," *The Quarterly Journal of Economics*, No. 2 (2014): 477 – 527.

④ Antoniades A, "Heterogeneous Firms, Quality, and Trade," *Journal of International Economics*, No. 2 (2013): 263 – 273.

⑤ Crozet M, Head K. & Mayer T, "Quality Sorting and Trade: Firm-Level Evidence for French Wine," *The Review of Economic Studies*, No. 2 (2012): 609 – 644.

⑥ Arkolakis C, "A Unified Theory of Firm Selection and Growth," *The Quarterly Journal of Economics*, No. 1 (2016): 89 – 155.

⑦ Arkolakis C, Ganapati S. & Muendler M, "The Extensive Margin of Exporting Products," NBER Working Paper 16641, 2019, http://www.econ.yale.edu/~ka265/research/Multi-Product/Arkolakis_Ganapati_Muendler_products.pdf.

⑧ Baldwin R. & Harrigan J, "Zeros, Quality, and Space: Trade Theory and Trade Evidence," *American Economic Journal: Microeconomics*, No. 2 (2011): 60 – 88.

⑨ Manova K. & Yu Z, "Multi-Product Firms and Product Quality," *Journal of International Economics*, No. 11 (2017): 116 – 137.

升级会提高固定成本，如 Antoniades[①]；一些文献认为会增加边际成本，如 Baldwin et al. 和 Manova et al.；还有一些文献认为会同时增加固定成本和边际成本，如 Hallak et al. [②]。无论质量影响成本函数的具体形式如何，企业都基于自身的劳动力供给情况、生产率水平和市场进入成本，内生选择最优的产品质量和数量，进而实现利润最大化，并实现异质性的成长。以 Baldwin et al. 的 QHFT 模型为例，它假定企业的产品质量水平 q_j 与边际成本 a_j 相关：

$$q_j = a_j^{1+\theta}, \ \theta > -1$$

上式中 $1 + \theta$ 表示"质量弹性"，衡量边际成本与质量升级的关系。产品质量越高，所需要投入的边际成本也越大。当 $\theta = -1$ 时，表示不存在产品质量差异。企业产品的性价比可以表示为

$$q_j/p_j = \frac{a_j^{\theta}}{\rho}$$

由上式可见，边际成本提高并不意味着竞争劣势，它可能带来质量升级和性价比提高。从经验研究来看，为了提高产品质量，企业确实需要使用更高质量且更昂贵的材料，或者雇佣技术水平更高的工人以及付出更多的工作时间。但是 QHFT 模型认为只有当 $\theta > 0$ 时，产品质量随着边际成本的增加而快速增加，使得产品的性价比不断提高，这个时候进行质量升级才是有利可图的。

基于上述需求和供给函数，可以得出企业利润最大化决策所对应的收入函数和利润函数及其对出口动态的影响：

$$r(a_j) = R \ (P\rho a_j^{-\theta})^{1-\sigma}, \ \pi(a_j) = R \ (P\rho a_j^{-\theta})^{1-\sigma} - f$$

根据上述收入函数和利润函数，只有当 $\theta > 0$ 时，提高边际成本和产品质量才能够增加企业收入。据此，QHFT 模型定义了新的出口临界条

---

①　Antoniades A,"Heterogeneous Firms, Quality, and Trade," *Journal of International Economics*, No. 2 (2013): 263 – 273.

②　Hallak J. & Sivadasan J,"Productivity, Quality and Exporting Behavior under Minimum Quality Constraints," University Library of Munich, Germany, MPRA Paper, 2008, http://webuser. bus. umich. edu/jagadees/papers/ucsc_all. pdf.

件：只有性价比超过一定门槛的企业才能够获得正的利润，从而成功进入一个行业。这是 QHFT 模型与 Melitz 模型最根本的不同：Melitz 模型认为只有生产率超过一定水平，具备足够低的边际成本和价格才能保证企业在市场中的竞争优势；而 QHFT 模型认为质量差异也能成为企业的竞争优势，只要 $\theta > 0$，企业就能够通过增加成本投入来实现足够大的质量升级，保证性价比大幅提升，从而提高企业竞争力。QHFT 模型最大限度地保留了 Melitz 的假设条件和理论结构，在保证模型简练优美的前提下，成功引入质量异质性，成为 Melitz 模型的一个良好补充。

在开放经济条件下，要成功进入出口市场，QHFT 模型中的企业也会面临固定出口成本 f_x 和冰山运输成本 τ。因此，企业产品的性价比必须超过出口市场的一定临界值，才能够克服相关成本，参与国际贸易。特别是当存在最低出口质量门槛时，那些生产率比较高但是产品质量比较低的企业只能专注于本国市场（Hallak et al.）。从经验研究来看，国际贸易中确实存在普遍而多样的出口质量门槛，比如一些发达国家政府和客户甚至设置明确的进口产品质量标准，如 ISO9000 认证和欧盟 RoHS 认证，另外高质量产品的单位运输成本比较低，低质量产品的交易成本比较高。因此，只有达到一定质量标准的产品才能够销售到距离更远和市场标准更高的国家，也就是说，质量水平更高但是生产率较低的企业反而能够进入门槛更高的市场，而那些生产率高但是低质量的企业只能专注于本国市场。综上所述，通过引入质量异质性，企业异质性贸易模型更好地解释了国际贸易的特征事实，避免了与现实脱节，成功从生产率单一异质性转变为生产率和产品质量的双重异质性（魏方）[①]。

2. 增加产品种类——品种异质性

出口企业的产品种类多样化是国际贸易的普遍现象，学术界很早就关注多产品企业研究，但无论是传统国际贸易理论还是 Melitz 模型，都是建立在企业生产单一产品的假设基础上。该假定在理论上的局限非常明显，也不符合国际贸易的特征事实。因此企业异质性贸易理论甫一发展，便有学

---

① 魏方：《生产率和产品品质双重异质性对企业出口的影响：文献综述》，《国际贸易问题》2015 年第 1 期，第 123～131 页。

者引入多产品的概念，假定同时存在企业间和产品的异质性，从而建立多产品企业出口模型，从理论上研究多产品出口企业的生产行为和出口动态。目前的理论成果，大多数采用垄断竞争框架，从产品间关联效应来看，一些文献假定存在产品间利润侵蚀效应，如 Feenstra et al. [1]、Dhingra[2]；另一些文献假定不存在利润侵蚀效应，如 Mayer et al. [3]，特别是 Bernard et al. 率先将多产品引入 Melitz 模型，分别建立了产品生产内生选择模型和多产品、多目的地的一般均衡模型[4][5]。与 Helpman 类似，他们普遍假设企业同时生产"核心产品"和"边缘产品"，企业在核心产品上的专业知识更为丰富，生产率更高，在距离核心产品越远的边缘产品方面专业知识更少，生产率更低。企业将更多的资源用于核心产品生产，因为它们的可变利润更高。因为 Bernard et al. 模型与 Melitz 模型一脉相承，且兼具简洁性和易扩展性，已经成为多产品企业出口行为分析的重要理论框架，因此本节将重点介绍其理论框架和主要结论。

以 Melitz 模型为基础，Bernard et al. 模型以嵌套的不变替代弹性的 CES 函数来代表消费者的效用函数，每个消费者面临一个对称的产品集 [0，1]：

$$U_j = \left(\int_0^1 C_{jk}^v \right)^{\frac{1}{v}}, 0 < v < 1$$

其中 j 代表国家，k 代表产品种类。每一种产品都有连续的一组企业供应水平差异化的产品。C_{jk} 代表消费集，取决于 j 国消费的来自世界上所有国家的产品数量，用 CES 函数表示：

① Feenstra R. & Ma H, "Optimal Choice of Product Scope for Multiproduct Firms under Monopolistic Competition," NBER Working Paper 13703, 2007, https://www.nber.org/papers/w13703.

② Dhingra S, "Trading Away Wide Brands for Cheap Brands," *American Economic Review*, No. 6 (2013): 2554 - 2584.

③ Mayer T, Melitz M. J. & Ottaviano G. I. P, "Market Size, Competition, and the Product Mix of Exporters," *American Economic Review*, No. 2 (2014): 495 - 536.

④ Bernard A. B, Redding S. J. & Schott P. K, "Multiple-Product Firms and Product Switching," *American Economic Review*, No. 1 (2010): 70 - 97.

⑤ Bernard A. B, Redding S. J. & Schott P. K, "Multiproduct Firms and Trade Liberalization," *The Quarterly Journal of Economics*, No. 3 (2011): 1271 - 1318.

$$C_{jk} = \left\{ \sum_{i=1}^{J} \int_{\omega \in \Omega} \left[\lambda_{ijk}(\omega) c_{ijk}(\omega) \right]^{\rho} d\omega \right\}^{\frac{1}{\rho}}, 0 < \rho < 1$$

其中 i 代表出口国，j 代表进口国，ω 代表产品 k 的品种集，$\lambda_{ijk}(\omega)$ 代表"产品贡献度"[①] 且 $\lambda_{ijk}(\omega) \geq 0$。为了方便起见，Bernard et al. 模型假设同一产品不同品种间的替代弹性与不同产品间的替代弹性一样，即 $\sigma \equiv \dfrac{1}{1-\rho}$，可得相应的价格指数：

$$P_{jk} = \left\{ \sum_{i=1}^{J} \int_{\omega \in \Omega} \left[\frac{p_{ijk}(\omega)}{\lambda_{ijk}(\omega)} \right]^{1-\sigma} d\omega \right\}^{\frac{1}{1-\sigma}}$$

Bernard et al. 模型的消费者效用函数表明，消费者不仅偏好更多种类的产品，即便是同一种类的产品，消费者也偏好更多的品种。该效用函数与 Melitz 模型一脉相承，但成本加成不变的假定使得该模型无法考察进口国异质性和贸易成本变化对企业出口产品范围决策的影响。

在供给方面，Bernard et al. 模型假设企业必须支付一笔沉没的市场进入成本 f_e，然后会获知自己的生产率 $\varphi \in (0, \infty)$，由随机函数 $g(\varphi)$ 生成，并且企业内部所有产品的生产率 φ 都一样；企业还会获知自己的专业知识 $\lambda_k \in (0, \infty)$，由随机函数 $z(\lambda)$ 生成，并且每种产品的专业知识 λ_k 不一样。Bernard et al. 模型还假设每种产品都面临一个固定生产成本 f_d 和一个固定出口成本 f_x，在公司层面还有固定的总部成本 F_d 和固定的出口总部成本 F_x，总部成本与产品种类的数量无关。

每个企业进行利润最大化决策后，产品价格等于边际成本的不变加成：

$$p_{ij}(\varphi, \lambda) = \tau_{ij} \frac{1}{\rho} \frac{w_i}{\varphi}$$

其中 τ_{ij} 表示冰山运输成本，w_i 表示工资水平，可以标准化为 1。因为所有产品大类之间和产品之间的替代弹性都一样，且一个公司的所有产品

[①] $\lambda_{ijk}(\omega)$ 所代表的"产品贡献度"进入需求函数的形式与 Baldwin et al. 模型中引入产品质量的方式相似，但它并不能等同于产品质量，通过下文 $\lambda_{ijk}(\omega)$ 进入生产函数的形式可以明显看出。实际上，Bernard et al. 模型假设所有企业内部所有产品的生产率是一样的，但是不同产品的"产品贡献度"是不一样的，这样生产率保证了企业间的异质性，而产品贡献度保证了企业内部产品间的异质性。

生产率 φ 都一样，所以一个公司的所有产品价格都是一样的。

根据上述定价，一个企业在 j 国供应某种产品的收入函数和利润函数如下：

收入函数：$r_{ij}(\varphi, \lambda) = (w_i \tau_{ij})^{1-\sigma} w_j L_j (\rho P_j \varphi \lambda)^{\sigma-1}$

利润函数：$\pi_{ij}(\varphi, \lambda) = \dfrac{r_{ij}(\varphi, \lambda)}{\sigma} - w_i f_{ij}$

由收入函数可知，两个在同一国家销售同一种产品的企业的收入之比不仅取决于两者的生产率，也取决于两者的产品专业知识，其收入之比为

$$\frac{r_{ij}(\varphi_1, \lambda_1)}{r_{ij}(\varphi_2, \lambda_2)} = \left(\frac{\varphi_1}{\varphi_2}\right)^{\sigma-1} \left(\frac{\lambda_1}{\lambda_2}\right)^{\sigma-1}$$

在企业出口动态方面，因为无论企业在本地销售还是出口到国外都面临固定成本的限制，所以当一个生产率为 φ 的企业要进入国内市场或者出口市场时，其产品专业知识必须分别达到相应的临界值 $\lambda_{ii}^*(\varphi)$ 和 $\lambda_{ij}^*(\varphi)$，使得本地销售利润和出口到 j 国的利润均等于 0，即

$$\pi_{ii}(\varphi, \lambda_{ii}^*(\varphi)) = 0, \quad \lambda_{ii}^*(\varphi) = \left(\frac{\varphi_{ii}^*}{\varphi}\right)\lambda_{ii}^*(\varphi_{ii}^*)$$

$$\pi_{ij}(\varphi, \lambda_{ij}^*(\varphi)) = 0, \quad \lambda_{ij}^*(\varphi) = \left(\frac{\varphi_{ij}^*}{\varphi}\right)\lambda_{ij}^*(\varphi_{ij}^*)$$

其中下标 ii 代表本地市场销售，ij 代表从 i 国出口到 j 国。φ_{ii}^* 和 φ_{ij}^* 分别代表本地销售和出口的临界生产率水平。企业的生产率 φ 越高，进入国内市场和出口市场的产品专业知识临界值越低，企业能够销售或出口越多种类的产品。Bernard et al. 模型还改变了 Melitz 模型中出口固定成本 f_x 的单一设定，将其细分为"总体 - 市场 - 产品"层面的固定成本，使得模型可以研究出口固定成本变化对企业市场选择、产品分配等出口动态的影响。这种方式也得到其他文献的借鉴，如 Manvoa et al. 、Arkolakis et al. 。

总之，由 Bernard et al. 模型得出如下结论：一是与 Melitz 模型一样，企业间存在资源再配置和自选择效应，生产率较高的企业的出口倾向更高，获得的市场份额更多，生产率比较低的企业则选择退出市场；二是企业内部也存在资源再配置和自选择效应，企业会放弃不擅长的产品，而集中资源生产和出口擅长的"核心产品"。因此，Bernard et al. 模型认为高

生产率企业的进入和低生产率企业的退出会提高行业整体生产率水平，而从低生产率产品向高生产率产品的转换也会提高企业整体生产率，进而为行业生产率提高做出贡献。于是产品异质性成为企业异质性的又一重要来源，这是 Bernard et al. 模型对企业异质性贸易理论的重要贡献。

3. 基于产品质量差异的多产品出口企业理论

正如前文所介绍的，以 Melitz 模型为基础，不同学者分别沿着质量异质性（垂直差异化）和产品品种异质性（水平差异化）两个方向，扩展了企业异质性类型，建立了不同的企业异质性贸易理论模型。但是参与国际贸易的企业往往同时存在质量异质性和产品品种异质性，而产品品种的增加与质量的提高既是消费者福利增加的重要方面，也是国际贸易福利效应的重要研究课题（崔凡等）①。因此，近年来有一些学者开始将质量异质性的企业贸易模型和多产品出口企业模型融合，研究生产率、产品质量和产品品种等"三重异质性"如何影响企业的生产决策和出口动态。他们大多是在多产品出口企业模型的基础上引入产品质量异质性，只是在模型框架和产品质量生成方式上有所差别。一些文献假设产品质量是企业内生选择的结果，如 Manova et al. 将产品质量异质性分别引入 Bernard et al. 模型的垄断竞争框架和 Mayer et al. 的寡头竞争模型，假设质量由企业层面的生产率和产品层面的专业知识共同决定，同时企业面临质量排序（quality sorting）和效率排序（efficiency sorting）两种外部经济环境，以及"企业－产品－市场"层面的固定出口成本，为了实现利润最大化，企业要解决三个问题：最优的产品范围和市场范围，每种产品的最优质量，质量、价格和销量在产品间和市场间的最优组合②。两种模型框架的结论大同小异，为了简单起见，本节将主要介绍 Manova et al. 质量异质性的多产品企业贸易模型。

在需求方面，Manova et al. 模型采用 CES 形式的消费者效用函数：

$$U_j = \left[\int_{i \in \Omega_j} (q_{ji} x_{ji})^\alpha \mathrm{d}i \right]^{\frac{1}{\alpha}}, \ 0 < \alpha < 1$$

① 崔凡、邓兴华：《异质性企业贸易理论的发展综述》，《世界经济》2014 年第 6 期，第 138～160 页。
② Manova K. & Yu Z, "Multi-Product Firms and Product Quality," *Journal of International Economics*, No. 11（2017）：116－137.

其中 q_{ji} 代表 j 国消费者可得到的产品 i 的质量，x_{ji} 代表相应的产品消费数量，Ω_j 代表 j 国消费者可得到的产品集。产品间的替代弹性 $\sigma \equiv \dfrac{1}{1-\alpha} > 1$。假设 j 国的总支出为 R_j，则该国对产品 i 的总需求是

$$x_{ij} = R_j P_j^{\sigma-1} q_{ji}^{\sigma-1} p_{ji}^{-\sigma} , \ P_j = \left[\int_{i \in \Omega_j} \left(\frac{p_{ji}}{q_{ij}} \right)^{1-\sigma} \right]^{\frac{1}{1-\sigma}}$$

上述消费者效用函数与 Bernard et al. 模型是一样的，只不过后者认为 q_{ji} 既可以表示产品质量，也可以表示其他影响消费者需求的产品特征，比如品牌。在基于产品质量差异的多产品出口企业模型中，消费者依然根据产品性价比进行消费决策，产品的多样化、消费量上升和质量提高都能够增加消费者的效用。

在供给方面，Manova et al. 模型充分借鉴了已有多产品出口企业模型和质量异质性企业模型的成果，假定有 $J+1$ 个国家，每个国家都有一个连续的异质性企业集，每个企业同时生产水平差异化和垂直差异化的产品。它们必须付出沉没固定成本，才能够进入市场并获得一个生产率和产品质量水平，然后才决定是否退出市场以及是否出口。该模型对企业成本函数和质量生成函数进行了简化并借鉴 Baldwin et al. 的做法，假设产品质量由边际成本决定，更高的产品质量需要更成熟的中间品投入和技能。

在生产技术方面，企业的生产率由两部分组成：一是企业整体的生产率 $\varphi \in (0, \infty)$，由随机函数 $g(\varphi)$ 生成；二是企业 – 产品层面的专业知识 $\lambda_i \in (0, \infty)$，由随机函数 $z(\lambda)$ 生成。企业在产品 i 的生产率为 $\varphi\lambda_i$，不考虑产品质量的情况下，边际成本 $c_i = \dfrac{1}{\varphi\lambda_i}$。但是，Manova 模型假定企业的产品质量由生产率和产品专业知识决定，即 $q_i(\varphi, \lambda_i) = (\varphi\lambda_i)^{1+\theta}$，$\theta > -1$。这个质量生产函数是原有质量异质性企业模型简化形式，但不失一般性，生产率更高的企业更能够生产高质量的产品。因此，生产率为 φ 的企业生产专业知识为 λ_i、质量水平为 $q_i(\varphi, \lambda_i)$ 的产品所需要付出的边际成本 $c_i = (\varphi\lambda_i)^{\theta}$[①]。如上所述，Manova et al. 模型不仅假定企业间存

---

① $c_i = (\varphi\lambda_i)^{\theta} = \dfrac{q_i(\varphi, \lambda_i)}{\varphi\lambda_i}$，容易知道，产品质量越高，边际成本也越高。

在生产率、产品和质量差异，也假定企业内部的不同产品间存在专业知识
和产品质量差异。

在固定成本方面，Manova et al. 模型假设企业存在多种不同的固定成
本。除了沉没的市场进入成本之外，还有企业层面的总部固定成本 f_h、企
业 - 产品层面的生产线管理成本 f_p。当企业要进入 j 国时，还需要支付出
口总部成本 f_{hj}，包括海关和销售网络成本，还有产品 - 目的地成本的出
口成本 f_{pj}，可能包括市场研究、产品定制和广告费用。最后，企业还面临
每单位产品为 τ_j 的冰山运输成本。上述成本结构使得企业在进行利润最
大化决策时，需要根据自身生产率和产品专业知识，决定生产何种产品以
及进入哪些市场。

Manova et al. 模型还假设企业对每个产品分别进行利润最大化决策，
不同产品间不存在关联，从而达到总利润的最大化，相应的价格、收入和
利润函数如下：

$$p_{ji}(\varphi,\lambda_i) = \frac{\tau_j(\varphi\lambda_i)^{\theta}}{\alpha}$$

$$r_{ij}(\varphi,\lambda_i) = R_j\left(\frac{\alpha P_j}{\tau_j}\right)^{\sigma-1}(\varphi\lambda_i)^{\theta(\sigma-1)}$$

$$\pi_{ij}(\varphi,\lambda_i) = \frac{r_{ij}(\varphi,\lambda_i)}{\sigma} - f_{pj}$$

因为分别存在企业层面和产品层面的固定成本，Manova et al. 模型也存
在一个临界生产率水平 φ^*，只有生产率超过 φ^* 以及产品专业知识超过临
界值 $\lambda_j^*(\varphi)$ 的企业才能留在市场中，而只有产品专业知识大于 $\lambda_j^*(\varphi)$
的企业才能生产相应的产品。同时也存在出口市场的临界生产率水平和临
界产品专业知识水平，此处不再赘述。

在多产品企业出口动态方面，Manova et al. 模型中，θ 是影响企业出
口动态的一个核心变量，从消费者角度而言，它可以表示企业产品质量差
异化的程度；从生产者角度而言，它可以表示产品质量差异化的回报或者
生产率和产品专业知识转化成产品质量的效率。当 $\theta = -1$ 时，Manova et
al. 模型就变成 Bernard et al. 模型，产品不存在垂直差异；当 $-1 < \theta \leqslant 0$
时，企业的核心产品是自身最擅长、边际成本最低的产品，企业会按边际

成本递增的顺序来增加出口产品种类，出口价格和出口产品范围成正比；当 $\theta > 0$ 时，企业的核心产品是质量最高、价格最贵的产品，企业会按边际成本递减（产品质量递减）的顺序来增加出口产品种类，出口价格和出口产品范围成反比。

又因为存在"目的国－产品"层面的出口固定成本，所以临界生产率水平和临界产品专业知识水平会随着企业、目的国和产品种类的变化而变化。只有超过一定的生产率水平，企业才能进入相应的目的国市场；只有掌握一定的产品专业知识，企业才能生产相应的产品。而生产率越高的企业，其所面临的产品专业知识门槛就越低。所以生产率仍然是 Manova et al. 模型的核心要素，生产率越高的企业能够将产品出口到更多的目的地，在每个目的地出口更多种类的产品，并且每个产品在每个目的地的销售量都超过生产率比较低的企业。此外，由于不变成本加成的假定，因此出口产品范围与单个产品出口规模相关，但是在可变成本加成的假定下，随着出口产品范围的扩大，核心产品的出口规模会变小。

3.1.3　小结

多年来，随着假设条件的不断修正和扩展，企业异质性贸易理论在理论和实证方面得到了极大的扩展。生产率异质性的单一假定得到修订，质量异质性和产品异质性分别被引入企业异质性贸易模型。

Melitz 模型仍然是企业异质性贸易理论最为基础和标准的理论模型框架，基于生产率差异的企业异质性分析使人们更好地认识企业层面的生产行为和出口动态调整，将国际贸易的研究从宏观层面拓展到微观层面。正是企业间生产率的差异，决定了它们面对外部冲击时所获得的资源配置。生产率高的企业获得更多的市场和资源，生产率低的企业失去市场和资源直至退出市场。通过这种优胜劣汰的方式，企业走上了异质性的发展路径，行业的整体生产率得到提高。

以 Baldwin et al. 为代表的质量异质性的企业贸易模型则发现，质量异质性也能够成为企业异质性的重要来源。在不改变 Melitz 模型的框架、主要假设条件和主要结论的前提下，Baldwin et al. 引入了产品质量异质性，企业同时通过价格和质量参与市场竞争，只有性价比超过一定水平的企业，才能获得相对的市场竞争优势。在 Melitz 模型中，高价格代表着竞争劣势，但是在 Baldwin et al. 模型中，情况却可能相反，高价格只要带来足够高的产品质量水平，企业也能获得更大的竞争优势，从而获得更大的市场份额。质量跟生产率一样，能推动企业间的优胜劣汰和资源优化配置，从而提高行业整体生产率和质量水平。

以 Bernard et al. 为代表的多产品企业出口模型则选择另一条拓展路径。在不改变 Melitz 模型的框架、主要假设条件和主要结论的前提下，他们引入产品异质性，每个企业同时生产多种产品，只是存在高生产率的"核心产品"和低生产率的"边缘产品"。该类型的模型将企业资源优化配置的分析拓展到企业内部，企业将会集中精力生产更多的"核心产品"，而"边缘产品"得到的资源较少，乃至最终被淘汰。产品间的优胜劣汰，提高了企业整体的生产率水平；企业间的优胜劣汰，提高了行业整体的生产率水平，因此产品异质性与质量异质性和生产率异质性一样，都能作为企业异质性的重要来源。

近年来，有关企业异质性表现形式的研究很多，以 Manova et al. 为代表的文献试图构建同时包含生产率、质量和品种"三重异质性"的出口企业模型。将质量异质性引入多产品出口企业模型成为一种比较简便和主流的方式，生产率异质性对质量水平、产品范围以及生产决策和出口行为仍然起到决定性的作用，生产率比较高的企业生产更高质量的产品，拥有更多的产品选择，在市场竞争中获得更多的资源。而质量异质性的企业贸易模型和多产品出口企业模型的主要结论也依然适用，并展现出更为丰富的结论。面对不同的外部市场环境冲击，例如出口固定成本不同的国外市场，企业可以基于自身的生产率、质量和产品组合情况做出异质性的生产和出口决策。正是这种异质性的选择，使得企业走上了异质性的发展路径。

综上所述，从 Melitz 模型出发，有关企业异质性来源多样化的成果日益增多，相关研究极大地完善了企业异质性贸易模型，丰富了人们对于企业生产行为和出口动态的认识，也为本书研究技术创新与企业出口动态的关系提供了坚实的理论基础。

3.2　企业创新与企业异质性贸易理论

正如上文所述，生产率外生给定是企业异质性贸易理论的重要假定。无论是 Melitz 模型还是质量异质性的企业模型或者是多产品企业出口模型，都将外生给定生产率作为企业异质性的一个重要来源，其既直接影响企业出口动态，也通过质量异质性和产品品种异质性间接影响企业出口动态。而当企业可以进行技术创新，内生决定生产率水平时，特别是企业可以主动选择质量创新和产品创新时，会对企业出口动态产生什么影响？一些学者对相关假设条件进行了修改，纳入企业技术选择策略，允许企业生产率、质量和产品组合与出口动态相互作用，从而将企业生产率、质量和产品品种的决定内生化，如 Yeaple[①]、Caldera[②]、Atkeson et al. [③]、Bustos[④]、Dhingra[⑤]、Turco et al. [⑥] 和 Flach et al. [⑦]。

3.2.1　过程创新与企业出口动态

Bustos 将 Yeaple 的内生技术选择过程纳入 Melitz 模型，从而建立了创新影响企业出口动态的基本理论框架。在需求方面，Bustos 采用 CES 函数，替代弹性 $\sigma = \dfrac{1}{1-\rho} > 1$。因此总体价格指数和需求函数与 Melitz 模型一样。

在供给方面，Bustos 模型中企业的初始生产率仍然是随机外生给定

① Yeaple S. R，"A Simple Model of Firm Heterogeneity, International Trade, and Wages," *Journal of International Economics*，No. 1（2005）：1 – 20.

② Caldera A，"Innovation and Exporting：Evidence from Spanish Manufacturing Firms," *Review of World Economics*，No. 4（2010）：657 – 689.

③ Atkeson A. & Burstein A. T，"Innovation, Firm Dynamics, and International Trade," *Journal of Political Economy*，No. 3（2010）：433 – 484.

④ Bustos P，"Trade Liberalization, Exports, and Technology Upgrading：Evidence on the Impact of MERCOSUR on Argentinian Firms," *American Economic Review*，No. 1（2011）：304 – 340.

⑤ Dhingra S，"Trading Away Wide Brands for Cheap Brands," *American Economic Review*，No. 6（2013）：2554 – 2584.

⑥ Lo Turco A. & Maggioni D，"Dissecting the Impact of Innovation on Exporting in Turkey," *Economics of Innovation and New Technology*，No. 4（2015）：309 – 338.

⑦ Flach L. & Irlacher M，"Product versus Process：Innovation Strategies of Multiproduct Firms," *American Economic Journal：Microeconomics*，No. 1（2018）：236 – 277.

的。企业预先进行技术创新活动，从事产品开发，但是只有进入市场后才知道自己的产品是否有竞争力。所以与 Melitz 模型一样，技术创新成本也是沉没的市场进入成本。当企业成功进入市场后，可以继续进行技术创新，但是 Bustos 没有区分质量和生产率的创新。根据 Melitz 关于生产率的定义，企业的技术创新既可以提高产品质量，也可以提高生产率。Bustos 只是假设企业有两种技术可以选择，分别是低技术 l 和高技术 h。当企业选择低技术时，成本函数与 Melitz 模型一样：$l_l = f + q/\varphi$；而当企业选择高技术 h 时，会带来额外的固定成本，同时会降低边际成本，成本函数 $l_h = \eta f + \dfrac{q}{\gamma\varphi}$，$\eta > 1$，$\gamma > 1$[①]。

在企业创新、生产和出口行为方面，Bustos 模型认为企业面临四个不同选择：①低技术、供给国内市场[②]；②低技术、出口国外市场[③]；③高技术、供给国内市场[④]；④高技术、出口国外市场[⑤]。

基于上述四种选择，Bustos 模型认为在均衡状态，所有企业可以分为四种类型：第一种是生产率小于国内市场销售的生产率临界值，即 $\varphi < \varphi^*$，企业没有任何竞争优势，选择退出市场；第二种是生产率小于出口的临界生产率但是超过国内市场销售的临界生产率，即 $\varphi^* < \varphi < \varphi^x$，企业选择供给国内市场但是仅使用低技术 l；第三种是中等技术水平企业，生产率小于创新的临界生产率但是超过出口的临界生产率，即 $\varphi^x < \varphi < \varphi^h$，企业会选择出口但是仍然采用低技术 l；第四种是生产率最高的企业，生产率超过创新的临界生产率，即 $\varphi > \varphi^h$，企业会选择出口但是采用高技术 h。值得说明的是，Bustos 模型基于经验事实，假定创新的临界生产率超过出口的临界生产率，即 $\varphi^h < \varphi^x$，模型不考虑高技术但是只供给国内市场的情况。

---

① 采用低技术时的产品价格 $p_l = \dfrac{1}{\rho\varphi}$，采用高技术时的产品价格 $p_h = \dfrac{1}{\gamma\rho\varphi}$。

② 相应的价格函数和利润函数：$p_l^d(\varphi) = \dfrac{1}{\rho\varphi}$，$\pi_l^d(\varphi) = \dfrac{1}{\sigma}R(P\rho)^{\sigma-1}\varphi^{\sigma-1} - f$。

③ 相应的价格函数和利润函数：$p_l^x(\varphi) = \dfrac{\tau}{\rho\varphi}$，$\pi_l^x(\varphi) = \dfrac{1}{\sigma}R(P\rho)^{\sigma-1}\varphi^{\sigma-1} - f - f_x$。

④ 相应的价格函数和利润函数：$p_h^d(\varphi) = \dfrac{1}{\rho\varphi\gamma}$，$\pi_h^d(\varphi) = \dfrac{1}{\sigma}R(P\rho)^{\sigma-1}\varphi^{\sigma-1}\gamma^{\sigma-1} - \eta f$。

⑤ 相应的价格函数和利润函数：$p_h^x(\varphi) = \dfrac{\tau}{\rho\varphi\gamma}$，$\pi_h^x(\varphi) = \dfrac{1}{\sigma}R(P\rho)^{\sigma-1}\varphi^{\sigma-1}\gamma^{\sigma-1} - \eta f - f_x$。

在创新决策方面，Bustos 模型指出采用高技术 h 需要投入固定的创新成本，该成本对所有厂商都是一样的，但是不同厂商的创新收益却不一样。具体而言，生产率越高的企业进行技术创新的收益越大。存在一个进行技术创新的临界生产率水平 φ^h，当生产率水平超过 φ^h 时企业会采用高技术。模型将创新的临界生产率 φ^h 与出口的临界生产率 φ^* 之间的关系用下式表示：

$$\varphi^h = \varphi^* \frac{1}{(1 + \tau^{1-\sigma})^{\frac{1}{\sigma-1}}} \left(\frac{\eta - 1}{\gamma^{\sigma-1} - 1} \right)^{\frac{1}{\sigma-1}}$$

根据 Bustos 模型，技术创新将对企业出口动态产生直接的影响。高技术的成功采用，将降低企业的边际成本，使得可变利润超过增加的固定创新成本，当出口的临界生产率水平不变时，技术创新将提高企业的市场进入概率和出口倾向。又因为 $\varphi^h > \varphi^x$，所以采用高技术的企业都会参与出口业务，原因可能在于创新提高了企业在国际市场的竞争力。该模型的局限性在于没有区分不同创新类型，模型中的技术创新其实就是企业的过程创新，只是降低了企业的边际成本，对产品质量和产品范围没有影响，因而无法考察质量升级和产品创新对企业出口动态的影响①。

3.2.2　质量创新、品种创新和企业出口动态

1. 引入质量创新

Turco et al. 在 Caldera 理论和 Bustos 理论的基础上，将产品质量差异引入垄断竞争框架，构建了创新影响企业出口决策的理论模型。文章认为过程创新和质量创新是两种不同的创新类型，并且通过不同的途径影响企业出口。过程创新会降低产品的边际成本和价格，从而增加企业的可变利润；质量创新会提高产品质量同时增加企业的固定成本，但是会给企业带来更高收入和利润。通常情况下，两种不同的创新方式会一起使用②。

---

① Bustos 认为该模型既可以解释过程创新也可以解释质量创新，但是因为 γ 并没有进入需求函数，即不影响消费者需求，不存在需求提升效应，所以本书认为模型仍然只能解释过程创新。

② 关于质量创新：Turco et al. 使用的是 "product innovation"，即产品创新，但实际上该文献有特别说明其所指的产品创新是 "生产更高质量的产品"，而不是在原有产品基础上增加新的产品种类。因此该文献所谓产品创新，实际上是质量升级或者质量创新。

在需求方面，Turco et al. 借鉴 Grossman et al. 的质量阶梯理论，引入产品质量 q，构建了包含产品质量差异的 CES 效用函数：

$$U = \left\{ \int_{\omega \in \Omega} [q(\omega)x(\omega)]^\rho d\omega \right\}^{1/\rho}$$

其中，产品 ω_j 的需求函数为

$$x(\omega_j) = \frac{P_{\omega_j}^{-\sigma}}{P^{1-\sigma}} M$$

其中 $\sigma = 1/(1-\rho)$ 代表产品间替代弹性，P_{wj} 代表总体价格。进一步地，可以得出质量调整后的价格表达式如下：

$$P_{\omega_j} = \tilde{p}_{\omega_j} / q_{\omega_j}$$

其中，$\tilde{p}_{\omega_j}$ 代表未经质量调整的价格，q_{ω_j} 代表产品质量。产品需求函数的表达式说明：性价比的高低影响产品需求量的大小，而不仅仅是价格。这与质量异质性的企业出口模型的假设条件是一致的。

在生产方面，当不进行任何创新活动时，Turco et al. 模型的企业生产行为和 Melitz 模型是一样的。企业需要支付一笔固定的沉没成本 f，从而得到生产率 φ，可变成本为 c，产品定价为不变加成：$\rho = \sigma/(\sigma-1)$。企业如果继续停留在市场中，相应的收入函数和利润函数分别为

$$r_0(\varphi) = \left[\frac{\sigma-1}{\sigma} \frac{\varphi q(\omega)}{c} P \right]^{\sigma-1} M , \ \Pi_0(\varphi) = \frac{r_0(\varphi)}{\sigma} - f$$

Turco et al. 借鉴 Caldera 和 Bustos 的做法，引入内生的技术创新，并进一步区分了过程创新和质量创新。当企业进行过程创新时，需要付出一笔固定的研发成本 f_{pc}，能够获得一个更低的可变成本 $c_{pc} < c$，相应的收入函数和利润函数分别为

$$r_{pc}(\varphi) = \left[\frac{\sigma-1}{\sigma} \frac{\varphi q(\omega)}{c_{pc}} P \right]^{\sigma-1} M , \ \Pi_{pc}(\varphi) = \frac{r_{pc}(\varphi)}{\sigma} - f - f_{pc}$$

当企业进行质量创新时，需要付出一笔固定的研发成本 f_{pd}，得到更高的质量水平 $q_{pd}(\omega) > q(\omega)$，从而提高收入，相应的收入函数和利润函数分别为

$$r_{pd}(\varphi) = \left[\frac{\sigma-1}{\sigma}\frac{\varphi q_{pd}(\omega)}{c}P\right]^{\sigma-1}M \, , \, \Pi_{pd}(\varphi) = \frac{r_{pd}(\varphi)}{\sigma} - f - f_{pd}$$

当企业同时进行过程创新和质量创新时，将获得更低的可变成本 $c_{pc} < c$ 和更高的质量水平 $q_{pd}(\omega) > q(\omega)$，相应的收入函数和利润函数分别为

$$r_{pc,pd}(\varphi) = \left[\frac{\sigma-1}{\sigma}\frac{\varphi q_{pd}(\omega)}{c_{pc}}P\right]^{\sigma-1}M \, , \, \Pi_{pc,pd}(\varphi) = \frac{r_{pc,pd}(\varphi)}{\sigma} - f - \lambda(f_{pc} + f_{pd})$$

其中，$0 < \lambda \leq 1$，为创新成本调节系数，它表明同时进行两项技术创新的总成本会小于分别进行两项技术创新的总成本。该假定的依据是在经验研究中，往往发现企业会同时进行两种创新。基于上述利润函数，企业会做出相应的创新决策，决策的依据是因创新增加的收入是否能够补偿创新所需要的成本投入[1]。

Turco et al. 模型最后发现，生产率比较高的企业进行创新比较容易成功，即企业存在创新的自选择效应。同时，Turco et al. 认为过程创新和质量创新存在互补效应，在成本节约和质量升级的共同作用下，企业的可变利润会得到更大的提升，而所需的成本投入却比分别创新更小。

与 Melitz 一样，Turco et al. 假设企业需要支付一笔固定的出口成本 f_x 才能进入出口市场。是否参与出口业务就取决于出口市场的利润是否超过国内市场的利润。通过比较不同创新类型下企业的收入函数和利润函数，Turco et al. 模型发现：创新企业总是比非创新企业的出口倾向更高，同时进行两种创新的企业出口倾向高于只进行一种创新的企业。这一结论与 Caldera 和 Bustos 是一致的，即企业存在着创新的自选择效应，也存在出口自选择效应。

Turco et al. 模型的另一个重要结论在于过程创新和质量创新的出口效

---

[1]　当 $\left(\frac{1}{c_{pc}^{\sigma-1}} - \frac{1}{c^{\sigma-1}}\right)\left[\frac{\sigma-1}{\sigma}\varphi q(\omega)P\right]^{\sigma-1}M > f_{pc}$ 时，企业会选择过程创新；当 $[q_{pd}(\omega)^{\sigma-1} - q(\omega)^{\sigma-1}]\left[\frac{\sigma-1}{\sigma}\frac{\varphi}{c}P\right]^{\sigma-1}M > f_{pd}$ 时，企业会选择质量创新；当 $\left[\frac{q_{pd}(\omega)}{c_{pc}}\right]^{\sigma-1} - \left[\frac{q(\omega)}{c}\right]^{\sigma-1}\left[\frac{\sigma-1}{\sigma}\frac{\varphi}{c}P\right]^{\sigma-1}M > \lambda(f_{pc} + f_{pd})$ 时，企业会选择同时进行过程创新和质量创新。

应比较。通过将过程创新和质量创新的收入函数相除，可得：

$$\frac{r_{pc}^*(\varphi)}{r_{pd}^*(\varphi)} = \frac{c/c_{pc}}{q_{pd}/q}$$

其中加 * 的参数代表国外市场。从上式易知，当过程创新的成本节约效应超过质量创新的质量改善效应时，过程创新的出口促进效应会超过质量创新，反之亦然。

更进一步地，Turco et al. 将外国市场特征考虑在内。如果外国市场的产品质量和边际成本相对本国来说比较低，那么企业实行质量创新比过程创新更有利于出口；反之亦然。换言之，如果本国产品和外国产品的质量差距大于成本差距，那么进行质量创新更有利于本国产品在外国市场获得竞争优势，从而提高本国企业的出口倾向。

2. 引入产品创新①

随着多产品出口企业模型的出现和发展，一些学者开始研究创新类型多样化与企业出口动态的关系。他们一般都基于不同的多产品出口企业模型进行拓展，如 Dhingra 以垄断竞争框架模型为基础，Flach et al. 以寡头竞争模型为基础。为了更好地研究产品创新的影响，他们一般都假定新产品对原有产品存在"侵蚀效应"。同时，他们从创新形式和创新结果等方面对产品创新和过程创新进行了比较好的区分，如 Dhingra 假定产品创新是在同一品牌下增加新的产品线，这会扩大企业的产品组合和品牌知名度，但也会对原有产品带来"侵蚀效应"；过程创新指的是提高现有产品的生产率，在不冲击原有产品的情况下降低生产成本。Flach et al. 则进一步假定过程创新可能在企业内部产生"溢出效应"，特别是在同质化产品的生产上，提高一种产品的生产率，会显著带动其他产品的生产率。本节将从需求函数、企业创新决策和出口动态等方面对 Dhingra 模型和 Flach et al. 模型进行对比分析。

需求函数方面，Dhingra 模型采用线性需求函数形式，假设一个典型的消费者 k 同时消费同质化产品和差异化产品。该模型的独特之处在于用品牌表示产品差异化，消费者既消费同一产品种类下的差异化品牌，也消费

① 这里的产品创新实际上是品种创新，但为了与原文献一致，仍然使用产品创新的表述。

不同产品种类的差异化产品。企业则会建立一个自己的品牌，然后同一品牌下生产不同品类的产品。在此基础上，模型用 q_0^k 表示同质化产品的消费数量，用 q_{ij}^k 表示 j 品牌 i 品类的消费数量，相应的消费者效用函数[1]如下：

$$U^k = q_0^k + \alpha Q^k - \frac{\delta}{2} \iint (q_{ij}^k)^2 \mathrm{d}i\mathrm{d}j - \frac{\gamma}{2} \int (q_j^k)^2 \mathrm{d}j - \frac{\eta}{2} (Q^k)^2$$

其中 α、δ、γ 和 η 严格为正，α 和 η 衡量了同质化产品和差异化产品的替代性；δ 代表同一品牌中不同品类间的差异程度，当 $\delta = 0$ 时，代表消费者对不同品类没有偏好差异；γ 是 Dhingra 模型的独特之处，衡量了不同品牌之间的差异程度，当 $\gamma = 0$ 时，代表消费者对不同品牌没有偏好差异。

在均衡状态，消费者同时消费同质化产品和差异化产品，相应的反需求函数为

$$p_{ij} = \alpha - \delta q_{ij}^k - \gamma q_j^k - \eta Q^k$$

通过上式可以发现，除了品类消费量 q_{ij}^k 和市场消费总量 Q^k 之外，品牌消费量 q_j^k 对反需求也有一定影响。Dhingra 借鉴了市场营销和产业组织的定义，认为品牌是一组存在需求关联的品类。同一品牌的一组品类之间会互相替代，即 $\gamma > 0$。随着消费者对同一品牌的产品消费增加，对同一品牌的任意一种产品需求量都会下降，Dhingra 将其称为"品牌内侵蚀效应"，这是该模型的核心定义之一。

Flach et al. 采用拟线性效用函数，消费者同样消费同质化产品和差异化产品，一个典型消费者的效应函数可表示如下：

$$U = q_0 + aQ - \frac{1}{2}b\Big[(1-e)\int_{i\in\tilde{\Omega}} q(i)^2 \mathrm{d}i + eQ^2 \Big]$$

其中 q_0 代表同质化产品的消费量，a 和 b 代表非负的偏好系数，$q(i)$ 代表差异化产品 i 的消费量[2]。$e \in [0,1]$ 是 Flach et al. 模型的一个重要

---

① 一个典型的消费者对 j 品牌的消费量为 $q_j^k = \int_i q_{ij}^k \mathrm{d}i$，对所有品牌所有品类的差异化产品的消费总量是 $Q^k = \int_j q_j^k \mathrm{d}j$。

② 差异化产品的消费总量用 $Q = \int_{i\in\tilde{\Omega}} q(i) \mathrm{d}i$ 表示。

参数,可以用来描述产品差异化程度,e 的值越小意味着产品差异化程度越高,彼此的替代性越小。

效用最大化时的消费者需求函数如下:

$$p(i) = a - b'[(1-e)x(i) + eX], \quad X = \int_{i \in \Omega} \int x(i)\,\mathrm{d}i$$

其中,$x(i)$ 代表市场对产品种类 i 的全部需求,X 代表对差异化产品的总需求。

与 Dhingra 类似,Flach et al. 认为不同产品之间存在需求关联,这对于研究产品创新的影响至关重要。因此,模型还给出了产品差异化系数 e 影响品种替代弹性的式子:

$$\varepsilon_{ij} = \left| \frac{\partial x(i)}{\partial x(j)} \frac{x(i)}{x(j)} \right| = \frac{ex(j)}{(1-e)x(i)}$$

从上式可见,e 的值越大,产品同质化程度越高,品种之间的替代弹性更大。

综上所述,为了更好地研究产品创新对消费者需求的影响,Dhingra 和 Flach et al. 都假定存在需求关联效应,即新产品的引入会降低消费者对已有产品的需求。新产品和已有产品属于同一品牌,或者两种产品的差异化程度越小,新产品对已有产品的需求冲击越大。这使得产品创新显著区别于过程创新,因为后者通过降低边际成本和产品价格,提高了消费者对创新企业的产品需求。

在上述条件下,企业做出相应的创新决策,Dhingra 模型假设企业在支付一笔固定成本 f 之后,成功进入市场,并且事先知道自己的单位成本函数。在进入市场之后,企业需要决定以下三个问题:过程创新的程度、产品的生产数量和产品的种类数(产品创新)。模型的关键一步是给出企业 j 的产品 i 的单位成本函数形式:

$$c(w_{ij}) \equiv c - cw_{ij}^{\frac{1}{2}}$$

其中 $w_{ij} \in [0, 1]$,当 $w_{ij} > 0$ 时,表示企业 j 生产产品 i 时进行了过程创新,可以降低单位生产成本,过程创新的研发成本费率是 r_w。此外,企业的产品创新决策决定了产品种类数 h_j,每增加 1 种新产品需要投入 r_h

单位的研发成本。由此，得出企业的利润函数为

$$\Pi_j \equiv \int_0^{h_j} \{[p_{ij} - c(w_{ij})]q_{ij} - r_w w_{ij} - r_h\} \mathrm{d}i - f$$

模型还进一步假设企业内部不同产品的成本函数是对称的，那么企业在每个产品上的过程创新程度和生产数量都是一样的，于是利润函数可以写成：

$$\Pi_j \equiv h\pi - f$$

通过求利润函数对 w 和 h 的一阶条件，可得企业进行过程创新和产品创新的条件，分别为

$$\frac{\partial \pi}{\partial w} = -c'(w)q - r_w > 0, \quad \frac{\partial \Pi}{\partial h} = \pi - h(\gamma q/L)q > 0$$

前一个式子代表只要企业进行过程创新所节约的边际成本能够弥补固定的研发成本，企业就会进行过程创新；后一个式子表示只要企业从新产品获得的新增利润能够弥补已有产品的利润流失，企业就会进行产品创新[①]。

Flach et al. 模型的生产者行为有以下两点不同：一是灵活生产，每个企业都有自己的核心产品 $i = 0$，在不考虑研发投入的情况下，企业的产品 i 的成本函数 $c(i) = c + c_1 i$，核心产品的单位生产成本低于边缘产品，企业会集中资源生产核心产品；二是过程创新溢出效应，当企业在产品 i 进行过程创新 $k(i)$ 时，将获得 $2k(i)^{0.5}$ 的成本节约，同时产品 i 还能获得其他产品过程创新所带来的溢出效应[②]。在灵活生产和过程创新溢出的假设下，Flach et al. 模型中产品 i 的单位成本函数如下：

$$c(i) = c + c_1 i - \{2[1 - \theta(e)]k(i)^{0.5} + 2\theta(e)K\}$$

---

① 需要说明的是，从一阶条件可以看出，过程创新存在规模经济效应，企业的生产规模 q 越大，过程创新的收益越大；γ 越大，产品创新给原有产品带来的冲击越大，相应地，企业越不愿意进行产品创新。

② 成本削减幅度为 $K_{-i} \equiv \int_{\Omega/i} k(i)^{0.5} \mathrm{d}i$，而成本削减的幅度取决于创新溢出系数 $\theta(e) \in (0, 1), \theta'(e) > 0$。

其中 $K = \int_0^\delta k(i)^{0.5}\mathrm{d}i$，代表企业总的过程创新投入。

在 Flach et al. 模型中，一个典型的企业最优化决策需要同时选择每种产品最优的生产规模 $x(i)$、最优的过程创新水平 $k(i)$ 和最优的产品范围 δ，其中过程创新的单位成本为 r_k，产品创新的单位成本为 r_δ。相应的企业利润函数如下：

$$\pi = \int_0^\delta \{p(i) - c - c_1 i + 2[1 - \theta(e)]k(i)^{0.5} + 2\theta(e)K\}x(i)\mathrm{d}i - \int_0^\delta r_k k(i)\mathrm{d}i - \delta r_\delta$$

求利润函数对 $k(i)$ 和 δ 的一阶条件，可得最优的过程创新水平[①]，以及最优的产品范围[②]。不难发现，创新溢出系数 $\theta(e)$ 对最优创新水平起到重要作用。为分析简便起见，该模型赋予 $\theta(e)$ 如下的函数形式：

$$\theta(e) = e^\kappa, \kappa \geqslant 0, e \in [0,1]$$

易知，当 κ 越大，产品间的创新溢出效应与 κ 负相关，与 e 正相关。将上式带入 $k(i)$ 和 $x(\delta)$ 进行相应推导，得出企业的过程创新总投入 K 和最优产品范围 δ：

$$K = \frac{(1 - e^\kappa + e^\kappa \delta)}{r_k}X$$

$$\delta = \frac{a - c - 2\sqrt{\left[b'(1 - 2) - \dfrac{(1 - e^\kappa)^2}{r_k}\right]\left(r_\delta - \dfrac{e^{2\kappa}X^2}{r_k}\right) - 2\left[b'e - \dfrac{2e^\kappa(1 - e^\kappa)}{r_k}\right]X}}{\left(c_1 - \dfrac{2e^{2\kappa}X}{r_k}\right)}$$

通过观察 K 和 δ 的表达式，可以分析企业的创新决策特征。很显然，创新投入与创新成本成反比，随着 r_k 和 r_δ 的增加，企业的过程创新和产品创新都会减少。另外，过程创新存在规模经济效应，企业销售规模 X

---

① 最优的过程创新水平：$k(i) = \left\{\dfrac{[1 - \theta(e)]x(i) + \theta(e)X}{r_k}\right\}^2$。

② 最优的产品范围用第 δ 项产品的产量来表示：$x(\delta) = \sqrt{\dfrac{r_k k(\delta) + r_\delta - 2\theta(e)k(\delta)^{0.5}X}{b'(1 - e)}}$，其中，$b' = \dfrac{b}{L}$，可以用来衡量市场规模，市场规模 L 越大，b' 的值越小。另外，模型假设 $b'r_k > \dfrac{2\theta(e)\{[1 - \theta(e)]x(\delta) + \theta(e)X\}}{ex(\delta)}$。

越大，越能够促使企业加大过程创新 K；当市场规模 L 增大使得 b' 变小时，则有利于企业进行产品创新，扩大产品范围 δ；当边缘产品 δ 的产量比较低时，企业也会倾向于开发新产品[①]。Flach et al. 模型的一个重要创新就是从企业所在行业的产品差异化程度来研究企业创新决策，产品差异化程度越高，企业需求和关联效用越低，过程创新的溢出效应和产品创新的侵蚀效应都越小，反之亦然。所以当 e 的值越小，产品差异化程度越低，或者 κ 变小从而使得过程创新的溢出效应和产品创新的侵蚀效应变大时，企业会倾向于过程创新，以使生产率提升的好处惠及其他产品，并且避免新产品开发带来的冲击。需要指出的是，因为 Flach et al. 模型假设企业实行灵活生产技术，所以在产品差异化程度较小的行业，过程创新投资在每种产品上的分配较平均，在产品差异化较大的行业，过程创新投资集中于生产效率较高、生产规模较大的核心产品。而当 e 变大，产品差异化程度比较高的时候，产品创新优于过程创新，因为生产率提高的溢出效应和新产品的侵蚀效应都不明显，这个时候尽可能进行新产品开发，从而增加企业收入。

　　Dhingra 和 Flach et al. 将内生技术选择引入多产品企业出口模型，并有效区分过程创新和产品创新，为人们提供分析过程创新和产品创新影响企业出口动态的基本框架。他们的共同之处在于：两个模型均假设过程创新和产品创新是两种"异质性"的创新，会对出口动态产生"异质性"的影响，表现在过程创新能够提高企业生产率，降低边际成本和产品价格，从而促进企业出口，提高企业出口的集约边际。他们的不同之处在于：Dhingra 假定企业的成本函数是对称的，所以过程创新对所有产品的出口促进作用是一样的；Flach et al. 假定企业实行灵活生产，过程创新会集中于核心产品，并且在核心产品上的成本节约效应更明显，所以过程创新对核心产品的出口促进作用大于边缘产品。在 Dhingra 模型中，假定成本函数对称，新产品的边际成本和原有产品是一样的，所以产品创新并不

---

① 第 δ 项产品的产量 $x(\delta) = \sqrt{\dfrac{r_\delta - \dfrac{e^{2\kappa}X^2}{r_k}}{b'(1-2) - \dfrac{(1-e^\kappa)^2}{r_k}}}$。

会增加企业的出口概率，但是会增加出口产品种类，提高出口的广延边际。在 Flach et al. 模型中，假定企业实行灵活生产，边缘产品的生产率低于原有产品，因此产品创新是否能够促进企业出口，取决于企业在该产品的生产率是否超过出口的临界生产率。

Dhingra 和 Flach et al. 的局限性在于：没有考虑产品质量，企业竞争优势的获得仍然是产品价格而不是性价比，因此不能很好地分析质量创新对企业出口动态的影响，而且他们没有考虑出口目的国在贸易成本和需求函数方面的异质性特征。

3.2.3　小结

内生技术选择的引入和企业异质性来源多样化的结合，极大地拓展了人们对创新与企业出口动态关系的认识。创新异质性是企业异质性最根本的决定因素，过程创新引起企业生产率异质性，质量创新导致企业产品质量异质性，而品种创新形成了企业产品品种的异质性，最终生产率、产品质量和产品品种的异质性导致企业生产行为和出口决策的差异，出现了企业的异质性发展。

有关创新和企业出口动态关系的理论研究基本是遵循企业异质性贸易模型拓展的脉络进行的。Bustos 从 Melitz 模型出发，率先研究了技术创新对企业出口的影响。受其启发，结合多产品出口企业关系理论和质量异质性企业贸易模型，一些学者逐步引入质量创新和品种创新，分别构建了企业异质性贸易理论模型。相关文献对不同创新的内容和作用机制进行了良好区分，发现上述三种创新具有明显的异质性：过程创新能够提高生产率，降低产品边际成本，从而增加企业出口的可变利润；质量创新会增加企业固定成本或者可变成本，但是能够提高产品的性价比，带动产品需求，从而增加企业收入；品种创新能够扩大产品范围，增加产品种类，满足不同消费者的需求，并且可能对原有产品产生利润侵蚀效应。相关研究还发现：企业创新具有出口自选择效应，进行技术创新的企业会更多地参与到出口业务当中；质量创新和产品创新虽然也能够提高企业出口概率，但是需要结合出口目的国的市场特征，才能得到更好的体现。

上述不同的模型框架虽然为分析创新异质性对企业出口动态的影响提

供了良好的理论基础，但是存在一定的局限性：一是没有在统一框架下分析过程创新、质量创新和品种创新。他们最多只分析比较了两种创新，且经常没有区分质量创新和品种创新的差别，而三种创新具有本质的不同，且同时存在于一些企业当中，不同类型的企业也会根据自身条件做出不同的创新决策，因此应该将三种创新纳入统一的分析框架，分析其对企业出口动态的异质性影响。二是他们大多没有考虑出口目的国的异质性特征，如贸易成本和需求差异，因此品种创新和质量创新的作用得不到很好的体现。

3.3　基于企业创新异质性的企业异质性贸易理论模型

基于前文的理论分析，本书借鉴了新贸易增长理论中"创新异质性"的概念，将过程创新、质量创新和品种创新作为创新异质性的主要表现形式，研究其对企业出口动态的异质性影响。本书以 Arkolakis et al. 的多产品出口企业模型为基础[①]，纳入企业内生技术选择过程，引入了一个基于"企业 – 产品 – 市场"的可变研发成本，构建了创新异质性影响企业出口动态的理论分析框架。本书从以下两个领域的文献获得理论借鉴：一是有关质量异质性的多产品出口企业模型。和 3.1 节的 Manova et al. 一样[②]，本书修正了企业异质性单一来源的假定，企业之间在生产率、产品质量和产品品种三方面进行竞争，企业内部不同产品按照生产率不同可分为核心产品和边缘产品，并且不存在产品间利润侵蚀效应。二是有关创新影响企业出口动态的文献。与 3.2 节的 Caldera、Bustos、Dhingra、Turco et al. 和 Flach et al. 一样，本节通过引入代表过程创新、质量创新和品种创新的研发成本参数，使得企业能够内生选择生产率、产品质量和产品品种，进而影响出口动态。

[①]　Arkolakis C, Ganapati S. & Muendler M, "The Extensive Margin of Exporting Products," NBER Working Paper 16641, 2019, http：//www. econ. yale. edu/ ~ ka265/research/Multi-Product/Arkolakis_Ganapati_Muendler_products. pdf.

[②]　Manova K. & Yu Z, "Multi-Product Firms and Product Quality," *Journal of International Economics*, No. 11（2017）：116 – 137.

与已有理论模型相比，本书的边际贡献在于：一是在同一个企业异质性模型中，引入了创新异质性的概念，准确区分过程创新、质量创新和品种创新的定义及其对出口动态的影响机制。二是在多产品企业理论框架下，证明企业创新异质性能够促进企业内部广延边际的增长。而基于Melitz模型单一产品假定的理论只能证明创新有利于促进企业进入出口市场，但是无法深入"产品－市场"层面进行分析。三是引入一个代表政府研发补贴的影响系数，研究了创新激励政策对企业创新异质性和出口动态的影响。四是侧重研究创新异质性对企业出口增长的影响，而已有理论侧重研究创新对企业出口倾向的影响。

3.3.1　基准模型

本书假设，劳动力是唯一的投入要素，且不存在差别。模型中存在 n 个国家。出口国用 s 表示，进口国用 d 表示。进口国 d 有数量为 L_d 的消费者，他们偏好多种不同的产品种类，且具有不变的替代弹性 σ。出口国企业 w 向进口国消费者提供的产品范围表示为

$$X_{sd}(w) = \left[\sum_{g=1}^{G_{sd}(w)} \xi_g(w)^{\frac{1}{\sigma}} x_{sdg}(w)^{\frac{\sigma-1}{\sigma}} \right]^{\frac{\sigma}{\sigma-1}}$$

其中，$G_{sd}(w)$ 代表企业 w 在进口国 d 销售的产品范围（产品品种数量），g 代表企业的某种产品，$\xi_g(w)$ 代表某企业产品 g 的质量（消费者偏好质量更高的产品），$x_{sdg}(w)$ 代表消费者消费的产品 g 的数量。

1. 消费者需求

进口国 d 的消费者效用函数为嵌套的 CES 效用函数，随着产品消费数量、产品种类和产品质量的增加而提高：

$$U = \left[\sum_{k=1}^{N} \int_{w \in \Omega_{kd}} X_{kd}(w)^{\frac{\sigma-1}{\sigma}} \, \mathrm{d}w \right]^{\frac{\sigma}{\sigma-1}}$$

其中，Ω_{kd} 代表从 k 国向 d 国出口产品的企业集。为简单起见，我们假设一个企业内部不同产品的替代弹性和不同企业的产品替代弹性是一样的。

进口国 d 的消费者通过向本国生产商出卖劳动力赚取工资 w_d，并且按比例获得分红 π_d，为进口国企业总利润的 $1/L_d$。因此总收入 $Y_d = (\pi_d +$

w_d) L_d。消费者在做出消费者选择之前就获知企业的产品质量 $\xi_g(w)$，因此依据效用最大化的一阶条件可以推导出产品需求函数：

$$x_{sdg}(w) = \left[\frac{p_{sdg}(w)}{P_d}\right]^{-\sigma} \xi_g(w) \frac{T_d}{P_d}$$

其中，$p_{sdg}(w)$ 代表产品 g 在进口国的销售价格，T_d 代表进口国消费者的总支出，P_d 为总体价格指数，公式如下：

$$P_d = \left[\sum_{k=1}^{N} \int_{w \in \Omega_{kd}} \xi_g(w) p_{sdg}(w)^{-(\sigma-1)}\right]^{-\frac{1}{\sigma-1}}$$

2. 生产者供给

每个企业都生产多种水平差异化和垂直差异化的产品，企业间的异质性来自生产率、产品品种和产品质量。

企业的生产率由两部分组成，分别是整体的生产率 φ 和代表企业在特定产品专业知识的生产率 φ_g。企业需要选择以何种价格、何种质量向市场供给多少种类的产品。在产品范围扩张方面，参照 Bernard et al. 和 Manova et al. 的做法，企业会先生产自己比较擅长的产品，然后依次引入不那么擅长的产品，所以有 $\varphi_1 \geqslant \varphi_2 \geqslant \varphi_3 \geqslant \cdots \geqslant \varphi_{G_{sd}}$。在此基础上，效率为 φ 的企业生产第 g 种产品的生产率 $\varphi_g = \varphi/h(g)$，且 $h'(g) > 0$。

当企业在某国销售 G_{sd} 种产品时，其平均生产率为

$$\overline{H}(G_{sd}) = \left[\sum_{g=1}^{G_{sd}(w)} h(g)^{-(\sigma-1)}\right]^{-\frac{1}{\sigma-1}}$$

因为上文假设企业的品种扩张顺序是按照产品专业知识 φ_g 从高到低递减，所以 $\overline{H}(G_{sd})$ 是随着产品范围扩大而递减的，即存在范围不经济的情况。

3. 企业成本

每个企业都面临三种类型的成本：随生产率可变的边际成本、随出口目的地变化的冰山运输成本 τ、可变的市场进入成本。生产率越高，可变成本 mc 越低，因此同一企业内部不同产品的边际成本是不同的；当企业参与出口时，会产生标准的冰山运输成本，即为了出口 1 单位的产品，必须实际运输 $\tau > 1$ 单位的产品，而当 $\tau = 1$ 时，意味着产品在国内市场销

售。所有企业的所有产品到同一目的地的冰山运输成本费率是一样的。

　　每个企业还面临基于"产品 – 市场"层面的增量市场进入成本 $c_d f_{sd}(g)$，其中包括企业进入市场所需的沉没成本。如果一个企业在进口国 d 销售 G_{sd} 种产品，那么总的市场进入成本为

$$F_{sd}(G_{sd}, c_d) = c_d \sum_{g=1}^{G_{sd}} f_{sd}(g)$$

　　其中 c_d 表示随机的市场成本冲击，取值范围为（0，+∞），且在企业和进口国间是独立同分布的，如关税壁垒和非关税壁垒。假设 c_d 包含技术性贸易壁垒所产生的市场进入成本 c_{tbt}，对于符合相应要求的产品，$c_{tbt} = 0$，产品能自由进入；对于无法符合相应要求的产品，$c_{tbt} \to \infty$，产品无法进入国外市场。易知 $f_{sd}(0) = 0$ 且当 $g = 1$，2，…，G_{sd} 时，$f_{sd}(g) > f_{ss}(g) > 0$。其中，$f_{sd}(g)$ 是取值大于 0 的连续分布函数。但是该模型并没有指定市场进入成本 $f_{sd}(g)$ 的具体形式和影响因素，假设不存在随机的市场成本冲击 c_d，且所有企业的市场进入成本 $f_{sd}(g)$ 都是一样的，包括沉没的市场进入成本和出口成本，$f_{sd}(g) = f + f_x$，则该成本结构和 Melitz 模型是一样的；如果假设 $f_{sd}(g)$ 包含总部成本 f、生产线特定成本 f_p、出口成本总部 f_j 和产品 – 出口目的地成本 f_{jp}，那么该成本结构就与 Manova et al. 模型一样。可见 Arkolakis et al. 模型的市场进入成本结构具有很强的灵活性和扩展性，这为后续研究留下了比较大的空间。

　　4. 企业最优化决策

　　在进入市场之后，企业就会获得自身的生产率以及市场进入成本的信息，然后决定是继续经营还是退出市场。如果继续经营，则企业要决定生产哪几种产品，向哪些市场供货。不失一般性地，我们假设同一企业的同一种产品只有一种质量水平。

　　企业会确保每个市场每个产品都符合利润最大化原则，从而达到总利润最大化。比如，一个生产率为 φ、市场进入成本冲击为 c_d 的企业，要决定最优的产品质量、价格和销售市场。企业的利润最大化问题可以表示如下：

$$\pi_{sd}(\varphi, c_d) = \max_{G_{sd}} \sum_{g=1}^{G_{sd}} \left\{ \max_{|p_{sdg}|_{g=1}^{G_{sd}}} \left[p_{sdg} - \tau_{sd} \frac{w_s}{\varphi/h(g)} \right] \left(\frac{p_{sdg}}{P_d} \right)^{-\sigma} \xi_g \frac{T_d}{P_d} \right\} - F_{sd}(G_{sd}, c_d)$$

在其他条件给定的情况下，企业在垄断竞争框架下选取最优产品价格，求利润函数对价格的最优一阶条件，可得利润最大化的价格：

$$p_{sdg} = \frac{\rho \tau_{sd} w_s h(g)}{\varphi}$$

将利润最大化的价格代入利润最大化函数，可得：

$$\pi_{sd}(\varphi, c_d) = D_{sd} \varphi^{\sigma-1} \overline{H}(G_{sd})^{-(\sigma-1)} - c_d \sum_{g=1}^{G_{sd}} f_{sd}(g)$$

其中需求函数为

$$D_{sd} = \left(\frac{P_d}{\tilde{\sigma} \tau_{sd} w_s} \right)^{\sigma-1} \frac{T_d}{\sigma}$$

为了得出利润最大化的产品范围 G_{sd}，该模型做出如下假设。

假设：（严格递增的复合增量市场进入成本）复合的增量市场进入成本 $z_{sd}(G, c_d) = c_d f_{sd}(G) h(G)^{\sigma-1}$ 随着 G 的增加严格递增。

根据上述假设，在已知利润最大化的价格下，可求得最优的最大产品范围 $G \in \{0, 1, \cdots\}$。第 G 种产品的经营利润会刚好等于其市场进入成本：

$$\pi_{sd}^{g=1}(\varphi) \equiv D_{sd} \varphi^{\sigma-1} \geqslant c_d f_d(G) h(G)^{\sigma-1} \equiv z_{sd}(G, c_d)$$

其中，$\pi_{sd}^{g=1}(\varphi)$ 是核心产品的经营利润。

参照 Melitz 的思想，可知存在一个临界生产率水平，使得企业出口经营利润为 0，企业出口到国外和在本地销售的利润是没有差别的。在给定成本冲击 c_d 和上述假设条件的前提下，当 $\pi_{sd}(\varphi, c_d) = 0$ 时，可得出核心产品出口的临界生产率表达式：

$$\varphi_{sd}^{*}(c_d)^{\sigma-1} \equiv \frac{c_d f_{sd}(1)}{D_{sd}}$$

不失一般性地，根据上式，可以推出企业向目的地 d 出口 G 种产品的临界生产率水平为

$$\varphi_{sd}^{*, G}(c_d)^{\sigma-1} \equiv \frac{z_{sd}(G, c_d)}{c_d f_d(1)} \varphi_{sd}^{*}(c_d)^{\sigma-1} = \frac{z_{sd}(G, c_d)}{D_{sd}} \tag{3.1}$$

其中，$z_{sd}(G,c_d) = c_d f_{sd}(G) h(G)^{\sigma-1}$。企业的生产率超过 $\varphi_{sd}^{*,G}(c_d)^{\sigma-1}$ 时，就会向目的地 d 出口 G 种产品。当 $z_{sd}(G,c_d)$ 越高时，企业需要更高的生产率水平，才能补偿相应的市场进入成本。

该模型假设企业的定价行为先于产品质量决策。一旦质量水平确定，企业将会在不改变边际成本的情况下向市场提供一个出清的产品数量。根据消费者需求函数和上述定义，可以得出一个生产率为 φ、面临的市场进入成本冲击为 c_d、质量水平为 ξ 的企业，其均衡时的产品销售数量为

$$y_{sdg}(\varphi,c_d,\xi) = \sigma z_{sd}(G_{sd}(\varphi,c_d),c_d)\left[\frac{\varphi}{\varphi_{sd}^{*,G}(c_d)}\right]^{\sigma-1} h(g)^{-(\sigma-1)}\xi \qquad (3.2)$$

对 g 加总，可得在均衡条件下企业在目的地 d 的总收入：

$$t_{sd}(\varphi,c_d,\xi) = \sigma c_d f_d(1)\left[\frac{\varphi}{\varphi_{sd}^{*}(c_d)}\right]^{\sigma-1} H(G_{sd}(\varphi,c_d),\xi)^{-(\sigma-1)} \qquad (3.3)$$

其中，在均衡状态，$H(G_{sd}(\varphi,c_d),\xi) \equiv \left[\sum_{g=1}^{G_{sd}(\varphi,c_d)} h(g)^{-(\sigma-1)}\xi\right]^{-\frac{1}{\sigma-1}}$。

3.3.2　引入创新异质性的研发成本

Arkolakis et al. 为我们构建创新异质性影响企业出口动态的理论机制提供了一个理想的基准模型，它既保留了 Melitz 的生产率单一来源的企业异质性模型、Baldwin et al. 的质量异质性企业模型以及 Bernard et al. 的多产品企业模型的主要特征，又以简洁的方式将产品质量引入多产品企业模型中，使得本书能够在生产率、产品质量和品种范围内生决定的基础上，构建过程创新、质量创新和品种创新影响企业出口动态的理论框架。为此，本书首先引入异质性创新的研发成本，然后得出持续出口前提下的企业创新决策条件，最后得出创新异质性影响企业出口动态的主要命题。

1. 引入创新异质性的概念

以 Arkolakis et al. 模型为基础，参照 3.2 节中相关文献的做法，定义企业创新异质性的不同类型——过程创新、质量创新和品种创新。与 Caldera、Bustos、Dhingra 和 Flach et al. 一样，过程创新指的是企业提高生产率 φ，从而降低原有产品的边际成本和价格，增加收入和利润的创新行为；借鉴 Turco et al. 的做法，质量创新指的是企业提升现有产品的质量水平 ξ，实

现产品的垂直差异化，从而提高企业收入和利润的创新行为①；与 Dhingra 和 Flach et al. 类似，本书定义品种创新为企业增加新的产品种类，扩大出口产品组合 G，实现产品的水平差异化，从而增加企业收入和利润的创新行为②。

2. 构造企业创新异质性的研发成本

模型构造的关键在于以适当的形式将企业创新异质性的研发成本引入 Arkolakis et al. 模型，考察在成本约束的情况下，企业的创新行为及其对出口动态的影响。为此，本书采取如下步骤：一是借鉴 Caldera、Bustos、Dhingra、Turco et al. 以及 Flach et al. 的做法，假设企业必须付出一笔固定成本，才能成功进行研发创新，并且不同创新所需要的成本是不一样的，本书分别用 r_p、r_q 和 r_g 来表示过程创新、质量创新和品种创新所需的研发成本。二是参照 Manvoa et al. 的做法，假设企业创新所需的研发成本在"产品-市场"层面存在差别，即同一个企业，针对不同产品或者不同出口目的地进行过程创新、质量创新和品种创新所需的固定成本是有差别的。从本质上来说，研发成本也是市场进入成本的一部分。三是对 Arkolakis et al. 模型的企业成本进行适当的改造，每个企业仍然面临三种类型的成本，即随生产率可变的边际成本、随出口目的地变化的冰山运输成本 τ、可变的市场进入成本（包含研发成本），但是本书舍弃了随机的市场成本冲击 c_d。通过上述假设，本书初步建立了创新异质性和研发成本之间的关系，具体如下：

①过程创新：当企业付出过程创新成本 r_p 后，可以获得更高的生产

---

① 为了简便起见，本书保留 Arkolakis et al. 的做法，即企业产品质量 ξ 不进入价格函数，而直接作为一次项影响市场对企业产品的需求。同时，质量水平不进入价格函数，这与 Bustos 的假设是一致的，且不影响本书后续的分析。我们假定企业的质量投资是一笔沉没成本，投资越大就越可能获得更高的质量水平，质量投资有失败的风险，即无法达到预期的质量水平。因此，企业的质量投资决策为：质量提升所带来的需求提升和收入增加足以覆盖质量投资成本。另外，根据需要，可以通过给 φ、ξ 和 G 添加下标来表示企业层面、"企业-产品"层面或者"企业-产品-出目的地"层面的生产率、质量水平和产品范围。

② Dhingra 和 Flach et al. 并没有明确提出质量创新和品种创新的定义，而是使用产品创新（product innovation）的定义，但他们均是在多产品企业理论框架下讨论企业产品组合增加的问题，所以本书认为他们所指的产品创新是品种创新。

率水平 φ^*，从而降低边际成本和售价，提高产品销售量。

②质量创新：当企业付出质量创新成本 r_q 后，可以提高产品质量水平 ξ^*，从而增加产品需求，带来更多的销售收入。

③品种创新：当企业付出品种创新成本 r_g 后，可以获得新的产品品种，使产品范围增加到 G^*，带来更多的销售收入。

综上所述，如果一个企业以生产率 φ_{sd} 向进口国 d 销售总体质量为 ξ_{sd} 的 G_{sd} 种产品，我们可以重新定义企业的市场成本函数如下：

$$F_{sd}(\varphi_{sd}, \xi_{sd}, G_{sd}) = \sum_{g=1}^{G_{sd}} f_{sd}(r_{pg}, r_{qg}, r_{gg}) \tag{3.4}$$

其中，f_{sd} 为某一个产品包含了研发固定成本的市场进入成本。当企业进行过程创新时，$r_{pg} > 0$，否则 $r_{pg} = 0$；依次类推。当企业不进行任何创新时，上述成本函数与不带外部冲击的 Arkolakis et al. 模型是一样的。上述成本函数与 Manova et al. 模型的差别在于没有包含细化的出口总部成本和市场进入成本，与 Caldera、Bustos、Dhingra、Turco et al. 以及 Flach et al. 的基于技术创新的企业异质性贸易模型的差别在于将技术创新细分为过程创新、质量创新和品种创新，同时假设创新成本存在"企业-产品-市场"层面的差异。

3.3.3 企业的创新异质性决策

需要说明的是，由于 Arkolakis et al. 模型的研究对象是"出口企业"，因此本书也讨论出口企业的创新决策。因为研发固定成本 r_{pg}、r_{qg}、r_{gg} 进入总成本函数 f_{sd}，所以企业向目的地 d 出口 G 种产品的临界生产率水平表达式（3.1）可以改写为

$$\varphi_{sd}^{*,G}(r_p, r_q, r_g)^{\sigma-1} \equiv \frac{z_{sd}(G)}{c_d f_d(1)} \varphi_{sd}^* (c_d)^{\sigma-1} = \frac{z_{sd}(r_p, r_q, r_g)}{D_{sd}} \tag{3.5}$$

其中，$z_{sd}(r_p, r_q, r_g) = f(r_p, r_q, r_g) h(G)^{\sigma-1}$。容易发现，研发成本的增加将提高企业参与出口的生产率门槛，所以企业只有在保证不退出出口市场的前提下，才会投入固定成本，进行创新活动。

根据前述对企业市场进入成本函数的假定，生产率 φ、产品质量 ξ 和

产品范围 G 分别与 r_p、r_q 和 r_g 正相关，即更高的生产率、产品质量和更多的品种需要企业付出更多的额外成本。以过程创新为例，当企业付出 r_p，从而获得更高的生产率 φ 时，出口的生产率门槛也提高了，如果企业付出的研发成本太多，以至于生产率的提升不足以弥补出口的生产率门槛的上升，就会给企业带来退出出口市场的风险，这个时候企业将选择不进行创新。质量创新和品种创新的决策可以依次类推①。因此，我们可以将式（3.5）改写为

$$\varphi_{sd}^{*}(\varphi,\xi,G)^{\sigma-1} \equiv \frac{z_{sd}(\varphi,\xi,G)}{D_{sd}} \tag{3.6}$$

从上式可以发现，企业为了获得更高的生产率、出口产品质量和更多的出口产品种类，需要付出更多的研发成本，从而提高了出口的生产率门槛。所以企业的创新决策本质上仍然是投入与产出的衡量，只有创新投入的增长幅度小于创新产出，企业才有足够的动机进行创新。

在均衡时质量为 ξ_g 的产品 g 在目的地 d 的销售收入为

$$y_{sdg}(\xi_g) = \sigma z_{sd}(\varphi,\xi,G)\left[\frac{\varphi_g}{\varphi_{sd}^{*,G}(c_d)}\right]^{\sigma-1} h(g)^{-(\sigma-1)}\xi_g \tag{3.7}$$

在均衡条件下，一个整体生产率为 φ、产品质量为 ξ、出口产品品种数量为 G 的企业在目的地 d 的总收入：

$$t_{sd}(\varphi,\xi,G) = \sigma f_d(1)\left[\frac{\varphi}{\varphi_{sd}^{*}(\varphi,\xi,G)}\right]^{\sigma-1} H(\xi,G)^{-(\sigma-1)} \tag{3.8}$$

3.3.4　企业创新异质性对出口动态的影响

根据上述内容，我们提出以下命题：

命题 1：过程创新、质量创新和品种创新都能够促进企业的出口增长，提高企业的出口生存概率。

---

① 参照 Dhingra 和 Flach et al. 的做法，为了保证创新行为的收敛，本书假设 $\partial\varphi/\partial r_p > 0$ 且 $\partial^2\varphi/\partial^2 r_p < 0$，$\partial\xi/\partial r_q > 0$ 且 $\partial^2\xi/\partial^2 r_q < 0$，$\partial G/\partial r_g > 0$ 且 $\partial^2 G/\partial^2 r_g < 0$，即付出固定的研发成本能产生相应的创新产出，即提高企业的生产率、产品质量或者增加品种，但是随着创新投入的增加，每单位创新投入能带来的创新产出是递减的。

证明：如式（3.6）所示，当企业生产率或者产品质量提升的幅度超过出口的生产率门槛时，企业会选择过程创新或者质量创新，进而如式（3.6）和式（3.7）所示，对于出口到目的地 d 的产品 g 而言，只要过程创新和质量创新所带来的固定研发成本是企业能够承受的，企业就会进行相应的创新活动，以便提升生产率 φ_g 和产品质量 ξ_g，进而增加产品 g 的销售收入 $y_{sdg}(\varphi_g, \xi_g)$，所以过程创新和质量创新能够促进企业出口增长，提高企业生存概率。

当企业进行品种创新时，原本生产和出口 G 种产品的企业，转而生产和出口 $(G+n)$ 种产品（其中 $n \geqslant 1$），于是企业在收入 $t_{sd}(\varphi, \xi, G)$ 的基础上，又增加了 n 种产品的收入：

$$t_{sd}(\varphi, \xi, n) = \sum_{n=1}^{\infty} y_{sdg}(\varphi_g, \xi_g, n)$$

容易发现，品种创新也能够促进企业的出口增长，而且增长的途径是拓展新的收入来源，这是本书模型结论与已有文献的不同之处。

总而言之，与 Caldera、Bustos 和 Turco et al. 的文献的结论类似，本书的理论模型发现过程创新、质量创新和品种创新均能够促进企业出口增长，不同的是，质量创新带来的是需求提升，而品种创新则能增加新的收入来源。

命题 2：生产率比较高的企业进行质量创新和品种创新，更加能够成功促进企业出口增长，但是进行过程创新反而会限制出口增长。

证明：从式（3.6）可知，质量创新和品种创新均会带来额外的研发成本，从而提高企业出口的生产率门槛，易知生产率比较高的企业更容易克服这些研发成本，帮助企业在保持出口增长的同时进行创新。

而就过程创新来说，正如 Dhingra、Flach et al. 和本书的假设，随着生产率的提高，额外付出的每单位研发成本所带来的生产率提升幅度越来越小，但却提高了企业出口的生产率门槛，反而可能限制企业的出口增长。

命题 3：创新异质性对出口二元边际的影响分别是，过程创新扩大企业出口的集约边际（旧产品－旧市场的出口）和广延边际（新产品或者新市场的出口）；质量创新扩大企业出口的集约边际，能否促进广延边际的增长是不确定的；品种创新对集约边际的影响是不确定的，但通过推出

新品种促进广延边际的增长。

证明：根据 Bernard et al. 和本书的多产品企业分析框架，从企业内部来看，出口集约边际指的是旧产品旧市场的出口，出口广延边际包括产品种类数和出口市场数的增加。

过程创新方面，式（3.7）代表在均衡时产品 g 在目的地 d 的销售收入，容易发现过程创新带来的生产率提升会带动旧产品向旧市场的出口，即集约边际的增长；从式（3.6）来看，推出新的品种或者进入新的市场都会增加企业的总体市场进入成本，提高出口生产率门槛，而过程创新有助于企业克服上述成本，即过程创新能促进企业出口广延边际的增长。

质量创新方面，从式（3.7）可以发现，只要质量创新的成本增加在企业的承受范围之内，那么需求提升会带动旧产品向旧市场的出口，即集约边际的增长；但是质量创新、推出新的品种或者进入新的市场均会提高企业的出口生产率门槛，所以质量创新能否帮助扩大新品种的出口和帮助企业进入新市场是不确定的。

品种创新方面，本书并没有设定同一企业不同产品线之间的关系，所以品种创新对旧产品出口的影响是不确定的[1]，即对出口集约边际的影响不确定。品种创新促进了企业新产品出口。同时从本书的基准模型设定来看，企业新产品的生产率往往比较低，而新的市场进入门槛比较高，易知企业进行品种创新后，新品种是否能够成功进入新市场往往是不确定的，而企业往往会把新品种优先投入旧市场。总的来说，品种创新能从产品种类数增加方面促进企业出口广延边际的增长。

命题 4：政府以资金补贴的方式补偿企业的研发投入，能够帮助企业克服成本约束，激励企业进行创新活动，从而促进出口增长。

证明：从式（3.5）可以发现，当企业进行创新活动时，需要投入额外的固定成本 r_p、r_q 和 r_g，从而提高企业出口的生产率门槛。当政府以资金补贴的方式补偿企业的研发投入时，相当于给企业的研发成本添加一个系数 δ 且 $\delta < 1$，系数 δ 取决于补贴金额与企业研发成本的比值。此时，

---

[1]　根据 Dhingra 和 Flach et al. 的研究结论，品种创新对已有产品销售的影响在产品差异化和产品同质化的企业存在较大的差别，但这不在本书的研究范畴之内，所以对此不做假设。

式（3.5）可以改写为

$$\varphi_{sd}^{*,G}(r_p,r_q,r_g)^{\sigma-1} \equiv \frac{z_{sd}(\delta r_p,\delta r_q,\delta r_g)}{D_{sd}}$$

容易得出，来自政府的研发补贴补偿了企业的总体市场进入成本，降低了企业的成本负担水平，以及创新对企业出口的生产率门槛的提升幅度，激励了企业进行创新投入，从而促进出口增长。

本章小结

本章在对有关企业异质性、企业创新与出口动态的相关理论进行系统梳理的基础上，基于 Arkolakis et al. 模型，构造了一个同时包含过程创新、质量创新和品种创新的理论框架。

首先，Melitz 模型认为企业间的异质性在于生产率的单一差别，为人们研究企业生产率和出口动态的关系提供了一个简洁又经典的分析框架；在此基础上，其他学者对企业异质性的来源进行拓展，其中产品质量和产品品种的异质性得到较多的关注，并形成了基于产品质量异质性的企业贸易理论和多产品企业贸易理论，具有代表性的如 Baldwin et al. 和 Bernard et al. 。如今，企业异质性来源多样化已经成为学术界的共识，一些学者试图将不同的异质性来源纳入同一个理论框架下，如 Manova et al. 。以上述理论为基础，企业异质性贸易理论的体系也日益丰富和完整，对出口贸易行为的解释能力也越来越强。

其次，在企业异质性表现多样化的基础上，从微观层面探讨企业创新对出口动态的影响开始引起学术界的重视。Caldera 和 Bustos 率先探讨过程创新对企业出口动态的影响，Turco et al. 则引入了质量创新，Dhingra 和 Flach et al. 的文献则分别构建了包含过程创新和品种创新的企业贸易理论模型。本书对上述文献进行了系统梳理，将不同文献对过程创新、质量创新和品种创新的定义，创新成本函数的构建和模型构建的方式进行了分析，作为3.3节理论模型构建的基础。可以预见，学术界对企业创新和出口动态关系的理论探讨将不断拓展。但是目前仍然没有文献将过程创新、质量创新和品种创新纳入同一个理论框架中。

　　最后，本书引入创新异质性的定义，在 Arkolakis et al. 模型的基础上，将生产率、产品质量和产品品种组合的决定内生化，构建了同时包含过程创新、质量创新和品种创新的企业贸易理论模型。模型的结论与已有文献既有所相似，又有所差别，相同之处在于，企业创新存在自选择效应，创新行为会带来额外的固定研发成本，只有能够克服该成本的企业才能够成功进行创新；另外，过程创新、质量创新和品种创新均能够促进企业的出口增长。不同之处在于，生产率高的企业进行质量创新和品种创新容易成功，但是进行过程创新未必对出口增长有益；尤为重要的是，模型发现质量创新和品种创新促进出口增长的途径是不一样的，前者主要满足的是市场的高质量需求，带动已有产品的出口，后者主要满足的是市场的多样化需求，带动新品种的出口，而已有文献并没有对两者进行有效区分。更进一步地，模型从"产品－市场"维度划分企业出口的二元边际，并考察了企业创新异质性的差异化影响。通过引入代表政府研发补贴的系数，模型还考察了研发补贴政策通过提高企业异质性创新能力，从而促进出口增长的作用。

第4章 中国工业企业创新异质性的测度与特征事实

企业是最基本也是最重要的市场供给主体，唯有激发企业活力、提升企业效率，才能激活高质量发展的微观基础（刘俏）[1]。可以说，以企业为主体的科技创新是中国出口贸易创新驱动发展的主要途径，更是中国在国际上实现科技赶超的重要动力。全面掌握中国工业企业创新异质性的发展变化情况，不仅有利于从微观层面认识企业创新的特征和发展动态，也有利于从宏观层面制定提高企业创新能力的激励政策。由于缺少大样本的中国工业企业创新调查数据，本章采用间接测算的办法，从创新产出的视角，基于中国工业企业数据库和中国海关企业进出口数据库的匹配样本，通过测算企业全要素生产率、出口产品质量和出口商品编码转换，获得和分析了 2001~2014 年中国工业企业的过程创新、质量创新和品种创新等创新异质性指标[2]，并从企业所有制类型、出口与否、要素密集度和贸易方式等多个维度进行了比较分析。

4.1 中国工业企业过程创新的测度与特征事实

因为缺少企业层面的过程创新数据，在实践中也比较难以直接度量，

---

① 刘俏：《从大到伟大 2.0：重塑中国高质量发展的微观基础》，机械工业出版社，2018。

② 中国工业企业数据库由国家统计局收集和管理，因为数据量庞大且涉及企业敏感的财务信息，所以相关部门并没有进行年度更新，市场上公开销售的最新数据截至 2014 年，国家统计局微观数据实验室的规模以上企业财务数据库也仅更新到 2016 年，且只提供北京、上海、浙江的年度数据。基于同样的原因，中国海关企业进出口数据库最新公布数据截至 2015 年。为了保持数据样本起始年份的一致性，本书统一使用 2001~2014 年的样本做第 4 章的企业创新异质性行为分析和第 5、6、7 章的实证检验。

所以一般都是采用间接测度的方法寻找合适的代理变量。叶林等用企业单位生产成本是否下降来衡量企业过程创新，从而检验其对中国高技术企业出口的影响，他们还通过稳健性检验发现，用全要素生产率（TFP）和单位生产成本作为过程创新的代理变量没有显著差异①。黄先海等的文献采用的是 LP 法计算全要素生产率②。胡馨月等则用 Malmquist 指数中的效率变化指数来衡量过程创新③。借鉴上述文献的做法，根据本书数据的特点，本书将通过全要素生产率来度量企业过程创新。当某企业的全要素生产率超过上一年度时，则认为存在过程创新，记为 1；反之则不存在过程创新，记为 0。

4.1.1　测度方法和数据

1. 生产函数

测度全要素生产率，通常要先设定生产函数的形式，本书采用主流的柯布 - 道格拉斯生产函数（C - D 生产函数）：

$$Y_{it} = A_{it} K_{it}^{\beta_1} L_{it}^{\beta_2} \tag{4.1}$$

其中，下标 i 表示企业，t 表示年份；A_{it} 表示影响全要素生产率的变量集合；Y_{it} 是产出变量，表示工业总产值；K_{it} 表示资本存量；L_{it} 表示劳动力投入。对式（4.1）进行对数变化可得如下式子：

$$y_{it} = \beta_1 k_{it} + \beta_2 l_{it} + \varepsilon_{it} \tag{4.2}$$

其中，y_{it}、k_{it} 和 l_{it} 分别是 Y_{it}、K_{it} 和 L_{it} 的对数形式；残差项 $\varepsilon_{it} = \bar{\varepsilon}_{it} + \mu_{it}$，包含了全要素生产率 A_{it} 对数形式的信息 $\bar{\varepsilon}_{it}$，还有随机误差项 μ_{it}。但是用简单线性方法对式（4.2）进行直接估计会产生同步性偏差（内生性）或者选择性偏差问题。因为，一方面企业生产要素投入决策与生产

---

① 叶林、简新华：《技术创新对中国高技术企业出口的影响》，《经济与管理研究》2014 年第 6 期，第 93~102 页。

② 黄先海、胡馨月、刘毅群：《产品创新、工艺创新与我国企业出口倾向研究》，《经济学家》2015 年第 4 期，第 37~47 页。

③ 胡馨月、黄先海、李晓钟：《产品创新、工艺创新与中国多产品企业出口动态：理论框架与计量检验》，《国际贸易问题》2017 年第 12 期，第 24~35 页。

率变动可能存在同时性，从而导致残差项与回归项相关；另一方面实际回归的样本往往不是随机产生的，被观测到的企业是幸存下来的企业，而退出的企业则被遗漏了。针对以上问题，为了更好地估计企业的全要素生产率，本书采用主流的 Olley – Pake 法测算。

2. Olley – Pake 法

OP 法是一种半参数估计方法，能够克服同步性偏差和选择性偏差，较为可靠地估计了全要素生产率（Yasar et al.[①]，金秀燕等[②]）。该方法将投资（I_{it}）作为随时间变化的不可观测的生产率冲击的代理变量，从而解决了同步性偏差问题；另外，通过引入一个生存概率函数来解决选择性偏差问题。以此为基础，本书根据中国工业企业数据的特征对 OP 法进行了扩展：一是参考 Biesebroeck 的方法，将出口状态纳入企业投资决策的考量，即将出口与否 $export_{it}$ 作为企业投资函数的一个关键变量，出口则取值为 1，否则为 0[③]；二是鉴于 2008 年金融危机对企业经营的重大影响，为了捕捉该事件对企业全要素生产率的影响，本书引入了 $shock_{it}$ 这一虚拟变量，即 2008 年之后的年份取值为 1，其余年份取值为 0。因此，企业的投资函数可以写成如下形式：

$$I_{it} = \tilde{i}_{it}(\tilde{\varepsilon}_{it},\ k_{it},\ export_{it},\ shock_{it}) \tag{4.3}$$

其中，$\tilde{\varepsilon}_{it}$ 表示企业 i 在 t 年的全要素生产率，$export_{it}$ 表示企业 i 在 t 年的出口状态，$shock_{it}$ 表示金融危机的虚拟变量。求式（4.3）的反函数可得 $\tilde{\varepsilon}_{it} = \tilde{I}_t^{-1}(I_{it},\ k_{it},\ export_{it},\ shock_{it})$，而 C – D 生产函数可以重新写为以下形式：

$$y_{it} = \beta_0 + \beta_2 l_{it} + f\ (I_{it},\ k_{it},\ export_{it},\ shock_{it})\ + \mu_{it} \tag{4.4}$$

其中，函数 $f\ (\cdot) = \beta_1 k_{it} + \tilde{I}_t^{-1}\ (I_{it},\ k_{it},\ export_{it},\ shock_{it})$，本书采

① Yasar M. & Raciborski R, "Production Function Estimation in Stata Using the Olley and Pake Method," *The Stata Journal*, No. 8（2008）: 221 – 231.

② 金秀燕、许培源：《企业出口自选择效应与出口学习效应研究述评》，《国际商务》（对外经济贸易大学学报）2016 年第 4 期，第 46 ~ 59 页。

③ Van Biesebroeck J, "Exporting Raises Productivity in Sub-Saharan African Manufacturing Firms," *Journal of International Economics*, No. 2（2005）: 373 – 391.

用投资对数 I_{it}、资本对数 k_{it}、出口变量 $export_{it}$、金融危机变量 $shock_{it}$ 的四阶多项式对 $f(\cdot)$ 进行渐进式估计，可得：

$$f(\cdot) = (1 + export_{it} + shock_{it}) \sum_{\sigma=0}^{4} \sum_{\tau=0}^{4} \rho_{\sigma\tau} k_{it}^{\sigma} I_{it}^{\tau} \qquad (4.5)$$

通过式（4.4）和式（4.5）可估计劳动投入系数 $\hat{\beta}_2$，从而得到残差值 $\Phi_{it} = y_{it} - \hat{\beta}_2 l_{it}$。在此基础上对 β_1 进行无偏估计，但要先设定企业的生存概率函数：

$$P(\theta_{it+1} = 1 \mid \Omega_t) = P(\theta_{it+1} = 1 \mid \bar{\varepsilon}_{it}, \bar{\varepsilon}_{it+1}(k_{it+1})) = \tilde{P}_t(I_{it}, k_{it}, export_{it}) \quad (4.6)$$

其中，$\theta_{it+1} = 1$ 表示企业 i 在 t 年存在但在 $(t+1)$ 年继续存在，$\theta_{it+1} = 0$ 表示企业 i 在 t 年存在但在 $(t+1)$ 年退出；Ω_t 表示企业 i 在 t 年可获得的信息集。而 $\tilde{P}_t(\cdot)$ 是资本对数和投资对数的四阶多项式：

$$\tilde{P}_t(\cdot) = (1 + export_{it}) \sum_{\sigma=0}^{4} \sum_{\tau=0}^{4} \lambda_{\sigma\tau} k_{it}^{\sigma} I_{it}^{\tau} \qquad (4.7)$$

接下来对如下模型进行估计：

$$\Phi_{it} = \beta_1 k_{it} + \tilde{I}_t^{-1}(f_{i,t-1} - \beta_1 k_{it-1}, P_{it-1}) + \mu_{it} \qquad (4.8)$$

但是反函数 $\tilde{I}_t^{-1}(\cdot)$ 的形式并不确定，本书参考 $\hat{f}_{it-1}$、k_{it-1} 和 $\hat{P}_{it-1}$ 的四阶多项式进行渐进估计，即

$$\Phi_{it} = \beta_1 k_{it} + \sum_{\sigma=0}^{4} \sum_{\tau=0}^{4} \delta_{\sigma\tau} (\hat{f}_{it-1} - \beta_1 k_{it-1})^{\sigma} \hat{P}_{it-1}^{\tau} + \mu_{it} \qquad (4.9)$$

因为式（4.9）中前两项资本对数的估计系数要求完全一致，因此采用非线性最小二乘法（NLS）进行估计，从而得到资本对数的估计系数 $\hat{\beta}_1$，进而可得用 OP 法估算的企业全要素生产率（对数值）：

$$TFP_{it} = y_{it} - \hat{\beta}_1 k_{it} - \hat{\beta}_2 l_{it} \qquad (4.10)$$

3. 数据变量

中国工业企业数据库由国家统计局根据企业提交的季报和年报整理生成，覆盖了 39 个二位数行业的"全部国有及主营收入在 500 万元以上的非国有工业企业"（2011 年起调整为"年主营业务收入达 2000 万元及以

上工业法人企业"），具有样本量大、覆盖全、统计指标多、时间跨度长等特点（肖利平等）[1]，是当前研究中国工业企业最重要的微观数据库之一。参考 Brandt et al.[2]、鲁晓东等[3]和王贵东[4]的做法，本书对原始数据进行了如下处理：一是删除工业总产值、固定资产总值、销售收入等于或者小于 0 的样本，删除职工人数少于 8 人的样本；二是依次根据法人代码、法人名称和法人代表 3 个字段，使用序贯判别法对不同年份的数据库进行合并，并保留其中制造业企业数据。经过上述处理，本书得到一个2000～2014 年的非平衡面板数据，共 664978 家企业，总计 3210580 个观测值。最后，本书使用工业总产值、销售额、固定资产合计、职工人数来测算企业 TFP[5]。

工业总产值（Y_{it}）。因为中国工业企业数据库中有关工业增加值的数据缺失比较严重，采用间接估算的方法存在偏差，所以本书借鉴相关文献的做法，采用工业总产值作为全要素生产率的产出变量（谢千里等[6]，李玉红等[7]，王书斌[8]），并用企业所在省份的工业品出厂价格指数进行平减。

销售收入（Y_sale_{it}）。为了进行稳健性估计，如聂辉华等[9]，采用企

---

① 肖利平、许巍峰：《工业企业数据库在企业经济行为研究中的应用——视角、合并与拓展》，《外国经济与管理》2018 年第 3 期，第 137～152 页。

② Brandt L，Van Biesebroeck J. & Zhang Y，"Creative Accounting or Creative Destruction? Firm-Level Productivity Growth in Chinese Manufacturing，" *Journal of Development Economics*，No. 2 (2012)：339–351.

③ 鲁晓东、连玉君：《中国工业企业全要素生产率估计：1999～2007》，《经济学》（季刊）2012 年第 2 期，第 541～558 页。

④ 王贵东：《1996～2013 年中国制造业企业 TFP 测算》，《中国经济问题》2018 年第 4 期，第 88～99 页。

⑤ 有不少文献将工业增加值作为全要素生产率测算的产出指标。但是中国工业企业数据库缺少 2004 年、2008 年、2009 年和 2011～2014 年等年份的工业增加值，需要对缺失年份的工业增加值进行估算。本书借鉴 Brandt et al. 和王贵东的做法进行估计，然后测算了全要素生产率，但测算结果与实际值存在较大误差，所以本书舍弃了该方法。

⑥ 谢千里、罗斯基、张轶凡：《中国工业生产率的增长与收敛》，《经济学》（季刊）2008 年第 3 期，第 809～826 页。

⑦ 李玉红、王皓、郑玉歆：《企业演化：中国工业生产率增长的重要途径》，《经济研究》2008 年第 6 期，第 12～24 页。

⑧ 王书斌：《国家扶贫开发政策对工业企业全要素生产率存在溢出效应吗?》，《数量经济技术经济研究》2018 年第 3 期，第 21～38 页。

⑨ 聂辉华、贾瑞雪：《中国制造业企业生产率与资源误置》，《世界经济》2011 年第 7 期，第 27～42 页。

业销售额作为产出的代理变量，并用企业所在省份的工业品出厂价格指数进行平减。

资本存量（K_{it}）。资本存量是全要素生产率估计的一个关键指标，也是使用中国工业企业数据库进行全要素生产率估计的一个难点。因为数据库中存在固定资产原价、固定资产合计和固定资产净值三个与资本相关的字段，所以既有学者直接选用其中一个字段作为资本存量的代理变量，如鲁晓东等选用固定资产合计①，聂辉华等选用固定资产净值②，也有学者使用 Brandt et al. 方法对资本存量进行估算，如曲玥③。因为 2008 年之后，数据库中有关企业的固定资产和折旧的变量信息缺失严重④，为了避免估计偏差问题，保证数据前后一致性，本书选用较为持续的固定资产合计作为资本存量的代理变量，并用企业所在省份固定资产投资价格指数进行平减。

投资（I_{it}）。投资是用 OP 法估算全要素生产率的核心变量，但是中国工业企业数据库中没有报告投资信息，本书采用通常做法，用永续存盘法估算：$I_{it} = K_{it} - (1-\rho) K_{it}$，其中 I_{it} 和 K_{it} 分别代表企业 i 在 t 年的投资和资本存量；与 Amiti et al. ⑤、余淼杰⑥、毛其淋等⑦的做法类似，本书将折旧率 ρ 定为 15%。

劳动力投入（L_{it}）。本书使用职工总数作为劳动力投入的代理变量。

---

①　鲁晓东、连玉君：《中国工业企业全要素生产率估计：1999~2007》，《经济学》（季刊）2012 年第 2 期，第 541~558 页。

②　聂辉华、贾瑞雪：《中国制造业企业生产率与资源误置》，《世界经济》2011 年第 7 期，第 27~42 页。

③　曲玥：《中国工业企业的生产率差异和配置效率损失》，《世界经济》2016 年第 12 期，第 121~142 页。

④　变量信息缺失情况如下：缺少 2008 年、2009 年的固定资产原值；缺少 2008~2013 年的固定资产净值；缺少 2008~2010 年的本年固定资产折旧。

⑤　Amiti M. & Konings J,"Trade Liberalization, Intermediate Inputs, and Productivity: Evidence from Indonesia," *The American Economic Review*, No. 5 (2007): 1611–1638.

⑥　余淼杰：《中国的贸易自由化与制造业企业生产率》，《经济研究》2010 年第 12 期，第 97~110 页。

⑦　毛其淋、盛斌：《中国制造业企业的进入退出与生产率动态演化》，《经济研究》2013 年第 4 期，第 16~29 页。

退出变量（$exit_{it}$）。借鉴 Yasar et al. 的做法[1]，将企业退出变量定义为一个虚拟变量 $exit_{it}$，如果企业 i 在 t 年的一开始退出市场，$exit_{it}$ 取值为 1，否则为 0。

4. 估计方法说明

本书使用 Stata 15.0 软件对中国工业企业的全要素生产率进行估计，为了充分考虑不同行业的异质性，分别估计不同行业（2 位代码）不随时间变化的资本和劳动投入系数，然后进行全要素生产率测算。因此，文章将行业分类统一为《国民经济行业分类》（GB/T 4754—2017）标准，并剔除"采矿业""电力、燃气及水的生产和供应业"以及其他非"制造业"行业，共得到 30 个制造业行业。同时，在实际估计过程中，控制了年份变量。

4.1.2　中国工业企业的全要素生产率情况

利用 OP 法分别以工业总产值和销售收入作为产出变量，估计了 2000～2014 年中国工业企业的全要素生产率，并从年度、要素密集度、所有制和出口与否等角度进行了比较分析；然后生成了中国工业企业的过程创新变量，并对比分析了不同类型企业在过程创新方面的表现。

1. 工业总产值和销售收入估计 TFP 的对比分析

图 4-1 描绘了用企业的工业总产值（tfp_y）、销售收入（tfp_sale）估算的全要素生产率的变化情况。从图中可以发现，整体上，中国工业企业的 TFP 处于不断上升的状态，在 2009 年经历了明显跳跃式上升，而在 2004 年、2011 年经历了较为明显的放缓，这一变化趋势与余淼杰等基于 1998～2013 年中国工业企业数据库的估算结果基本一致[2]。另外，用工业总产值和销售收入估计的全要素生产率水平和变动趋势较为接近。

为了稳妥起见，本书使用核密度图（图 4-2）进一步分析对比用工业总产值、销售收入估算的全要素生产率，结果显示工业总产值和销售收

---

①　Yasar M. & Raciborski R,"Production Function Estimation in Stata Using the Olley and Pakes Method," *The Stata Journal*, No. 8（2008）: 221 - 231.

②　余淼杰、金洋、张睿:《工业企业产能利用率衡量与生产率估算》,《经济研究》2018 年第 5 期, 第 56~71 页。

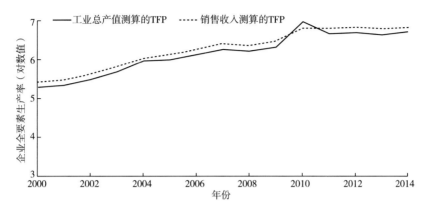

图 4 - 1　2000 ~ 2014 年中国工业企业全要素生产率折线图

入的核密度图在形状和位置方面都比较接近，说明用这两个指标估算的全
要素生产率差别不大，但用工业总产值估算的全要素生产率核密度图波峰
值略低于用销售收入估算的。总体而言，本书对中国工业企业全要素生产
率的估算结果比较稳健可用。综上所述，本书选择用工业总产值估算的全
要素生产率来生成过程创新的虚拟变量，并用于后续的实证检验①。

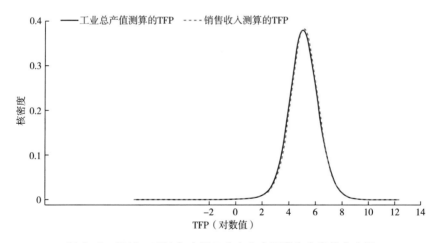

图 4 - 2　2000 ~ 2014 年中国工业企业全要素生产率核密度图

2. 中国工业企业全要素生产率的分组对比

图 4 - 3 的核密度图分别用（a）、（b）、（c）和（d）四个子图对中

———————————

① 本书余下内容如无特别说明，均采用工业总产值估算的全要素生产率进行分析。

国工业企业全要素生产率按照年度、企业所有制、要素密集度、是否出口
等四种类型进行对比分析。

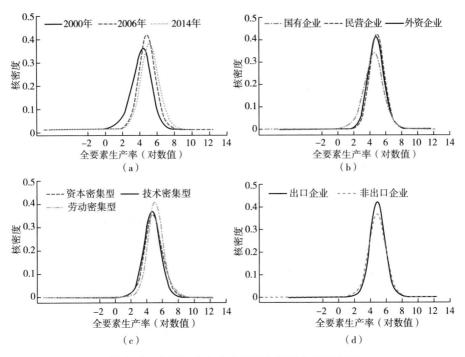

图 4 - 3　中国工业企业全要素生产率分组对比图

　　图 4 - 3（a）的核密度图展示了 2000 年、2006 年和 2014 年三个年份
中国工业企业全要素生产率的动态变化。结果发现，核密度估计曲线经历
了从左到右的明显移动，说明中国工业企业的全要素生产率有了显著的提
升，这可能是因为企业不断进行过程创新、提高生产技术水平；另外，核
密度估计曲线的波峰值呈先上升后下降的过程，2006 年的波峰值最大，
2014 年有所下降，但仍然高于 2000 年。这说明，2006 年之后中国工业企
业的全要素生产率水平出现了发散的趋势，但是相比于 2000 年，企业间
的 TFP 差距已经有一定程度收敛。

　　图 4 - 3（b）的核密度图展示了国有企业、民营企业和外资企业的全
要素生产率对比情况。民营企业和外资企业的全要素生产率核密度图的形
状和位置基本重合，且位于国有企业的右侧，这说明民营企业和外资企业
的生产率水平较为接近，并且略高于国有企业，同时企业间生产率收敛的

程度也超过国有企业①。

图 4 - 3（c）的核密度图展示了资本密集型、技术密集型和劳动密集型三类企业的全要素生产率对比情况。不难发现，资本密集型和技术密集型企业的全要素生产率核密度图的形状和位置较为接近，几乎重叠；劳动密集型企业的核密度图位于最右侧，且波峰最高，说明其全要素生产率水平略高于资本密集型和技术密集型企业，且企业间的生产率收敛程度较高②。

图 4 - 3（d）的核密度图展示了出口企业与非出口企业的全要素生产率对比情况。从横轴来看，两类企业的位置没有明显的差别，说明出口企业与非出口企业的平均生产率水平没有太大的差异；但是出口企业的核密度图波峰明显高于非出口企业，说明前者的企业间生产率收敛程度比较高。

分析图 4 - 3 的核密度图可以发现，中国工业企业的全要素生产率水平在不同年份、不同所有制企业、不同要素密集度和不同出口状态之间存在着一定的差异，这可能来自多方面的原因，其中可能包含了企业在过程创新方面的差异。上述种种差异为后续进行过程创新影响企业出口动态的实证检验提供了良好的事实基础。

4.1.3　企业过程创新分析

本书通过全要素生产率来生成企业的过程创新变量，如果企业 t 年的 TFP 大于上一年度的 TFP，则认为 t 年实现过程创新，赋值为 1，反之为 0。如表 4 - 1 所示，基于 2001 ~ 2014 年超过 60 万家中国工业企业的 300 多万个样本，分析中国工业企业过程创新的情况，并从要素密集度、是否出口等维度重点分析企业过程创新的异质性。

---

① 中国工业企业数据库提供了企业的"登记注册类型"，为使图形分析更为直观，参照一般的做法，将集体企业归类到国有企业中，且合并港澳台和外资企业。

② 不同要素密集度企业的分类方法参见王岳平内容，鉴于资本和技术密集型企业的全要素生产率水平比较接近，作者在后续实证检验中，将两种企业合并成一类，即"资本技术密集型企业"。

表 4-1　中国工业企业参与过程创新的比例

单位：%

年份	总体	要素密集度			是否出口	
		资本	技术	劳动	非出口	出口
2001	29.99	29.12	31.65	28.74	29.83	30.41
2002	41.09	44.93	36.07	45.11	40.45	42.72
2003	43.45	42.95	44.65	42.39	41.68	47.86
2004	26.42	29.25	26.16	26.27	25.42	26.78
2005	42.89	42.28	41.96	43.95	40.69	48.02
2006	50.11	52.60	49.59	50.29	48.78	53.44
2007	53.62	54.53	53.00	54.14	52.83	55.93
2008	33.31	36.80	32.16	34.22	32.23	36.93
2009	63.73	61.88	61.13	66.65	65.59	57.44
2010	65.86	60.11	66.89	65.67	64.36	69.99
2011	26.75	37.23	21.36	31.83	26.39	27.91
2012	53.05	52.37	51.27	55.61	53.93	49.95
2013	49.19	33.71	47.28	52.79	47.88	54.13
2014	31.10	39.01	30.51	30.86	31.27	30.70

资料来源：作者基于中国工业企业数据库整理而得。

　　总体来看，在 2001~2014 年期间，中国工业企业参与过程创新的比例经历了先上升、后下降、再上升的过程。具体来看，2001~2007 年，参与过程创新的企业占比从 29.99% 上升到 53.62%，这可能得益于中国加入世界贸易组织的红利；但是 2008 年，这一占比急剧下降到 33.31%，这可能是因为金融危机的冲击；2008~2014 年，参与过程创新的企业占比呈波动式提高的趋势。

　　从要素密集度来看，在 2001~2014 年的 14 年当中，有 10 个年度资本密集型企业参与过程创新的比例超过技术密集型企业，有 11 个年度劳动密集型企业参与过程创新的比例超过技术密集型企业。这说明劳动密集型企业参与过程创新是最活跃的，技术密集型企业参与过程创新是相对不活跃的。

　　从出口与否来看，在 2001~2014 年期间，有 11 个年度出口企业参与过程创新的比例超过非出口企业，说明出口企业参与过程创新、提高全要素生产率的比例比较高。这可能是因为出口自选择效应，即进行过程创新的企业更倾向于主动选择出口（金秀燕等）①，本书第 5 章和第 6 章的实证研究将对此进行进一步的检验。

本节使用 OP 法，分别基于工业总产值、销售收入，稳健估算了中国工业企业的全要素生产率，然后从要素密集度类型、企业所有制和出口与否等维度分析了中国工业企业全要素生产率的动态变化；在此基础上，生成了 2000～2014 年中国工业企业的过程创新变量，并从要素密集度类型和出口与否等维度比较分析中国工业企业在过程创新方面的异质性特征。

综上所述，2000～2014 年，中国企业的全要素生产率水平得到了显著提升，说明中国企业已经逐步从依赖劳动力和资源投入等粗放型增长向依靠技术投入的高质量增长转变；尽管工业企业的全要素生产率水平出现了收敛的趋势，但是不同类型企业间的生产率水平仍然呈现明显的异质性；总体上，中国工业企业参与过程创新的比例呈波动上升趋势，但从企业层面来看，不同类型企业在过程创新方面存在一定异质性，并随着时间变化而演变。总体来看，中国经济新常态下，从粗放型增长向集约型增长转变，实现创新引领和驱动已经成为企业的一个共识。但正如本书 3.3 节所指出的，过程创新只是企业异质性创新的方式之一，为了更全面地认识企业的创新行为及其与企业出口动态的关系，本书还将在 4.2 节和 4.3 节，从质量创新和品种创新角度进一步分析中国工业企业的创新行为。

4.2　中国工业企业质量创新的测度与特征事实

党的十九大报告提出了推动中国经济实现高质量发展的要求，全球贸易保护主义抬头也使得质量和技术成为中国企业参与出口竞争的必然选择。在此背景下，准确认识中国工业企业的质量发展水平和质量升级进程，研究企业质量创新与其出口动态的关系，对于推动质量创新，实现对外贸易的高质量发展具有重要的意义。本书基于中国海关企业出口数据，使用主流的计算方法，测算中国工业企业的出口产品质量，从而获得了

---

① 金秀燕、许培源：《企业出口自选择效应与出口学习效应研究述评》，《国际商务》（对外经济贸易大学学报）2016 年第 4 期，第 46～59 页。

2001～2014 年中国工业企业的质量创新指标①。

4.2.1 测度方法和数据

1. 测度方法

工业企业出口产品质量的测度方法有很多种，本书采用以 Khandelwal et al. 为代表的需求信息回归推断法②。该方法测度产品质量的逻辑在于：假设一国消费者对某国进口品的需求由价格和质量共同决定，当两种产品价格一样时，需求更高的产品质量也更高。该方法有良好的经济学理论支撑，又简洁且易操作，因此被国内外学者广泛用于微观企业产品质量测度，如余淼杰等③、张明志等④、张先锋等⑤。KSW 法通过以下过程得出用于回归的计量模型。假设消费者的效用函数为

$$U = \left[\int (q_{jk} \times x_{jk})^{(\sigma-1)/\sigma} \mathrm{d}j \right]^{\sigma/(\sigma-1)}$$

其中，q_{jk} 表示在 k 国销售的产品 j 的质量，x_{jk} 表示 k 国消费者对产品 j 的消费量，σ 表示不同产品品种间的替代弹性。假设消费者面临的预算约束为 $\int p_{jk} \times x_{jk} \mathrm{d}j = I$，则产品 j 在 k 国的需求量为

$$x_{jk} = q_{jk}^{\sigma-1} p_{jk}^{-\sigma} P^{\sigma-1} \times I$$

其中，P 为总体价格指数。对上式两边求导，并重新整理可得：

$$(\sigma - 1)\ln q_{jk} = \ln x_{jk} + \sigma \ln p_{jk} - (\sigma - 1)\ln P - I$$

在计量实践中，通常会加入企业维度 i 和年份维度 t 的固定效应，以

---

① 在进行出口产品质量指标测算时，作者使用了 2000～2015 年的数据，但为了与过程创新指标的时间段保持一致，本书只给出 2001～2014 年的质量创新指标。

② Khandelwal A. K, Schott P. K. & Wei S, "Trade Liberalization and Embedded Institutional Reform: Evidence from Chinese Exporters," *The American Economic Review*, No. 6 (2013): 2169 – 2195.

③ 余淼杰、张睿：《中国制造业出口质量的准确衡量：挑战与解决方法》，《经济学》（季刊）2017 年第 2 期，第 463～484 页。

④ 张明志、季克佳：《人民币汇率变动对中国制造业企业出口产品质量的影响》，《中国工业经济》2018 年第 1 期，第 5～23 页。

⑤ 张先锋、陈永安、吴飞飞：《出口产品质量升级能否缓解中国对外贸易摩擦》，《中国工业经济》2018 年第 7 期，第 43～61 页。

及国家 – 时间固定效应 φ_{kt} 和产品固定效应 φ_j，从而得到测算 "企业 – 产品 – 国家 – 年份" 层面的产品质量模型，即

$$\ln x_{ijkt} + \sigma \ln p_{ijkt} = \varphi_{kt} + \varphi_j + \mu_{ijkt}$$

其中，φ_{kt} 可以同时控制随进口国变化的变量、随时间变化的变量，也控制同时随时间和进口国变化的变量，如总体价格 P 和收入 I；φ_j 则控制随产品种类变化的变量。利用已知的产品出口数量和价格信息，对上式进行回归，可得残差项的估计值 $\hat{\mu}_{ijkt}$，从而计算产品质量：

$$\ln q_{ijkt} = \frac{\hat{\mu}_{ijkt}}{\sigma - 1}$$

上述计算过程需要确定替代弹性 σ 的取值，本书以 Broda et al. 计算的进口商品需求弹性为基础，求所有国家的 3 位数 HS 海关编码商品的替代弹性平均值，作为本书计算产品质量时的产品替代弹性[①]。

2. 海关数据处理

如表 4 – 2 所示，本书借鉴施炳展等的做法[②]，对 2000 ~ 2015 年的中国海关企业出口数据进行了一定的前期处理[③]。表中的第三列给出了剔除相应样本后剩余样本出口总额占原始样本出口总额的比重，具体处理步骤如下：

第一步，剔除同时缺失企业名字、电话号码和邮编的样本，保证能够识别企业信息，以便与后续工业数据库进行合并。

第二步，剔除出口数量小于 1 或者出口金额小于 50 美元的样本，因为出口金额太小或者数量太少的订单能显示的生产行为信息太少。

第三步，剔除出口目的国缺失或者为中国的样本。需要说明的是，在中国海关企业进出口数据库中，2007 ~ 2011 年的出口目的国用海关国别（地区）代码表示，而 2000 ~ 2006 年和 2012 ~ 2015 年则用国家名称表示，并且因为表

①　Broda et al. 计算的商品贸易弹性值可从作者的个人主页下载，网址：http：//www. colum-bia. edu/ ~ dew35/TradeElasticities/TradeElasticities. html。

②　施炳展、邵文波：《中国企业出口产品质量测算及其决定因素——培育出口竞争新优势的微观视角》，《管理世界》2014 年第 9 期，第 90 ~ 106 页。

③　目前可获得最新的中国海关企业进出口数据截至 2015 年。但是因为不同研究机构数据采购更新的速度不同，目前不少公开发表的学术论文还是基于 2000 ~ 2007 年的数据。另外，该数据库同时包含企业的出口和进口交易数据，但本书只使用其中的出口数据。

述方式的不同,同一年份中同一国家(地区)可能存在多个名称,比如同时存在"也门"和"也门共和国"、"台湾省"和"台澎金马关税区"等情况。据作者统计,35 个国家和地区,总计 100 多万个样本存在类似情况。本书根据《中国海关国别(地区)代码表》[①] 对所有国家(地区)名称进行了统一。

第四步,剔除贸易公司和物流公司样本,因为其价格调整行为使得出口价格和数量无法真实反映生产企业的行为。

第五步,剔除非制造业企业样本,仅保留 ISIC 2 位数代码在 16 ~ 36 之间的企业样本。因为海关原始数据是 8 位数的 HS 海关商品编码,通过 3 位数的 SITC 编码将 6 位数的 HS 编码与 ISIC 代码进行对应,获得每个样本的 ISIC 代码[②]。

第六步,剔除农资产品样本,根据 Lall 的标准[③]将所有产品在 SITC 3 位数代码的基础上划分为不同的技术类型,包括农产品、资源性产品、低技术制成品、中技术制成品和高技术制成品,然后剔除产品类型为农产品和资源性产品的样本。在这里需要将 6 位数的 HS 海关商品编码和 3 位数的 SITC 编码对应,从而得到每个样本的产品技术分类信息[④]。

表 4 - 2   数据处理过程

单位:%

处理步骤	数据处理方法	出口额占比
1	剔除企业信息缺失的样本	94.72
2	剔除出口数量小于 1 或者出口金额小于 50 美元的样本	94.57
3	剔除出口目的国缺失或者为中国的样本	94.57
4	剔除贸易公司和物流公司样本	72.90
5	剔除非制造业企业样本	71.13
6	剔除农资产品样本	64.26

资料来源:作者基于中国海关企业出口数据经一定的前期处理而得。

---

① 参见海关总署网站,网址:http://www.customs.gov.cn/eportal/fileDir/customs/resource/cms/2018/08/20180827145038501 60. xls。

② HS 海关编码和 ISIC 编码的转换表来自世界银行网站,网址:https://wits.worldbank.org/product_concordance. html。

③ Lall S,"The Technological Structure and Performance of Developing Country Manufactured Exports, 1985 - 98," *Oxford Development Studies*,No. 3(2000):337 - 369.

④ SITC 编码和基于 SITC 编码的产品技术分类转换表来自联合国网站,网址:https://unstats. un. rg/unsd/tradekb/Knowledgebase/50658/Technological-classification-of-exports-by-SITC。

　　经过上述处理，共获得 2000～2015 年期间，29 万多家企业出口到 243 个国家和地区的 3115 种产品的数据，总计 31032303 条"年份－企业－产品－市场"的样本，其中产品是指 6 位数的 HS2007 海关编码商品，相应的代码转换表来自联合国网站①。这些样本企业的出口总额占所有样本出口额的比重为 64.26%，具有一定的代表性。

　　3. 海关数据基本情况

　　表 4-3 给出了经过筛选的 2000～2015 年海关数据样本的基本情况。从表中可以发现，16 年来越来越多的中国工业企业参与到出口活动中。

表 4-3　2000～2015 年海关数据基本情况

年份	样本数（个）	出口企业数（个）	出口产品种类数（个）	出口目的地（个）	平均出口额（百万美元）
2000	456983	25007	2537	216	4.25
2001	557972	28156	2558	220	4.71
2002	716777	33672	2684	220	4.78
2003	876571	41032	2754	224	5.66
2004	1076492	49519	2808	224	6.55
2005	1222155	53484	2811	227	7.52
2006	1484587	68842	2859	224	7.24
2007	2475142	111372	3032	227	6.93
2008	2554310	121248	3027	225	7.34
2009	2569922	127023	3026	225	6.02
2010	3015457	136992	3030	226	7.30
2011	3185805	145749	3041	225	8.09
2012	2838794	114583	2929	233	13.50
2013	2718393	111629	2924	233	13.80
2014	2710810	100862	2932	233	15.20
2015	2572133	112375	2923	231	11.40

　　资料来源：作者根据中国海关企业进出口数据库整理而得。

———————————

　　①　参见联合国网站：https：//unstats. un. org/unsd/trade/classifications/correspondence-tables. asp。

从样本数来看，2000～2003 年，每一年的样本数均在 100 万条以下，2004～2006 年，每一年的样本数在 100 万～200 万条之间，而到了 2007～2015 年期间，每一年的样本数均在 200 万条以上；从出口企业数来看，参与出口的样本企业从 2000 年的 25007 家增加到 2011 年的 145749 家，此后逐步减少到 2015 年的 112375 家；从出口产品种类数来看，从 2000 年的 2537 种增加到 2011 年的 3041 种，2015 年下降到 2923 种；从贸易伙伴数来看，进入 21 世纪之后，中国出口企业的出口目的地一直稳定在 200 个以上；从出口规模来看，2000 年中国出口企业的平均出口金额为 4.25 百万美元，而 2015 年增加到 11.40 百万美元。

从表 4-3 的数据可以看出，总体而言，16 年来中国出口的高速增长得益于中国企业在广延边际（参与出口的企业数目、出口产品种类数、出口目的地数目）和集约边际（平均每个企业的出口金额）的显著扩张。需要注意的是，从本书所得的海关数据样本来看，2008～2014 年是中国出口企业波动较明显的时期，样本数、出口企业数目、出口产品种类数和平均出口金额均出现了不同程度的波动。

4.2.2　中国工业企业的出口产品质量情况

根据式（4.1）和筛选过的 2000～2015 年中国海关企业出口数据计算出中国出口产品质量，并将每个 6 位数 HS 海关编码商品中低于 1% 和高于 99% 的产品质量样本去掉，以避免极端值干扰。然后借鉴施炳展等的办法，根据下式对产品质量在同一商品编码内进行标准化处理：

$$st\_quality_{ijkt} = \frac{quality_{ijkt} - quality_{jmin}}{quality_{jmax} - quality_{jmin}}$$

其中，$quality_{ijkt}$ 为测算所得产品质量，$quality_{jmax}$ 表示产品 j 在所有年份、所有出口目的国的最大质量，$quality_{jmin}$ 表示产品 j 在所有年份、所有出口目的国的最小质量。标准化处理的产品质量 $st\_quality_{ijkt}$，可以在不同层面比较和加总。

1. 中国工业企业的出口产品质量：总体分析

我们将每个企业占每一年所有样本企业出口总额的比例作为权重，计算中国出口企业每一年的加权产品质量，并给出不加权的情况下，中国出口产品质量的均值、中位数、25% 和 75% 分位数，结果如表 4 - 4 所示。
2000 ~ 2006 年，按加权平均的方法，中国出口产品质量整体呈现出先上
升后下降的"倒 U 形"态势，峰值出现在 2003 年；从简单平均来看，也
是呈现先上升后下降的变化，峰值出现在 2001 年。中国加入世界贸易组
织之后，出口产品质量整体出现下滑趋势。2007 ~ 2015 年，无论是按加
权平均还是简单平均，中国出口产品质量都呈现出下滑态势。而从产品质
量的中位数、25% 和 75% 分位数来看，也得出中国出口产品质量下降的
结论。

表 4 - 4　2000 ~ 2015 年中国出口产品质量的总体态势

年份	加权平均	简单平均	25% 分位数	中位数	75% 分位数
2000	0.5941	0.5517	0.4601	0.5514	0.6432
2001	0.5997	0.5573	0.4627	0.5569	0.6504
2002	0.6010	0.5536	0.4627	0.5543	0.6447
2003	0.6082	0.5494	0.4597	0.5494	0.6398
2004	0.6033	0.5444	0.4557	0.5435	0.6335
2005	0.5932	0.5384	0.4521	0.5379	0.6245
2006	0.5773	0.5301	0.4466	0.5301	0.6140
2007	0.5859	0.5398	0.4573	0.5392	0.6211
2008	0.5862	0.5274	0.4482	0.5267	0.6052
2009	0.5861	0.5199	0.4416	0.5195	0.5972
2010	0.5930	0.5208	0.4425	0.5204	0.5975
2011	0.6055	0.5266	0.4473	0.5252	0.6037
2012	0.5856	0.5147	0.4351	0.5115	0.5920
2013	0.5726	0.5084	0.4289	0.5059	0.5857
2014	0.5629	0.5174	0.4381	0.5154	0.5951
2015	0.5591	0.5075	0.4278	0.5056	0.5853

资料来源：作者根据中国海关企业进出口数据库测算得到。

2. 中国工业企业的出口产品质量：分类对比

图 4 - 4 用（a）、（b）、（c）和（d）4 个子图从企业所有制、贸易方
式、产品技术类型和出口目的地的收入水平 4 个角度对比了中国工业企业
的出口产品质量。

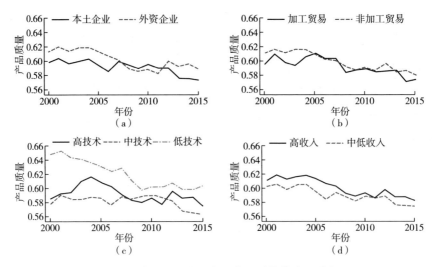

图 4 - 4　中国工业企业出口产品质量的分组对比图

图 4 - 4 （a）展示了本土企业和外资企业的出口产品质量对比情况。本书将所有样本按照中国海关企业进出口数据库登记的企业所有制信息分为本土企业和外资企业样本①，然后按照贸易额权重对产品质量进行加权，计算 2000 ~ 2015 年本土企业和外资企业的出口产品平均质量。不难发现，除了 2008 ~ 2011 年之外，其余年份外资企业的产品质量均高于本土企业，这与张杰等的结论一致。整体来看，外资企业的产品质量变化呈现出"U"形态势，2009 年之前是波动式下滑，2009 年之后则是波动式上升；而本土企业的产品质量在 2010 年之前较为稳定，且逐步与外资企业的出口产品质量收敛，但是 2011 年之后出现明显下滑，质量明显低于外资企业，并且有扩大的趋势。

图 4 - 4 （b）则展示了加工贸易和非加工贸易方式的出口产品质量对比情况。从 2000 年到 2015 年，两种贸易方式的出口产品质量变动趋势非常相似。具体来看，在 2000 ~ 2005 年，两种贸易方式的出口产品质量都经历了"U"形变化过程，即先下降后上升；2005 ~ 2010 年期间，两种贸易方式的出口产品质量都稳步下降；2011 ~ 2015 年，两者都呈波动式下降。总体来看，非加工贸易的出口产品质量水平高于加工贸易。

———————————

① 包含国有、集体和民营企业等本土企业，港澳台和外资企业。

图 4 - 4 （c）展示的是不同技术类型出口产品的加权平均质量变化情况，结果发现：在大部分年份中，低技术产品质量最高，高技术产品质量次之，中技术产品质量最低。这与中国当前的产业发展特征高度吻合。中国在诸如纺织鞋服、玩具等劳动密集型产业领域具有无可比拟的竞争优势，在 IT、机械机电等高技术产品领域也占有一席之地，反而是诸如圆珠笔芯等中技术产品领域缺乏竞争优势①，大量依赖进口。但整体上看，从 2000 年到 2015 年，中国出口的低技术产品质量在下降，中技术产品的质量在 2000～2007 年处于上升趋势，在 2008～2011 年之间比较稳定，但是在 2012～2015 年处于下滑状态，而高技术产品质量虽然有所波动，但整体较为稳定。

图 4 - 4 （d）则展示了出口到高收入国家和中低收入国家的产品质量情况②，整体来看，中国出口到高收入国家的产品质量高于出口到中低收入国家的产品质量。这与李方静③的计量检验的结论内在一致，其基于 2005～2006 年中国制造业微观层面贸易数据实证研究发现：企业出口产品质量与出口目的国收入水平呈正相关关系，说明高质量产品更能满足高收入国家的高质量需求。

4.2.3　企业质量创新分析

利用前文的出口产品质量来构建中国出口企业质量创新的指标，先用 t 年 i 企业向国家 k 的出口占企业总出口的比例作为权重，计算每个企业每一年的加权平均质量。当企业在 t 年的质量水平高于上一年时，我们就认为当年企业存在质量创新，记为 1；否则认为不存在质量创新，记为 0。2000 年为样本数据的起始年份，所以无法测算该年的质量创新指标。

---

① 2016 年，国务院总理李克强发出"圆珠笔头"之问，此后太原钢铁（集团）有限公司进行了研究开发，已经攻克相关工艺技术，实现量产和国产化替代。参见该公司网站：http：//www. tisco. com. cn/xinpinkaifa/20170111090610440781. html。
② 世界银行将所有国家和地区划分为高收入、中高收入、中低收入和低收入四种类型，本书将后三种合并成一项，简化为高收入和中低收入两种类型。2001～2014 年各国的收入水平可以从世界银行网站查阅得到，网址：https：//databank. worldbank. org/reports. aspx? source = world - development - indicators。
③ 李方静：《企业生产率、产品质量与出口目的地选择——来自中国制造业企业微观层面证据》，《当代财经》2014 年第 4 期，第 86～97 页。

表 4 - 5 给出了 2001 ~ 2014 年中国出口企业进行质量创新的比例情况。整体来看，中国出口企业进行质量创新的比例比较低，从 2001 年到 2014 年，仅有 2001 年、2011 年和 2014 年 3 个年份有超过 40% 的企业进行了质量创新，5 个年份是 30% ~ 40%，6 个年份是 20% ~ 30%。分年度来看，从 2001 年到 2008 年，中国出口企业进行质量创新的企业比例不断下降，而在 2008 年金融危机之后，进行质量创新的企业比例开始上升，2014 年有 49.57% 的企业进行质量创新。分贸易方式来看，2001 ~ 2002 年，加工贸易企业进行质量创新的比例高于非加工贸易企业；2003 ~ 2006 年，非加工贸易企业进行质量创新的比例高于加工贸易企业；2007 ~ 2014 年，两种类型的企业进行质量创新的比例互有高低。分企业所有制类型来看，除了 2005 年之外，外资企业进行质量创新的比例一直高于本土企业。

表 4 - 5　2001 ~ 2014 年中国出口企业质量创新的总体情况

单位：%

年份	总体	非加工贸易	加工贸易	本土企业	外资企业
2001	41.98	41.90	42.88	36.42	44.59
2002	29.98	29.94	30.51	26.75	31.36
2003	30.16	30.27	28.51	28.68	30.89
2004	29.78	29.85	28.46	27.58	31.08
2005	28.67	28.81	26.18	28.96	28.49
2006	26.53	26.56	25.83	23.82	28.58
2007	31.25	31.23	31.40	23.37	42.76
2008	27.98	27.98	27.99	27.57	28.77
2009	31.74	31.75	31.64	29.89	36.22
2010	39.41	39.37	39.76	38.19	43.01
2011	45.59	45.55	46.05	45.39	46.23
2012	29.59	29.62	29.22	28.19	34.09
2013	32.08	32.09	31.99	31.66	33.62
2014	49.57	49.53	50.03	48.42	53.94

资料来源：作者根据中国海关企业进出口数据库测算而得。

　　总的来说，中国出口企业的质量创新活动仍然需要进一步加强，特别是本土企业进行质量创新的比例需要提高。这样才能够提升中国出口产品质量，增加中国本土企业国际竞争力，培育国际贸易新优势。

4.2.4　进一步讨论

　　本书的测算结果发现：中国出口企业的产品质量出现整体下滑的趋势。这一结论与施炳展等[1]和余淼杰等[2]的结论相反，与张杰等[3]的结论一致，他们都是基于中国海关企业进出口数据库进行测算的，但是考虑到数据筛选过程、测算方法、年份和加总方式的差异，不同学者的测算结果出现差别也是正常的。对比而言，第一，上述 3 篇文献都是基于 2000 ~ 2006 年的样本，而本书是基于 2000 ~ 2015 年的样本，时间跨度更长，样本量更大，能够反映中国出口企业产品质量最新变化态势。第二，在数据筛选方面，本书进行了一定的处理，但基本保留了大部分样本，而余淼杰等则采用与中国工业企业数据库匹配成功的样本，这些样本都是规模以上企业，竞争力比较强，所以可能出现质量上升。张杰等也没有对数据进行大规模的剔除，他们借鉴 Piveteaue et al. 的研究思路，采用中间产品进口国的真实汇率作为工具变量，也比较好地刻画了中国工业企业出口产品质量的整体情况。此外，李坤望等[4]和魏方[5]分别使用 BACI 数据[6]测算，也发现中国出口企业的产品质量出现整体下滑的趋势。李坤望等使用出口单位价值作为质量的代理变量，特别是他们发现新进入出口关系的企业产品质量下降比较厉害；魏方发现，加入世界贸易组织后，中国出口产品的全

[1]　施炳展、邵文波：《中国企业出口产品质量测算及其决定因素——培育出口竞争新优势的微观视角》，《管理世界》2014 年第 9 期，第 90 ~ 106 页。

[2]　余淼杰、张睿：《中国制造业出口质量的准确衡量：挑战与解决方法》，《经济学》（季刊）2017 年第 2 期，第 463 ~ 484 页。

[3]　张杰、郑文平、翟福昕：《中国出口产品质量得到提升了么？》，《经济研究》2014 年第 10 期，第 46 ~ 59 页。

[4]　李坤望、蒋为、宋立刚：《中国出口产品品质变动之谜：基于市场进入的微观解释》，《中国社会科学》2014 年第 3 期，第 80 ~ 103 页。

[5]　魏方：《中国出口质量的空间分布、阶梯动态与结构分解》，《国际贸易问题》2019 年第 1 期，第 54 ~ 66 页。

[6]　该数据来源于联合国商品贸易数据库，网址：http://www.cepii.fr/CEPII/en/bdd_modele/bdd_modele.asp。

球质量地位有所下降，他认为连续出口关系质量的降低和高质量出口关系的退出是主要原因①。为了验证本书的出口产品质量测算的稳健性，借鉴施炳展等的方法，将 t 年 i 企业向国家 k 之外的国家出口产品 i 的平均价格作为 t 年 i 企业向国家 k 出口产品 i 的工具变量，重新计算 2000～2014 年中国出口企业的产品质量。结果发现，两种方法所得到的产品质量高度相关，整体发展趋势高度一致，因此可以认为本书的出口产品质量测算是稳健的，由此计算的企业质量创新指标是相对可靠的。

4.2.5　小结

为了得到中国出口企业质量创新的指标，本书对中国海关企业出口数据进行了系统的筛选和整理，得出较为可靠的样本数据。采用 KSW 方法测算得出以下结论：一是产品质量方面，在样本期间中国出口企业的整体质量水平处于波动式下降的过程，本土企业、低技术产品的下降趋势比较明显；二是质量创新方面，2001～2014 年中国出口企业进行质量创新的比例低于 50%，也就是说，每年都只有小部分出口企业开展质量创新活动，这会制约中国出口产品质量的整体提升，不利于我国对外贸易的转型升级；三是中国出口企业产品质量水平和质量创新情况存在行业间和企业间的差异，这为基于企业异质性贸易理论研究质量创新对企业出口动态的影响提供了良好的现实基础。

4.3　中国工业企业品种创新的测度与特征事实

以企业为主体的品种创新活动不仅是企业出口扩张和中国外贸转型升级的重要一环，也是推进中国产业价值链升级，实现创新驱动发展的重要保障。本节基于中国海关企业进出口数据库，通过观察企业出口产品种类的变换情况，构建品种创新变量，分析 2001～2014 年中国出口企业品种创新的发展情况。

---

① 该文的贸易关系指的是"产品－市场"的不同组合。

4.3.1　测度方法和数据

中国海关企业进出口数据库提供的交易层面的出口信息包含详细的企业信息、出口年份、HS 商品编码信息,本书通过观察企业出口商品编码的变化来构建企业品种创新的变量,即如果一个企业在 j 年出口了上一年度①没有的商品编码产品,则认为企业在当年存在品种创新,记为 1;反之认为不存在品种创新,记为 0。

利用上述方法构建品种创新变量有三方面的依据:一是定义上,根据国家统计局进行企业创新统计的指标释义,产品创新是指企业推出了全新的或有重大改进的产品。产品创新体现在产品的功能或特性上,包括技术规范、材料、组件、用户友好性等方面的重大改进②。而标准的 HS 海关编码共有 6 位数,分为类、章、目和子目 4 个层级,其中 4 位和 6 位码分别构成目和子目。按照世界海关组织关于 HS 海关编码归类的指导原则,不同编码的产品要考虑其材料、功能和组成形式③,即当商品的 HS 编码改变时,往往意味着该商品的材料、功能和组成形式与原有产品不同,符合前述产品创新的定义。二是多产品出口企业理论中有关产品转换的研究。Bernard et al. 研究了 5 年为一期的美国制造业企业出口数据,结果发现 50% 左右的企业在不同统计年度之间会调整产品组合,其中又有 50% 的企业会同时增加和减少产品种类。该文的理论模型认为企业同时生产多种产品,企业的生产率和产品吸引力共同决定了企业的盈利能力。一个典型的企业会根据自身情况和市场需求不断调整产品组合,以便获得利润最大化。这个过程就涉及企业内部的资源重新配置,即增加新的产品种类和淘汰旧的产品种类,也称"产品转换"④。受其启发,本书将企业增加新

---

① 因为部分企业出口行为有中断的现象,所以这里的"上一年度"指的是离 j 年最近的有出口记录的上一个年度。

② 国家统计局:《企业创新活动统计报表制度》,2018 – 07 – 17。网址:http://www.stats.gov.cn/tjsj/tjzd/gjtjzd/201807/t20180717_1610140.html。

③ Izaak Wind, "Harmonized System GIRs and Hi-Tech and Related Products," June, 22 – 24, 2015, https://www.eiseverywhere.com/file_uploads/2d783069591e9fcc2d06fe68a2c0608b_I.Wind_GIRSandHi-Techandrelatedproducts.pdf.

④ Bernard A. B, Redding S. J. & Schott P. K, "Multiple-Product Firms and Product Switching," *American Economic Review*, No. 1 (2010): 70 – 97.

产品种类的行为视为"品种创新",这也是本书在 3.3 节的理论模型中所采用的办法。三是来自国际贸易的特征事实。国内外文献基于大量企业层面的贸易数据研究发现,不仅多产品出口企业普遍存在,在出口活动中进行产品转换的行为也非常普遍和频繁。Timoshenko 研究 1990 ~ 2001 年巴西企业的 6 位数 HS 编码商品出口情况发现,平均而言,巴西企业中 20%的出口金额来自新品种,30% 的出口产品种类属于新品种[1];Bernard et al. 研究 1992 ~ 2006 年日本制造业企业数据发现,每年都有 16% 的企业会新增产品种类[2];胡贝贝等基于 2000 ~ 2013 年中国海关企业 6 位数 HS 编码商品的出口数据,考察了中国出口企业新增和减少出口产品种类的行为[3]。张健等则通过出口企业的产品 HS 编码构造产品差异化指标,进而从新产品研发能力方面刻画企业的出口产品结构[4]。综上所述,无论从定义、理论还是从经验证据来看,出口企业产品转换中的新增产品种类行为都可以作为"品种创新"的可靠代理变量。

因此,可以在 4.2 节整理的中国海关出口数据的基础上,构建品种创新变量的指标。具体步骤:一是将上述数据整理成"企业 – 年份 – HS 6 位产品"层面的数据。二是对于有至少连续两年出口记录的企业,比较其每年出口产品的 6 位数 HS 海关编码,如果某一年有比上一年增加新的商品种类,则认为存在品种创新,记为 1,否则记为 0。三是对于存在出口时间中断的样本,比如某企业 2007 年出口了 HS 编码为 621142、品名为"棉制其它女式服装"的产品,2008 年没有出口记录,但是 2009 年出口了 HS 编码为 621132、品名为"棉制其它男士服装"的产品,则认为 2009 年该企业存在品种创新,记为 1,否则记为 0;对于整个样本期间仅有一次出口记录的企业以及 2000 年的样本,无法用上述方法构建品种创

① Timoshenko O. A. , "Product Switching in a Model of Learning," *Journal of International Economics*, No. 2 (2015): 233 – 249.

② Bernard A. B. & Okubo T. , "Product Switching and the Business Cycle," NBER Working Paper No. 22649, 2016.

③ 胡贝贝、靳玉英、姚海华、王开:《中国企业出口产品转换与升级研究——基于产品空间视角的分析》,《国际贸易问题》2019 年第 5 期,第 41 ~ 53 页。

④ 张健、鲁晓东:《产业政策是否促进了中国企业出口转型升级》,《国际贸易问题》2018 年第 5 期,第 39 ~ 53 页。

新变量。四是为了稳健性估计，利用同样的方法，本书基于 4 位数 HS 海关编码商品构建品种创新变量①。

4.3.2　企业品种创新分析

1. 基于 6 位数 HS 海关编码商品

表 4 - 6 给出了 2001 ~ 2014 年中国出口企业参与品种创新的基本情况。总体上，中国出口企业进行品种创新的积极性比较高，除了 2012 年之外，每年均有 1/3 以上的企业推出新品种，2010 年和 2011 年甚至有 50% 以上的企业进行品种创新。

表 4 - 6　2001 ~ 2014 年中国出口企业品种创新情况（HS 6 位编码）

单位：%

年份	总体	非加工贸易	加工贸易	本土企业	外资企业
2001	31.04	30.96	32.05	33.90	29.70
2002	33.87	33.81	34.59	36.20	32.87
2003	34.21	34.18	34.74	35.24	33.70
2004	34.58	34.45	36.81	33.53	35.21
2005	38.82	38.69	41.13	40.09	38.06
2006	32.91	32.76	36.04	30.41	34.79
2007	44.35	44.39	43.94	32.79	61.23
2008	48.81	48.82	48.52	45.41	55.29
2009	49.74	49.85	48.63	47.29	55.65
2010	50.73	50.72	50.86	48.55	57.19
2011	50.43	50.43	50.37	50.02	51.72
2012	24.36	24.31	24.84	23.72	26.45
2013	36.36	36.42	35.76	35.15	40.87
2014	40.65	40.57	41.53	40.08	42.80

资料来源：作者基于中国海关企业进出口数据库测算而得。

分时间段来看，2001 ~ 2010 年，中国出口企业进行品种创新的比例

---

① 因为中国海关企业进出口数据库的数据量庞大，使用该方法构建品种创新变量需要借助电脑运算，所以本书利用 Stata 编制相应的程序，具体 Stata 程序文件备索。

基本呈现出稳步上升的态势，2011～2014 年则呈波动式下降趋势。

分贸易方式来看，除了 2007～2009 年、2011 年、2013 年之外，加工贸易企业进行品种创新的比例一直高于非加工贸易企业。

分企业类型来看，除了 2001～2003 年和 2005 年之外，外资企业进行品种创新的比例要明显高于本土企业。

2. 基于 4 位数 HS 海关编码商品

为了稳健性估计，本书基于 4 位数 HS 海关编码商品构建了品种创新变量，并按年度、贸易类型和所有制类型计算了 2001～2014 年中国出口企业进行品种创新的比例，如表 4 - 7 所示。

表 4 - 7　2001～2014 年中国出口企业品种创新情况 （HS 4 位编码）

单位：%

年份	总体	非加工贸易	加工贸易	本土企业	外资企业
2001	23.20	23.24	22.80	27.38	21.24
2002	25.85	25.89	25.29	29.91	24.11
2003	26.27	26.35	24.98	28.84	24.99
2004	26.49	26.51	26.13	26.83	26.29
2005	29.95	29.93	30.35	31.95	28.75
2006	25.17	25.14	25.67	23.88	26.14
2007	38.88	38.92	38.52	28.81	53.60
2008	40.81	40.83	40.56	38.27	45.67
2009	41.62	41.76	40.22	39.77	46.09
2010	42.52	42.49	42.91	40.76	47.77
2011	42.02	42.04	41.81	41.68	43.09
2012	17.05	17.02	17.30	16.46	18.94
2013	27.64	27.66	27.44	26.61	31.46
2014	31.69	31.61	32.56	31.07	34.05

资料来源：作者基于中国海关企业进出口数据库测算而得。

经过计算，基于不同位数编码商品计算的两个产品变量相关系数高达 0.8429。比较表 4 - 6 和表 4 - 7 可以看到，用 4 位数 HS 海关编码商品测算的出口企业品种创新比例比用 6 位数 HS 海关编码商品测算的创新比例低 10% 左右①，但是用两种方法测算出来的企业品种创新比例在各年度的发展趋势和不同类型企业的分布情况均高度一致。所以可以认为，通过分析企业出口商品 HS 编码的变化情况来考察企业的品种创新行为是可靠的。

总的来说，中国不同类型的出口企业品种创新的发展趋势基本是一致的，但是加工贸易企业和外资企业因为研发实力雄厚且熟悉国际市场，所以其品种创新能力高于非加工贸易企业和本土企业。而且要注意到，21 世纪的第一个 10 年，中国出口企业进行品种创新的比例呈上升趋势，但是进入第二个 10 年则略显疲态，2014 年进行品种创新的出口企业比例明显低于 2010 年和 2011 年。

4.3.3　进一步讨论

品种创新是本书的核心指标之一，也是许多文献研究技术创新与企业出口动态关系的重要变量，为了确保本书基于企业出口产品转换行为构建的品种创新变量具有足够的可靠性和合理性，本书引入《中国工业企业科技活动统计年鉴》② 中有品种创新（"新产品销售"值大于 0）的企业占比进行比较，见表 4 - 8。

表 4 - 8　中国工业企业品种创新比例：基于不同数据来源的对比

单位：%

年份	工业企业科技活动统计	HS 6 位编码	HS 4 位编码
2001	29.58	31.04	23.20
2002	27.40	33.87	25.85
2003	26.28	34.21	26.27
2004	27.35	34.58	26.49
2005	26.21	38.82	29.95
	26.06		

---

① 原因在于 HS 6 位编码属于 HS 4 位编码的子目，后者涵盖的产品品种范围比前者更广，有些 6 位编码层面的产品编码变化并不会带来 4 位编码层面的变化。

② 该年鉴由国家统计局组织，收录了全国 31 个省、自治区、直辖市历年规模以上工业企业科技活动主要统计数据，较为全面地反映了我国工业企业科技活动开展情况。

续表

年份	工业企业科技活动统计	HS 6 位编码	HS 4 位编码
2006	49.14（大型）	32.91	25.17
	23.99（中型）		
	26.99		
2007	52.26（大型）	44.35	38.88
	24.80（中型）		
	26.88		
2008	51.49（大型）	48.81	40.81
	24.78（中型）		
	28.98		
2009	54.68（大型）	49.74	41.62
	26.77（中型）		
	27.05		
2010	52.12（大型）	50.73	42.52
	24.84（中型）		
	10.62		
2011	43.11（大型）	50.43	42.02
	20.05（中型）		
	11.82		
2012	44.35（大型）	24.36	17.05
	22.49（中型）		
	12.96		
2013	44.98（大型）	36.36	27.64
	23.32（中型）		
	14.63		
2014	47.02（大型）	40.65	31.69
	25.07（中型）		

资料来源：作者根据历年全国工业企业科技活动统计资料和中国海关企业进出口数据库整理而得。

表 4 - 8 对比了不同数据来源的中国工业企业品种创新比例。第二列给出的工业企业科技活动统计数据中有新产品销售的企业比例，统计口径

与中国工业企业数据库基本一致。因为这是专门围绕工业企业科技活动进行的统计，所以其有关指标更为权威和全面。第三列和第四列分别是本书利用中国海关企业进出口数据库计算而得的出口企业品种创新比例。

根据工业企业科技创新活动的数据，2001～2010 年，每年有品种创新的企业占比在 25%～30% 之间，2011～2014 年下降到 10.62%～15.74%，2006 年之后该年鉴还分别给出大型和中型企业的数据，经计算得到大型企业品种创新占比基本在 40%～50%，中型企业则在 25% 左右。值得注意的是，本书计算的品种创新占比是仅基于出口企业的，而依据工业企业科技创新活动数据计算的占比包括了非出口企业的品种创新。总体上，两种统计方法得到的结果比较接近，体现在：一是整体发展趋势相近，2010 年之前进行品种创新的比例整体高于 2010 年之后。二是数值更为接近，具体而言，2006 年之前，本书用 4 位数 HS 商品编码计算的企业品种创新比例为 23.20%～29.95%，用 6 位数 HS 商品编码计算的结果为 31.04%～38.82%，而工业企业科技活动统计结果为 26.06%～29.58%；2006 年之后，本书根据 4 位和 6 位 HS 商品编码计算的企业品种创新比例都要高于工业企业科技活动统计的平均值，但是介于中型企业和大型企业之间，并且更接近大型企业的品种创新比例。平均来看，本书计算出的出口企业品种创新比例会高于国家统计局的工业企业科技活动统计结果。其原因可能是出口企业的品种创新比例会比面向国内市场的企业高。这种观点得到 2016 年"全国企业创新调查"的印证，该调查发现大中型企业的品种创新更注重国际市场开发，其国际市场新产品在新产品销售收入中所占比例会高于小型企业①。而本书筛选得到海关出口企业样本偏向于大中型出口企业，平均出口规模为 4.25 百万美元～15.20 百万美元，超过原始数据中的平均出口规模（3.97 百万美元～9.82 百万美元）。

综上所述，在缺乏企业层面品种创新数据的情况下，本书利用中国海关企业出口数据，通过比较同一企业不同年份的出口商品编码，构建企业品种创新变量。通过与权威的工业企业科技活动统计资料对比发现，本书

---

① "2014 年企业创新调查资料开发"课题组：《企业创新总体状况分析——2014 年全国企业创新调查资料开发系列分析报告之一》，国家统计局，2016－11－17。网址：http://www.stats.gov.cn/tjzs/tjsj/tjcb/dysj/201611/t20161118_1430956.html。

的品种创新指标能较好地反映中国工业出口企业的品种创新情况,具有较好的可靠性。

总而言之,本节基于"企业 – 年份 – 产品"层面的出口数据,构建了中国出口企业的品种创新变量,结果发现:2001 ~ 2014 年,中国出口企业的品种创新行为呈先上升后下降的态势,并且在加工贸易企业和非加工贸易企业、本土企业和外资企业之间存在明显的差异性;通过与不同来源的统计数据对比,认为本书有关企业品种创新的测算结果能够较好地反映中国出口企业品种创新的现状。

本章小结

微观层面企业创新行为数据的可得性不足,是制约学术界利用大样本数据研究中国工业企业创新异质性行为的主要原因之一。本章利用中国工业企业数据库以及中国海关企业进出口数据库,采用间接测算的方式,通过考察全要素生产率、出口产品质量和出口产品种类的变化,构造企业过程创新、质量创新和品种创新的指标,并进行了总体分析和分类对比,从而考察了 2001 ~ 2014 年中国工业企业的创新异质性行为。研究发现:

(1) 2000 ~ 2014 年中国工业企业的全要素生产率呈现出波动式上升的趋势,不同类型企业的生产率水平表现出明显的差异。以此为基础,本书构建了企业过程创新指标,通过对比分析发现,劳动密集型企业和资本密集型企业的过程创新活动比技术密集型企业活跃;出口企业进行过程创新的比率比非出口企业高。

(2) 利用需求信息回归推断法测算中国工业企业出口产品质量,结果显示:2001 ~ 2014 年中国工业企业出口产品质量呈现出一定的下降趋势,但是细分到不同类型的企业,又存在一定的差别,如外资企业的出口产品质量高于本土企业,非加工贸易企业高于加工贸易企业,低技术产品质量高于高技术产品和中技术产品,出口到高收入国家的产品质量高于出口到中低收入国家的产品质量。从参与质量创新的企业比例来看,外资企业和加工贸易企业的参与比例分别超过本土企业和非加工贸易企业。这在一定程度上说明,只有加快本土企业和非加工贸易企业的质量升级,才能迅速提升中国出口产品质量。

（3）以多产品企业理论为基础，基于出口产品 HS 编码变化，构建品种创新测度指标并进行分析，结果发现：随着时间的变化，中国出口企业的品种创新行为在不同类型企业之间不断调整，整体来看，2001 ~ 2006年，非加工贸易企业的品种创新行为比加工贸易企业活跃，2007 ~ 2014年则互有高低；2001 ~ 2008 年，本土企业的品种创新行为比外资企业活跃，2010 ~ 2014 年则相反。

借助大样本企业层面的微观数据，本章从过程创新、质量创新和品种创新三个角度刻画和分析了中国工业企业创新异质性行为特征，它们会对企业出口状态、出口生存时间和出口增长行为产生什么样的作用？政府制定创新政策促进企业出口的着力点在哪里？本书将在第 5、6 和 7 章中通过实证检验分析和解答上述问题。

第5章　创新异质性影响中国工业企业出口状态的实证检验

第 3 章的理论分析表明：过程创新、质量创新和品种创新作为三种异质性的创新活动，会对企业的出口动态①产生正向的促进作用，提高企业出口倾向，延长企业出口时间。虽然已有一些文献验证了创新对企业出口状态的影响，但是尚未有文献从创新异质性视角深入考察，也没有区分质量创新和品种创新的影响。本章围绕第 3 章提出的理论命题（命题 1）②，基于 2001~2014 年的中国工业企业数据库和中国海关企业进出口数据库的匹配样本，利用第 4 章测算完成的企业创新异质性变量，借助回归分析法和生存分析法，实证检验了创新异质性对中国工业企业出口状态的影响。

一方面，基于中国企业频繁进入和退出出口市场的特征，将企业划分为连续出口、出口进入、出口退出、间断出口四种类型，并利用多项 Logit 方法进行实证检验，结果发现创新异质性能够减少企业出口状态的波动，提高出口的连续性；另一方面，针对出口退出率比较高的情况，利用生存分析法检验创新异质性降低出口失败概率的作用。本章的研究结果有助于比较不同创新如何提高中国工业出口企业的抗风险能力、降低出口失败概率，为制定合适的创新政策以促进出口贸易稳定发展提供依据。

---

① 本章的出口状态使用两种不同的衡量方法：一是对所有企业按照企业进入和退出出口市场的先后顺序以及持续时间的长短分为连续出口、出口进入、出口退出、间断出口四种状态，侧重从整体上衡量企业出口状态；二是利用生存分析法估计企业的出口生存率，侧重从单个企业出口生存或者退出的角度来衡量企业出口状态。两种方式的结合使用，能够更加全面地衡量企业出口状态。

② 本书的第 5、6 和 7 章主要对第 3 章的理论命题进行实证检验，其中：第 5 章从创新异质性提高企业出口生存概率的角度检验了第 3 章的理论命题 1，第 6 章从创新异质性促进企业出口增长的角度对理论命题 1 做进一步检验，并检验了理论命题 2 和 3，第 7 章检验了理论命题 4。

5.1 出口企业创新类型和出口状态描述性统计分析

本章使用 2001 ~ 2014 年的中国工业企业数据库和中国海关企业进出口数据库的匹配样本①，上一章已经对两个数据库的样本进行了筛选、处理和指标测算，本章我们将对这两个数据库进行匹配，以便进行实证分析。

因为两个数据库分属不同的编码系统，无法通过企业代码进行匹配，参照 Upward et al. 的做法②，采用"企业名称 + 年份"和"邮编 + 电话"的方法进行数据匹配，从而获得实证分析的样本数据。

表 5 - 1 给出了匹配前后的中国工业企业数据库和中国海关企业进出口数据库样本对比情况。匹配后，共获得 2001 ~ 2014 年 123482 家企业的505045 个样本，匹配成功的样本数占中国工业企业数据库的 16.34%，销售总收入的 24.01%；占中国海关企业进出口数据库的 32.23%，出口总额的 45.94%③。

表 5 - 1 匹配前后的样本情况

年份	工业企业数据样本数	海关企业数据样本数④	不同关键词成功匹配的样本数	
			企业名称 + 年份	邮编 + 电话
2001	135839	49386	14808	2153
2002	152096	55252	17695	2249
2003	166757	65344	21248	2122
2004	209791	76938	30088	2475

① 中国工业企业数据库和中国海关企业进出口数据库分别由国家统计局和海关总署收集和管理。受相关部门数据公开进度的影响，目前可获得的数据，前者截至 2014 年，后者截至 2015 年，本书所用数据已是目前可获得的最新数据。为保证数据时间段的一致，我们统一使用 2001 ~ 2014 年的数据。

② Upward R，Wang Z. & Zheng J，"Weighing China's Export Basket：The Domestic Content and Technology Intensity of Chinese Exports，" *Journal of Comparative Economics*，No. 2（2013）：527 - 543.

③ 本书匹配的样本偏向销售收入和出口总额较大的大中型企业，合并成功率和样本特征与 Upward et al. 较为接近。与许家云一样，"企业名称 + 年份"的合并成功率要大大超过"邮政 + 电话"的方式。

④ 此处的"海关企业数据样本数"指的是"企业数目"。

年份	工业企业数据样本数	海关企业数据样本数	不同关键词成功匹配的样本数	
			企业名称 + 年份	邮编 + 电话
2005	240322	80580	33758	2686
2006	267595	102253	39527	1709
2007	297717	113467	41229	2687
2008	284148	123774	43911	1752
2009	205463	130207	34845	1015
2010	207779	141606	35089	1315
2011	233225	165121	36185	855
2012	267169	170503	51382	606
2013	271603	167328	51450	646
2014	151564	175521	30907	653
总计	3091068	1617280	482122	22923

资料来源：作者根据中国工业企业数据库和中国海关企业进出口数据库整理而得，本节下同。

5.1.1 出口企业创新类型统计分析

在成功匹配两个数据库的基础上，进一步统计了企业进行过程创新、质量创新和品种创新的比例，并统计了从事 0 种创新、1 种创新、2 种创新和 3 种创新的企业占比情况，结果见表 5 - 2。

表 5 - 2 出口企业创新行为描述性统计分析

单位：%

年份	创新类型			创新种类数			
	过程创新	质量创新	品种创新	0	1	2	3
2001	35.46	50.64	52.86	19.70	34.16	33.62	12.52
2002	45.36	40.77	56.20	17.67	35.75	33.16	13.42
2003	52.96	40.89	54.82	16.71	33.38	34.42	15.48
2004	38.67	37.98	53.49	23.33	34.11	31.66	10.90
2005	50.18	33.40	59.32	15.96	37.67	33.88	12.49
2006	55.27	35.44	51.26	18.46	35.14	32.37	14.03
2007	56.72	46.07	58.98	13.93	29.91	36.64	19.52

续表

年份	创新类型			创新种类数			
	过程创新	质量创新	品种创新	0	1	2	3
2008	38.69	30.21	53.84	22.81	39.80	29.23	8.16
2009	57.16	35.84	55.85	13.80	37.62	34.51	14.07
2010	69.84	45.46	57.62	8.35	30.60	40.82	20.23
2011	29.35	54.41	58.08	14.07	39.34	37.28	9.31
2012	50.29	36.23	55.58	16.87	37.30	32.70	13.13
2013	55.27	35.41	55.12	14.99	36.67	35.90	12.44
2014	39.06	63.11	61.58	9.29	32.87	42.64	15.21

从创新类型来看，整体而言，从事品种创新的企业占比最高，其次是过程创新，最后是质量创新。2001~2014 年，三种创新中品种创新占比最高的年份有 9 年，过程创新有 4 年，质量创新仅 1 年[①]。

从企业创新比例的变动幅度来看，过程创新和质量创新的企业占比波动较大，前者最低为 2011 年的 29.35%，最高为 2010 年的 69.84%，后者最低为 2008 年的 30.21%，最高为 2014 年的 63.11%；品种创新的企业占比大多稳定在 50%~60% 之间。从长期变动趋势来看，2014 年与 2001 年相比，从事过程创新、质量创新和品种创新的企业占比均有所提高。

从创新种类数来看，同一年度内，不从事创新或者同时从事 3 种创新的企业占少数，大多数企业从事 1 种或者 2 种创新。2010 年之后，不从事创新的企业占比显著降低。但是在大多数时候，企业只进行 1 种创新，有 10 个年度从事 1 种创新的企业占比超过从事其他种类数创新。

总的来说，2001~2014 年，中国工业企业进行品种创新和过程创新的行为比较活跃，大多数企业进行 1 种创新，仅有少数企业不从事任何创新或者同时从事 3 种创新。

5.1.2　出口状态统计分析

将连续出口的若干年份作为一个出口片段，表 5-3 给出了中国工业

---

① 此处的品种创新指的是出口企业 6 位数 HS 编码的新增行为。

企业的出口片段统计情况。表5-3显示，68.14%的观测值属于单个片段
（single spell）的出口行为，有30%以上的观测值属于多片段的出口行
为①，即存在"间断出口"或者多个时间段（multiple spells）出口现象，
说明一些企业存在"进入—退出—再进入"的出口行为。在2001~2014
年的观测期里，这种"进入—退出—再进入"的行为最多达5次。

表5-3   2001~2014年中国工业企业出口片段统计

出口片段数	观测值数	百分比（%）
1	344126	68.14
2	129199	25.58
3	27964	5.54
4	3615	0.72
5	141	0.03
总计	505045	100

进一步地，按出口行为的持续时间统计，结果如表5-4所示。可以
发现，出口持续时间从1年到14年不等，其中：约10%的出口行为仅持
续1年；约50%的出口行为持续时间在5年以内；约20%的出口行为持
续时间超过8年。

表5-4   2001~2014年中国工业企业出口持续时间统计

出口持续时间（年）	观测值数	百分比（%）
1	51063	10.11
2	77310	15.31
3	51933	10.28
4	63588	12.59
5	40875	8.09
6	31482	6.23
7	40635	8.05

---

① 本书样本包含的全部都是出口企业，所以每个观测值均代表对应样本企业在当年具有出
口行为，也有文献研究"企业-出口目的地"的出口持续时间，这时每个观测值就代表
着一个"贸易关系"。

出口持续年份	观测值数	百分比（%）
8	36136	7.16
9	22536	4.46
10	28870	5.72
11	22033	4.36
12	12120	2.40
13	10686	2.12
14	15778	3.12
总计	505045	100

　　总体上，超过一半的观测值属于单一片段的出口行为，但是持续时间整体较短。这与其他文献的研究结论基本一致，如陈勇兵等[①]。

　　更进一步地，借鉴何文韬的方法[②]，统计连续出口、出口进入、出口退出、间断出口四种出口状态的企业，结果如表 5-5 所示。连续出口指的是自进入出口市场后，至少连续出口 8 年以上且至少在 2012 年还有出口记录的企业；出口进入指的是观测期 3 年后才开始出口且至少在 2014 年还有出口记录的企业；出口退出指的是 2012~2014 年连续 3 年没有出口记录的企业；间断出口指的是观测期内存在于多个出口片段的企业。上述四种企业互相之间没有交集，即每种企业仅属于一种出口状态。

表 5-5　中国工业企业出口状态统计

出口状态	企业数	百分比（%）
连续出口	5419	4.39
出口进入	48529	39.30
出口退出	55565	45.00
间断出口	13969	11.31
总计	123482	100

　　从表 5-5 中可以发现，能够连续经营 8 年且出口存活到 2013 年和

① 陈勇兵、李燕、周世民：《中国企业出口持续时间及其决定因素》，《经济研究》2012 年第 7 期，第 48~61 页。

② 何文韬：《中国知识产权海关保护、企业生产率与出口动态研究》，《国际贸易问题》2019 年第 6 期，第 46~64 页。

2014 年的企业仅 4.39%，出口进入企业占 39.30%，出口退出企业占 45.00%，间断出口企业占 11.31%。可以发现，中国工业企业的出口活动确实波动明显，企业出口持续性较差。下文将实证分析企业创新异质性对这些出口状态的影响。

5.2   模型设定与变量说明

为了研究创新异质性对企业出口动态的影响，本书分别用多项 Logit 模型和生存分析法来研究中国工业企业创新异质性对出口状态和出口生存概率的影响。

5.2.1   模型设定

1. 创新异质性影响企业出口状态的多项 Logit 模型

多项 Logit 模型适合研究个体面临多值选择的情况，如个体消费者面临多种手机品牌的选择，企业面临并购、绿地投资和合资等多种对外直接投资模式，以及本书所研究的企业面临出口进入、出口退出、间断出口和连续出口等不同选择。在考虑创新异质性及其他控制变量的前提下，定义企业 i 选择出口状态 j 的概率为

$$P(y_i = j \mid x_i) = \frac{\exp(x_i\beta_j)}{\sum\limits_{j=1}^{4} x_i\beta_j} \quad \left(i = 1,2,\cdots,n; j = 1,2,3,4; \sum\limits_{j=1}^{4} x_i\beta_j = 1 \right)$$

其中，$i = 1$，2，$\cdots$，n 代表 n 个样本企业；$j = 1$，2，3，4 分别代表连续出口、出口进入、出口退出、间断出口四种状态。在模型估计时，需要选择其中一种出口状态作为参照方案，令其系数为 0。因此，企业 i 选择出口状态 j 的概率为

$$P(y_i = j \mid x_i) = \begin{cases} \dfrac{1}{1 + \sum\limits_{j=2}^{4} x_i\beta_j} & (j = 1) \\[4mm] \dfrac{\exp(x_i\beta_j)}{1 + \sum\limits_{j=2}^{4} x_i\beta_j} & (j = 2,3,4) \end{cases}$$

其中，$j = 1$ 所对应的出口状态为参照方案，因此有

$$\frac{P_{ij}}{P_{i1}} = \frac{P(y_i = j \mid x_i)}{P(y_i = 1 \mid x_i)} = \exp(x_i \beta_j) \quad (j = 2,3,4)$$

对上式两边取对数，可得

$$\ln\left(\frac{P_{ij}}{P_{i1}}\right) = \ln\left(\frac{P(y_i = j \mid x_i)}{P(y_i = 1 \mid x_i)}\right) = x_i \beta_j \quad (j = 2,3,4) \tag{5.1}$$

采用最大似然估计法估计，从而研究在控制变量 x_i 下，企业出现某种出口状态与参照出口状态的对数概率比。当然，参照出口状态可以根据研究需要选择，本书先以"连续出口企业"作为参照组进行基准回归。其中，x_i 为包含企业创新异质性变量的企业层面的控制变量。在估计前，先进行 Hausman 检验，结果证明不同的方案符合 IIA（无关方案的独立性）假定。

2. 创新异质性影响企业出口生存概率的 Cloglog 模型

借鉴 Besedes et al.[1]、陈勇兵等[2]的方法，先采用生存分析法分析企业生存时间特征，然后建立离散时间的 Cloglog 模型进行参数估计。为此，本书定义企业从参与出口到最终退出所经历的时间为一个完整的出口持续时间（中间没有间断）。假设 T 为企业参与出口的持续时间，取值为 $t = 1$，2，3，…，用年份来表示。如果一个出口时间段是完整的，则记 $c_i = 1$，否则记 $c_i = 0$。此外，本书定义企业有出口行为为"存活事件"，否则定义为"风险事件"（即企业退出出口市场）。相应地，可以将企业在出口市场的生存函数（survivor function）理解为企业的出口持续时间大于 t 的概率：

$$S_i(t) = P(T_i > t)$$

上述生存函数的非参数估计通常由 Kaplan – Meier 乘积项估计式得出：

---

[1] Besedes T. & Prusa T. J., "Ins, Outs, and the Duration of Trade," *Canadian Journal of Economics*, No. 1 (2006): 266 – 295.

[2] 陈勇兵、李燕、周世民：《中国企业出口持续时间及其决定因素》，《经济研究》2012 年第 7 期，第 48 ~ 61 页。

$$\hat{S}(t) = \prod_{j=1}^{t} \frac{n_j - f_j}{n_j}$$

其中，n_j 表示在 j 期面临风险状态的出口企业数，f_j 表示在 j 期出口现失败事件的出口企业数。

相应地，企业危险函数（hazard function）代表一个在（$t-1$）期出口的前提下，在 t 期出口失败的概率：

$$h_i(t) = P(t-1 < T_i \le t \mid T_i > t-1) = \frac{P(t-1 < T_i \le t)}{P(T_i > t-1)}$$

上述危险函数的非参数估计式：

$$\hat{h}(t) = \frac{f_j}{n_j}$$

基于前述 Kaplan – Meier 乘积项估计式，本书将先对企业出口生存概率进行基本分析（详见 5.4），然后构建离散时间的 Cloglog 模型来检验创新异质性对企业出口失败风险的影响。具体的模型形式如下：

$$\mathrm{cloglog}(1 - h(t_j)) = \alpha_0 + \alpha_1 inno_{it} + \alpha_n X_{it} + z_k + z_t + z_j + \varepsilon_{ijk} \qquad (5.2)$$

其中，$h(t_j)$ 代表企业出口失败风险概率，$inno_{it}$ 代表企业是否进行创新（指过程创新、质量创新或品种创新），X_{it} 代表其他控制变量的集合，z_k、z_t、z_j 和 ε_{ijk} 分别代表行业、年份和省份的固定效应以及随机扰动项。

5.2.2 变量说明

借鉴已有文献的做法，本书采用以下变量进行模型估计。

1. 被解释变量

（1）出口状态（exp_type）。表示企业的出口状态选择，用于多项 Logit 模型估计。如果是连续出口企业，取值为 1；如果是出口进入企业，取值为 2；如果是出口退出企业，取值为 3；如果是间断出口企业，取值为 4。

（2）风险变量（failure）。表示企业出口失败或退出出口市场的风险事件，用于 Cloglog 模型估计。如果企业在 2001～2014 年连续出口，则定义为风险事件不成立，failure 为 0；如果企业停止出口，则风险事件成立，failure 为 1。

说明：①风险变量中，企业出口失败定义为（$t-1$）期有出口，但 t 期停止出口①；②数据的左删失问题（left censor），因为本书数据的样本期为 2001～2014 年，无法知道企业在 2001 年之前是否参与出口，为了避免低估企业的出口持续时间，本书删除了 2001 年已经参与出口的企业样本，仅保留 2001 年没有出口，但 2002～2014 年参与出口的样本；③数据的右删失问题（right censor），即企业 2014 年存在出口，但不确定 2015 年及之后是否继续出口，也就是不知道这部分企业出口失败的时间，本书使用离散时间 Cloglog 模型能够较好地解决该问题；④多个出口时间段，根据本章第一节的分析，至少 30% 的样本属于多个出口时间段。已有研究发现这并不会影响生存分析的结论，如 Besedes et al.、陈勇兵等。本章还将分别对第一出口时间段、单一出口时间段和多个出口时间段的样本进行回归。

2. 核心解释变量

本书的核心解释变量是过程创新、质量创新和品种创新，如果企业进行了某种创新，则取值为 1，否则为 0。即如果某一年企业的全要素生产率水平大于上一年，则认为当年存在过程创新；如果某一年企业的产品质量水平高于上一年，则认为当年存在质量创新；如果某一年企业推出了新的 6 位数 HS 编码商品，则认为当年存在品种创新。将第 4 章测算的三种创新的数据代入方程（5.1）和方程（5.2），即可分析不同类型的创新对企业出口状态和出口生存概率的影响。

3. 控制变量

（1）企业规模（scale）。已有的文献表明，企业规模与出口动态之间具有紧密的联系，一般而言，规模越大的企业越有能力支付出口扩张的沉没成本，因此企业规模会对企业出口持续时间有正向影响。本书采用企业平均雇佣人数的对数值来衡量企业规模。

（2）企业年龄（age）。其是指企业从成立年份到各个观测期的年限，取对数值。

---

① 需要说明的是，此处的"退出"指的是样本企业在 t 期退出出口市场的行为，而出口状态中的"出口退出"指的是 2012～2014 年连续 3 年没有出口记录的企业，前者描述的是单个企业退出出口市场的行为，后者描述的是某个企业相对于其他企业的出口状态。

（3）企业资本密集度。资本密集度对企业出口边际扩张具有显著影响。本书采用企业固定资产总额与全部职工人数之比来表示资本密集度。

（4）外资成分（foreign）。其代表是否存在外资成分，如果存在外资或者港澳台资本，则取值为1，否则为0。已有研究表明，所有权性质不同的企业出口行为存在差异。外资企业跟国外市场联系紧密，且来华投资具有出口导向动机，因此外资企业出口倾向较高，退出出口市场的风险较低。由于体制等原因，国有企业的出口倾向相对较低，出口持续时间也比较短。

（5）企业负债资产比（debit）。其代表企业杠杆情况，既反映了企业的融资约束，也反映了企业通过利用外部资金，促进企业出口的能力。本书用企业负债总额与固定资产总额之比表示企业负债资产比。

（6）企业利润率（profit）。其代表企业的盈利情况，反映了企业为持续经营提供资金的能力。本书用企业利润总额与销售收入之比表示企业利润率。

（7）赫芬达尔指数（HHI）。其用于反映行业竞争程度，用行业中各企业市场份额平方和表示，该指数的值越大，代表行业的市场集中度或者垄断程度越高。

除了上述控制变量之外，本书还将控制年份、行业和省份虚拟变量，并将标准误聚类在企业层面，以避免序列自相关和异方差的问题。变量的衡量及数据来源如表5-6所示，变量的描述性统计如表5-7所示。

表5-6　各变量的衡量及数据来源

变量		变量的衡量	数据来源
被解释变量	出口状态	根据企业连续出口、出口进入、出口退出和间断出口的不同状态划分	中国海关企业进出口数据库
	退出	企业退出出口市场的事件	
核心解释变量	过程创新	根据企业TFP变化计算而得	中国工业企业数据库
	质量创新	根据出口商品的产品质量变化计算而得	中国海关企业进出口数据库
	品种创新	根据企业出口的6位数商品编码数的变化计算而得	中国海关企业进出口数据库

续表

变量		变量的衡量	数据来源
企业层面 控制变量	企业规模	企业平均雇佣人数	中国工业企业数据库
	企业利润率	企业利润总额与销售收入之比	
	企业年龄	企业从成立年份到观测期的年限	
	企业资本 密集度	企业固定资产总额与全部职工人数之比	
	企业负债 资产比	企业负债总额与固定资产总额之比	
	外资成分	是否存在外资或港澳台资本	
行业层面 控制变量	赫芬达尔 指数	行业中各企业市场份额平方和	中国工业企业数据库

表 5 - 7　变量的描述性统计

变量名称	观测值	均值	标准差	最小值	最大值
出口状态	505045	2.534	0.864	1	4
过程创新	505045	0.487	0.500	0	1
质量创新	505045	0.382	0.486	0	1
品种创新	505045	0.541	0.498	0	1
企业规模	482122	446.403	1463.746	9	236035
企业利润率	482122	0.133	0.224	-83.320	6.855
企业资本密集度	482122	130.756	1193.384	0.002	310829.800
企业负债资产比	481227	9.110	1468.732	-327.250	908579.000
企业年龄	476346	8.946	8.589	0	64
外资成分	505045	0.682	0.466	0	1
赫芬达尔指数	505045	0.012	0.022	0	1

5.3　创新异质性对企业出口状态的影响：计量检验

基于模型（5.1），利用表 5 - 6 各变量的数据，实证检验创新异质性对企业连续出口、出口进入、出口退出、间断出口的影响。实证检验采用多项 Logit 模型，其中基准回归以"连续出口企业"作为参照方案，如果估计结果中解释变量的系数显著小于0，说明随着该变量的增加，相对于出口进入、出口退出和间断出口，企业更可能保持连续出口，反之则反。

5.3.1 基准回归

表5-8展示了创新异质性影响企业出口动态的回归结果，其中前三列不加控制变量，后三列增加了一系列控制变量。表中核心解释变量的回归系数符号和显著性保持一致，回归系数也没有实质性变化，说明估计结果是比较稳健的[①]。

表5-8 创新异质性对企业出口状态的影响：基准回归

变量	不加控制变量			加控制变量		
	（1）出口进入	（2）出口退出	（3）间断出口	（4）出口进入	（5）出口退出	（6）间断出口
过程创新	-0.267*** (-29.105)	-0.144*** (-15.193)	-0.152*** (-14.492)	-0.222*** (-23.955)	-0.063*** (-6.439)	-0.159*** (-15.137)
质量创新	-0.097*** (-9.460)	-0.127*** (-12.130)	-0.149*** (-12.630)	-0.069*** (-6.740)	-0.110*** (-10.240)	-0.147*** (-12.498)
品种创新	-0.330*** (-17.030)	-0.422*** (-21.653)	-0.173*** (-8.044)	-0.255*** (-13.234)	-0.265*** (-13.598)	-0.167*** (-7.820)
企业规模				-0.138*** (-9.907)	-0.693*** (-44.869)	-0.060*** (-3.869)
企业利润率				-1.090*** (-27.383)	-0.274*** (-7.137)	-0.212*** (-4.863)
企业资本密集度				-0.005 (-0.444)	-0.206*** (-17.260)	0.093*** (7.113)
企业负债资产比				0.114*** (9.359)	-0.019 (-1.548)	0.090*** (6.482)
企业年龄				-0.659*** (-31.240)	-0.469*** (-21.209)	-0.028 (-1.232)

---

① 作者还对过程创新、质量创新和品种创新分别进行回归，系数符号、显著性系数与三种创新一起回归相比，并没有实质性变化，三个变量的相关系数小于0.2。为节省篇幅，在此不做汇报。

续表

变量	不加控制变量			加控制变量		
	（1） 出口进入	（2） 出口退出	（3） 间断出口	（4） 出口进入	（5） 出口退出	（6） 间断出口
外资 成分				-0.368 *** （-13.819）	-0.155 *** （-5.610）	-0.147 *** （-4.895）
赫芬达尔 指数				-0.229 *** （-22.398）	-0.064 *** （-6.141）	-0.066 *** （-6.417）
常数项	1.526 *** （3.693）	2.247 *** （5.597）	1.452 *** （3.500）	3.593 *** （8.214）	7.931 *** （18.455）	1.387 *** （3.194）
观测值	359879	359879	359879	356987	356987	356987

注：括号内的数字代表 z 统计量，*** 代表在 1% 的水平上显著，模型还控制了年份、行业和省份固定效应。

表 5-8 中的核心解释变量系数均在 1% 的水平上显著为负，说明与出口进入、出口退出和间断出口三种状态相比，过程创新、质量创新和品种创新能够帮助企业保持连续出口。可能的原因在于：过程创新能够给企业带来规模效应，帮助企业降低产品价格，提高产品的价格竞争力，而质量创新能够改善产品性能，品种创新能够满足市场的多样化需求。上述结论证实了第 3 章提出的理论命题 1。

从控制变量的回归结果来看，企业规模的回归系数也显著为负，说明规模越大的企业出口连续性越强。企业利润率的回归系数也在 1% 的水平上显著为负，原因可能在于利润率越高，企业盈利水平越高，积累资金、克服国际贸易成本的能力也就越强。在出口进入企业的回归方程中，资本密集度的回归系数不显著，在出口退出和间断出口方程的回归结果中，系数显著为负，说明资本密集度越高的企业，越能够保持连续性出口，可能的原因在于资本密集度越高的企业，其抵抗国际市场风险的能力越强，出口持续性越好（叶宁华等）[1]。负债资产比在出口退出企业回归方程中的回归系数不显著，但是在出口进入和间断出口回归方程中系数显著为正，

---

[1] 叶宁华、包群、张伯伟：《进入、退出与中国企业出口的动态序贯决策》，《世界经济》2015 年第 2 期，第 86~111 页。

且通过了1%的显著性检验，原因在于负债虽然能够给企业一定的资金杠杆，支撑其出口业务扩张，但是也限制了企业的再融资能力，不利于保持连续出口。企业年龄和外资成分的回归系数均显著为负，说明成立时间越长，外资成分越多，企业保持连续出口的可能性越高；赫芬达尔指数的回归系数显著为负，说明赫芬达尔指数越高，越有利于保持企业连续出口。

5.3.2　分组检验

1. 按要素密集度分组

行业要素密集度会显著影响创新与企业出口动态的关系（王奇珍等[1]、黄先海等[2]）。从中国的出口贸易来看，一方面以资本技术密集型为主的机电产品出口占总出口的50%以上，另一方面劳动密集型产业的出口依然占据重要的比重，对解决就业、促进地方经济发展有重要作用。因此，我们关注创新异质性对不同要素密集度行业出口的影响。借鉴王岳平的研究[3]，将样本划分为资本技术密集型、劳动密集型两组（两类行业），然后分别进行回归，结果如表5-9所示。

表5-9　创新异质性对企业出口状态的影响：按要素密集度分组

变量	资本技术密集型			劳动密集型		
	（1）出口进入	（2）出口退出	（3）间断出口	（4）出口进入	（5）出口退出	（6）间断出口
过程创新	-0.167*** (-11.693)	-0.065*** (-4.262)	-0.135*** (-8.730)	-0.186*** (-11.290)	-0.088*** (-5.324)	-0.142*** (-7.562)
质量创新	-0.120*** (-8.286)	-0.075*** (-4.824)	-0.151*** (-9.579)	-0.048*** (-2.874)	-0.119*** (-7.086)	-0.166*** (-8.689)
品种创新	-0.273*** (-18.560)	-0.336*** (-21.600)	-0.169*** (-10.532)	-0.316*** (-17.306)	-0.273*** (-14.937)	-0.213*** (-10.284)

[1] 王奇珍、朱英明、朱淑文：《技术创新对出口增长二元边际的影响——基于微观企业的实证分析》，《国际贸易问题》2016年第4期，第62~71页。
[2] 黄先海、金泽成、余林徽：《出口、创新与企业加成率：基于要素密集度的考量》，《世界经济》2018年第5期，第125~146页。
[3] 王岳平：《开放条件下的工业结构升级》，经济管理出版社，2004，第138页。

续表

变量	资本技术密集型			劳动密集型		
	（1）出口进入	（2）出口退出	（3）间断出口	（4）出口进入	（5）出口退出	（6）间断出口
常数项	3.492 *** (8.603)	8.999 *** (22.556)	1.450 *** (3.558)	5.860 *** (37.385)	8.636 *** (54.721)	2.517 *** (15.366)
控制变量	是	是	是	是	是	是
观测值	202316	202316	202316	154671	154671	154671

注：括号内的数字代表 z 统计量，*** 代表在 1% 的水平上显著。控制变量的系数显著，模型还控制了年份、行业和省份固定效应，限于篇幅，在此不做汇报。

表 5-9 中，无论是前三列还是后三列的回归结果，过程创新、质量创新和品种创新的回归系数均在 1% 的水平上显著为负，说明无论是资本技术密集型企业还是劳动密集型企业，创新异质性都有利于减少企业出口波动，提高出口连续性。

仔细观察还发现：过程创新对劳动密集型企业的影响系数（绝对值）更大，比如对于出口退出企业该系数为 -0.088，而资本技术密集型企业为 -0.065。对于出口进入企业、间断出口企业的回归结果也存在上述特征，但是质量创新和品种创新的回归系数在两种要素密集型企业之间却没有明显差异。这说明过程创新帮助劳动密集型企业保持连续出口的作用超过资本技术密集型企业。可能的原因在于劳动密集型企业的要素投入依赖劳动力，主要从事技术含量比较低的加工组装，过程创新的作用会比较大。上述结果再一次说明：创新激励政策必须综合考虑不同创新方式的作用以及不同行业的特点。

2. 按企业所有制分组

企业所有制也是影响企业出口行为的一个重要因素。根据中国工业企业数据库中"登记注册类型"的分类，将样本划分为国有企业、民营企业和外资企业①三种类型。在此基础上进行实证检验，结果如表 5-10 所

————————

① 和通常的研究分类一样，这里的外资企业包含外商投资企业和港澳台企业。

示。同前文的研究结果一样,核心解释变量的回归系数大多在1%的水平
上显著为负,说明过程创新、质量创新和品种创新能够显著提升国有、民
营和外资三种企业的出口连续性,减少频繁的进入、退出和间断出口行为。

　　进一步对比回归系数发现,质量创新和品种创新对国有企业和民营企
业的回归系数(绝对值)略大于外资企业。比如,在"出口退出企业"
方程中,质量创新对国有企业的回归系数是 -0.15,民营企业是 -0.20,
外资企业是 -0.08;品种创新对国有企业的回归系数是 -0.29,民营企业
是 -0.35,外资企业是 -0.21。这说明质量创新和品种创新对于防止国有
企业和民营企业退出出口市场的作用超过了外资企业。这是本书的意外发
现,即过程创新的作用在不同所有制企业之间没有明显差别,但是质量创
新和品种创新显著提升了国有企业和民营企业的出口连续性。

5.3.3　稳健性检验

1. 分段回归

　　因为2008年之后的中国工业企业数据库存在较多的指标缺失,一些
学者甚至认为2008年之后中国工业企业数据库的数据准确度、指标健全
度都降低了(陈林)[①],加之2008年金融危机后国内外经济环境也发生了
巨大的变化,企业创新与出口状态也受到较大影响。因此,我们将研究时
期划分为2001～2007年和2008～2014年两个时间段,分别进行回归。具
体而言,我们根据分段后的样本重新定义了出口状态的四种分类:连续出
口的企业指的是自进入出口市场后,至少连续出口4年以上且至少样本期
最后1年还有出口记录的企业;出口进入企业指的是观测期2年后才开始
出口且至少样本期最后1年还有出口记录的企业;出口退出企业指的是样
本期最后2年均没有出口记录的企业;间断出口企业指的是观测期内存在
多个出口片段的企业。在此基础上,基于模型(5.1)分段回归,结果见
表5-11。

---

　　① 陈林:《中国工业企业数据库的使用问题再探》,《经济评论》2018年第6期,第140～
153页。

表 5 - 10　创新异质性对企业出口状态的影响：按企业所有制分组

变量	国有企业			民营企业			外资企业		
	(1) 出口进入	(2) 出口退出	(3) 间断出口	(4) 出口进入	(5) 出口退出	(6) 间断出口	(7) 出口进入	(8) 出口退出	(9) 间断出口
过程创新	-0.25*** (-8.16)	0.04 (1.25)	-0.13*** (-3.95)	-0.25*** (-13.47)	-0.06*** (-2.85)	-0.16*** (-7.14)	-0.19*** (-13.84)	-0.08*** (-5.86)	-0.17*** (-11.13)
质量创新	-0.11*** (-3.37)	-0.15*** (-4.62)	-0.17*** (-4.97)	-0.05** (-2.38)	-0.20*** (-8.53)	-0.27*** (-10.71)	-0.06*** (-4.41)	-0.08*** (-5.85)	-0.09*** (-6.29)
品种创新	-0.29*** (-9.00)	-0.29*** (-8.76)	-0.11*** (-3.13)	-0.28*** (-8.19)	-0.35*** (-9.74)	-0.25*** (-6.55)	-0.18*** (-11.64)	-0.21*** (-13.66)	-0.14*** (-8.67)
常数项	4.65*** (10.87)	5.84*** (13.61)	1.89*** (4.31)	4.81*** (4.62)	9.29*** (8.94)	1.38 (1.29)	2.83*** (16.56)	9.18*** (54.75)	1.24*** (7.19)
控制变量	是	是	是	是	是	是	是	是	是
样本数	49798	49798	49798	100817	100817	100817	205533	205533	205533

注：括号内的数字代表 z 统计量，**、***分别代表在 5% 和 1% 的水平上显著。控制变量的系数显著，模型还控制了年份、行业和省份固定效应，限于篇幅，在此不做汇报。

表 5 - 11　创新异质性对企业出口状态的影响：分段回归

变量	2001~2007 年			2008~2014 年		
	（1）出口进入	（2）出口退出	（3）间断出口	（4）出口进入	（5）出口退出	（6）间断出口
过程创新	-0.619***（-42.369）	-0.237***（-16.415）	-0.339***（-27.845）	-0.231***（-14.043）	-0.241***（-12.654）	-0.112***（-7.521）
质量创新	-0.240***（-16.033）	-0.181***（-12.165）	-0.107***（-8.598）	-0.157***（-9.214）	-0.050***（2.607）	-0.072***（-4.795）
品种创新	-0.227***（-15.116）	-0.193***（-12.810）	0.060***（4.661）	-0.254***（-14.805）	-0.301***（-15.135）	-0.143***（-9.158）
常数项	2.550***（15.930）	6.652***（41.967）	0.276*（1.933）	-3.601***（-16.954）	7.165***（36.097）	-1.110***（-6.400）
控制变量	是	是	是	是	是	是
观测值	187812	187812	187812	128199	128199	128199

注：括号内的数字代表 z 统计量，*、*** 分别代表在 10% 和 1% 的水平上显著。控制变量的系数显著，模型还控制了年份、行业和省份的固定效应，限于篇幅，在此不做汇报。

表 5 - 11 中，2001~2007 年区段的估计结果除了间断出口方程中的品种创新回归系数显著为正外，其余系数的符号和显著性均与基准回归一致。而 2008~2014 年区段的回归结果中，过程创新、质量创新和品种创新的回归系数符号和显著性与基准回归均高度一致。这些结果说明，本节的实证研究结论是稳健的，即过程创新、质量创新和品种创新提高了企业连续出口的概率，减少了出口行为的波动。

另外，在 2001~2007 年的样本回归结果中，过程创新的回归系数绝对值明显大于质量创新和品种创新，而在 2008~2014 年的样本回归结果中，品种创新的回归系数绝对值均大于过程创新和质量创新。可能的原因在于 2001~2007 年是中国出口贸易借助 "入世" 红利快速扩张的时期，所以通过过程创新降低边际成本更能帮助企业获得竞争优势；但是 2008 年之后，低价竞争模式的出口促进作用在下降，企业更多地依靠品种创新以及一定的质量创新。叶宁华等也发现，生产率对企业是否进入出口市场的短期决策有促进作用，但是随着企业出口持续期的延长，生产率的作用不再明显[①]。分段回归的结果从另一个侧面说明：过程创新曾经为中国企

---

① 叶宁华、包群、张伯伟：《进入、退出与中国企业出口的动态序贯决策》，《世界经济》2015 年第 2 期，第 86~111 页。

业参与出口活动起到重要作用，但为了保持出口企业的持续竞争力，提升企业的出口连续性，企业需要更多地借助品种创新和质量创新。

2. 改变出口状态指标

从出口状态的定义和构造方法来看，连续出口、出口进入、出口退出、间断出口四种出口状态的划分具有非随机的特征，会对样本组成产生影响。为了避免变量构造方法带来的估计偏误，我们采用更严格的方法定义企业出口状态，然后进行稳健性检验。与基准回归不同，连续出口的企业指的是自进入出口市场后，至少连续出口 10 年且至少 2013 年还有出口记录的企业；出口进入企业指的是观测期 3 年后才开始出口且至少 2014 年还有出口记录的企业；出口退出企业指的是 2013 年和 2014 年连续 2 年没有出口记录的企业；间断出口企业指的是观测期内存在多个出口片段的企业[①]。

改变出口状态的划分标准，利用模型（5.1）进行回归的结果见表 5 - 12。显而易见，无论是否添加控制变量，过程创新、质量创新和品种创新的系数均在 1% 的水平上显著为负，说明在考虑了变量构造和样本划分的问题之后，估计结果依然稳健，研究结论可靠。

表 5 - 12　创新异质性对企业出口状态的影响：改变出口状态指标

变量	不加控制变量			加控制变量		
	（1） 出口进入	（2） 出口退出	（3） 间断出口	（4） 出口进入	（5） 出口退出	（6） 间断出口
过程 创新	- 0.298 *** （- 22.976）	- 0.214 *** （- 17.042）	- 0.260 *** （- 19.715）	- 0.243 *** （- 18.262）	- 0.125 *** （- 9.605）	- 0.242 *** （- 18.104）
质量 创新	- 0.113 *** （- 8.559）	- 0.109 *** （- 8.535）	- 0.121 *** （- 9.026）	- 0.085 *** （- 6.277）	- 0.088 *** （- 6.639）	- 0.113 *** （- 8.316）
品种 创新	- 0.361 *** （- 26.020）	- 0.469 *** （- 34.787）	- 0.229 *** （- 16.153）	- 0.265 *** （- 18.529）	- 0.287 *** （- 20.412）	- 0.176 *** （- 12.244）
常数项	1.554 *** （8.800）	2.816 *** （16.680）	1.910 *** （11.012）	4.560 *** （23.980）	9.290 *** （50.327）	3.610 *** （19.346）

---

① 在基准回归的定义中，连续出口、出口进入、出口退出、间断出口的企业样本数分别为 61074 个、172882 个、185325 个和 85764 个，在当前定义下分别为 36985 个、137234 个、217931 个和 112895 个。

续表

变量	不加控制变量			加控制变量		
	（1） 出口进入	（2） 出口退出	（3） 间断出口	（4） 出口进入	（5） 出口退出	（6） 间断出口
控制变量	是	是	是	是	是	是
观测值	359879	359879	359879	356987	356987	356987

注：括号内的数字代表 z 统计量，*** 代表在 1% 的水平上显著。控制变量的系数显著，模型还控制了年份、行业和省份的固定效应，限于篇幅，在此不做汇报。

综上所述，经过基准回归、分组检验和稳健性检验，可以认为过程创新、质量创新和品种创新能够显著提升中国工业企业的出口持续性。过程创新对劳动密集型企业出口连续性的促进作用更大，而品种创新和质量创新对国有企业和民营企业的作用更加明显。在考虑了样本构造带来的偏误和分段检验之后，回归结果依然稳健。这些结论对于中国政府制定创新政策、保障中国出口稳定发展具有一定的参考意义。

5.4　创新异质性对企业出口生存概率的影响：计量检验

描述企业出口状态的另一种方式是出口生存概率①。本节在利用出口生存函数估计并分析中国工业企业出口生存概率的基础上，以出口生存概率为被解释变量，采用 Cloglog 模型［式（5.2）］实证检验创新异质性对出口生存概率的影响。由于样本数据存在多个出口时间段的情况，借鉴 Besedes et al. ② 和陈勇兵等③的做法，比较单一出口时间段、第一出口时间段和多出口时间段企业的出口生存概率，然后以多出口时间段样本为主，将同一企业的不同出口时间段视为互相独立的不同个体，在此基础上进行生存概率的分组估计，最后用单一出口时间段和第一出口时间段的样

---

① 相对于以连续出口、出口进入、出口退出、间断出口描述出口状态，出口生存概率以个体、连续的方式描述出口状态。

② Besedes T. & Prusa T. J, "Ins, Outs, and the Duration of Trade," *Canadian Journal of Economics*, No.1 (2006): 266 – 295.

③ 陈勇兵、李燕、周世民：《中国企业出口持续时间及其决定因素》，《经济研究》2012 年第 7 期，第 48 ~ 61 页。

本进行稳健性检验。

5.4.1　企业出口生存概率的估计与分析

基于 5.2 节所示的 Kaplan – Meier 乘积项估计式，对样本企业出口生存概率做了总体估计以及区分创新类型、要素密集度和企业所有制估计，结果见表 5 – 13。

表 5 – 13　中国工业企业的出口生存概率

分类标准	样本类型	总体统计（年）		生存概率		
		中位值	均值	1 年	3 年	9 年
总体	多出口时间段	2	3	66.01%	29.97%	3.45%
	第一出口时间段	2	3.15	66.94%	31.55%	4.25%
	单一出口时间段	2	3.34	70.25%	33.91%	5.31%
过程创新	有	2	3.18	70.03%	49.31%	5.19%
	无	2	2.87	62.01%	27.01%	3.40%
质量创新	有	2	3.13	72.02%	33.41%	3.08%
	无	2	2.98	63.95%	28.55%	3.95%
品种创新	有	2	3.26	68.98%	33.85%	4.57%
	无	2	2.73	64.02%	25.58%	2.27%
要素密集度	资本技术密集型	2	2.94	65.62%	29.01%	3.15%
	劳动密集型	2	3.12	67.32%	31.98%	3.86%
所有制	国有企业	2	2.43	63.86%	25.80%	2.62%
	民营企业	2	2.72	67.23%	27.78%	2.88%
	外资企业	2	3.15	67.03%	34.04%	4.38%

具体分析如下：

（1）总体上，多出口时间段、第一出口时间段、单一出口时间段三组样本的生存概率估计结果基本是一致的。企业出口的持续时间大约是 3 年，中位值是 2 年。从事出口一年之后，约 30% 的企业会退出出口市场，前三年的出口退出企业达到 70% 左右，仅有 3% 左右的企业能够持续留在出口市场。相较而言，单一出口时间段的样本企业出口连续性和出口生存概率略高一些。

　　图 5 - 1 直观地给出了 Kaplan - Meier 生存曲线图，三种样本估计的生存曲线趋势基本一致，生存概率相差很小，因此下文的分析将使用多出口时间段的全样本估计结果。随着出口持续时间的延长，出口生存概率持续下降，在 4 年之内仅有不到四分之一的企业能够留在出口市场当中。值得注意的是，样本企业出口初期的出口失败概率比较高，随着出口时间的延长，出口失败概率逐渐下降，出现出口生存函数的负时间依存性。

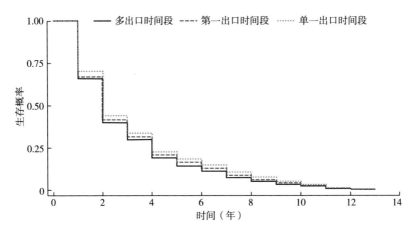

图 5 - 1　中国工业企业的出口生存曲线图

　　（2）不论哪一种创新，从事创新的企业平均出口生存时间超过 3 年，而不从事创新的企业则小于 3 年。从 1 年、3 年和 9 年的生存概率来看，从事任何一种创新的企业出口生存概率均高于不进行创新的企业。分年度来看，在 3 年内，过程创新提高企业出口生存概率的幅度比较大，但是到第 9 年，进行品种创新的企业出口生存概率更大。这在一定程度上为中国工业企业选择技术创新策略、促进出口提供一个思路，即在进入出口市场的初期应该通过量的扩张来抢占市场份额，但是站稳脚跟之后应该寻求差异化发展，通过品种创新和质量创新巩固市场地位。

　　结合图 5 - 2，可以明显看出从事过程创新、质量创新和品种创新的企业出口生存概率明显比不进行创新的高。图 5 - 2（d）表明，在不区分创新类型的情况下，与不进行任何创新的企业相比，从事任何一种创新出口失败退出的概率比较小。

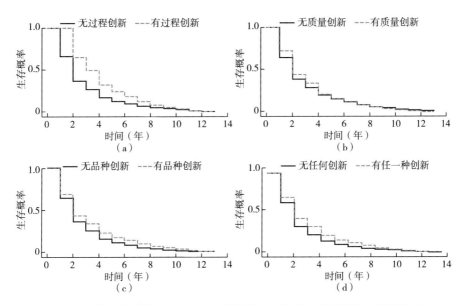

图 5 - 2　从事各种创新的企业与不进行任何创新的企业出口生存概率比较

（3）劳动密集型企业 1 年、3 年和 9 年的出口生存概率均高于资本技术密集型企业。可能的原因在于中国对外贸易的比较优势还是在劳动密集型产品，即便对于一些机电产品，也是通过从事加工组装的劳动密集型企业出口的，所以其出口生存概率更高。外资企业的平均出口生存时间为3.15 年，高于民营企业的 2.72 年和国有企业的 2.43 年，外资企业的 1年、3 年和 9 年的出口生存概率也更高。这是因为外资企业往往具有比较强的出口导向型特征，同时拥有更为广泛的国际市场资源和丰富的国际贸易知识，所以它们在出口市场的抗风险能力比较强，出口失败退出的概率比较小。

5.4.2　基准回归

根据模型（5.2），采用 Cloglog 离散时间风险模型估计创新异质性对企业出口生存概率（出口失败风险）的影响。具体地，采用逐步回归的方式，首先是过程创新、质量创新和品种创新对企业出口生存概率单独回归，其次是三种创新一起回归，最后加入一系列控制变量，即均加入年份、行业和省份层面的固定效应，结果见表 5 - 14。

表 5 - 14   创新异质性对企业出口生存概率的影响：基准回归

变量	(1) failure	(2) failure	(3) failure	(4) failure	(5) failure
过程创新	- 0. 052 *** (- 5. 731)			- 0. 050 *** (- 5. 501)	- 0. 039 *** (- 4. 257)
质量创新		- 0. 105 *** (- 11. 169)		- 0. 096 *** (- 10. 046)	- 0. 097 *** (- 10. 126)
品种创新			- 0. 107 *** (- 11. 156)	- 0. 095 *** (- 9. 819)	- 0. 073 *** (- 7. 546)
企业规模					- 0. 273 *** (- 48. 046)
企业利润率					- 0. 245 *** (- 7. 424)
企业资本 密集度					0. 010 ** (2. 136)
企业负债 资产比					0. 033 *** (6. 825)
企业年龄					0. 118 *** (13. 253)
外资成分					0. 008 (0. 673)
赫芬达尔指数					- 0. 038 *** (- 5. 015)
常数项	- 0. 784 *** (- 9. 459)	- 0. 771 *** (- 9. 402)	- 0. 761 *** (- 9. 285)	- 0. 735 *** (- 9. 055)	0. 360 *** (3. 912)
观测值	257078	259915	260081	256912	254276
个体数	87952	88929	88983	87897	87598
对数似然值	- 132520. 2	- 134148. 1	- 134253. 8	- 132302. 3	- 129320. 3

注：括号内的数字代表 z 统计量，**、*** 分别代表在 5% 和 1% 的水平上显著，模型还控制了年份、行业和省份层面的固定效应，为节省篇幅，在此不做汇报。

在表 5 - 14 所有回归结果中，过程创新、质量创新和品种创新的系数均在 1% 的水平上显著为负，三个变量单独回归和一起回归的系数没有太大变化①，引入控制变量前后系数也没有太大变化，说明模型的回归结果是比较稳健的。该结果说明，过程创新、质量创新和品种创新均能够显著降低企业出口失败概率。其原因正如第 3 章的理论命题 1，即过程创新、质量创新和品种创新均能提高国外市场对企业的产品需求，从而提高企业的出口生存概率。

从控制变量的回归结果来看，企业规模和企业利润率的回归系数也显著为负，说明规模越大、利润率越高的企业出口失败概率越低，因为通常这两种企业抗风险能力比较强；企业资本密集度、企业负债资产比和企业年龄的回归系数显著为正，说明劳动密集型的企业出口失败风险比较高，同时高负债和成立时间比较长的企业出口失败风险比较高；外资成分的影响并不显著；而赫芬达尔指数的回归系数显著为负，说明赫芬达尔指数越高，企业出口失败风险越小。

5.4.3　分组检验

前文的表 5 - 13 已经显示了不同要素密集度的企业之间、不同所有制的企业之间的出口生存概率存在明显差异。接下来，我们按要素密集度、企业所有制对样本企业分组，考察创新异质性对不同类型企业出口生存概率的影响，估计结果如表 5 - 15 所示。

表 5 -15　创新异质性对企业出口生存概率的影响：分组检验

变量	（1） failure （资本技术密集型）	（2） failure （劳动密集型）	（3） failure （国有企业）	（4） failure （民营企业）	（5） failure （外资企业）
过程创新	- 0. 045 *** （ -3. 539）	- 0. 031 ** （ -2. 255）	- 0. 013 （ -0. 558）	- 0. 066 *** （ -4. 183）	- 0. 037 *** （ -2. 881）
质量创新	- 0. 087 *** （ -6. 574）	- 0. 103 *** （ -7. 164）	- 0. 158 *** （ -6. 108）	- 0. 111 *** （ -6. 684）	- 0. 076 *** （ -5. 706）
品种创新	- 0. 058 *** （ -4. 404）	- 0. 091 *** （ -6. 142）	- 0. 080 *** （ -3. 146）	- 0. 086 *** （ -5. 209）	- 0. 069 *** （ -4. 948）

---

① 过程创新、质量创新和品种创新之间的相关系数均在 0. 2 以下。

变量	（1） failure （资本技术密集型）	（2） failure （劳动密集型）	（3） failure （国有企业）	（4） failure （民营企业）	（5） failure （外资企业）
常数项	0.251 (1.322)	0.884*** (7.983)	-0.481** (-2.070)	0.702*** (3.534)	0.712*** (5.810)
控制变量	是	是	是	是	是
观测值	137918	108937	34900	84727	133916
个体数	49082	36259	14978	33084	43459
对数似然值	-70449	-55407	-18563	-43306	-66624

注：括号内的数字代表 z 统计量，**、*** 分别代表在 5% 和 1% 的水平上显著，控制变量显著，模型还控制了年份、行业和省份层面的固定效应，为节省篇幅，在此不做汇报。

表 5 - 15 的（1）和（2）分别汇报了创新异质性对资本技术密集型企业、劳动密集型企业出口生存概率的影响。过程创新、质量创新和品种创新的回归系数在 1% 的水平上显著为负，说明它们均能够降低两组企业的出口失败风险。另外，容易发现，质量创新的系数绝对值大于过程创新和品种创新的绝对值，说明质量创新的作用比较大，这也从经验证据上佐证了高质量发展是中国出口转型升级的重要方向。进一步分析可以发现，劳动密集型企业的过程创新系数绝对值为 0.031，略小于资本技术密集型企业的过程创新系数绝对值 0.045，而其质量创新和品种创新的回归系数绝对值略大于资本技术密集型企业。这说明过程创新更有利于降低资本技术密集型企业出口失败概率，质量创新和品种创新更有利于降低劳动密集型企业出口失败概率。这表明：长期依靠劳动力红利进行低价竞争的劳动密集型企业应该寻求差异化和高质量的创新策略，避免一味地依靠过程创新；而当前中国资本技术密集型企业的整体技术水平与欧美发达国家还有差距，要注重通过过程创新，扩大规模效应，降低产品边际生产成本。

表 5 - 15 的（3）~（5）分别汇报了创新异质性对国有企业、民营企业和外资企业出口失败风险的影响。除了过程创新对国有企业的估计系数不显著之外，其他核心解释变量的估计系数均在 1% 的水平上显著为负。总体上看，创新对国有企业和民营企业的作用超过外资企业，可能的原因

在于外资企业原有的技术水平比较高，而且普遍具有广泛国外市场资源，因此其创新的效果不如国有企业和民营企业明显。

5.4.4　稳健性检验

为了验证估计结果的稳健性，我们通过样本分类和改变回归方法等方式进行稳健性回归，估计结果见表 5 - 16。

表 5 - 16　创新异质性对企业出口生存概率的影响：稳健性检验

变量	(1) failure （第一出口时间段）	(2) failure （单一出口时间段）	(3) failure （Probit）	(4) failure （交互固定效应）
过程创新	-0.034*** (-3.065)	-0.018 (-1.412)	-0.048*** (-8.293)	-0.031*** (-3.238)
质量创新	-0.065*** (-5.746)	-0.102*** (-7.676)	-0.093*** (-15.546)	-0.101*** (-10.014)
品种创新	-0.098*** (-8.465)	-0.151*** (-11.171)	-0.083*** (-14.021)	-0.065*** (-6.359)
常数项	0.309** (2.489)	0.784*** (5.306)	0.582*** (10.978)	0.177 (0.232)
控制变量	是	是	是	是
观测值	203156	171888	254276	254094
个体数	65399	53686		87545
对数似然值	-99756	-76726	-130721	-124145
年份	是	是	是	否
行业	是	是	是	否
省份	是	是	是	否
年份 - 行业	否	否	否	是
年份 - 省份	否	否	否	是

注：括号内的数字代表 z 统计量，**、*** 分别代表在 5% 和 1% 的水平上显著，控制变量显著稳健，为节省篇幅，在此不做汇报。

表 5 - 16 中 (1)、(2) 分别为第一出口时间段样本、单一出口时间

段样本做 Cloglog 回归的结果。可以发现，过程创新在第一出口时间段样本中的回归系数显著为负，而在单一出口时间段样本回归中的系数为负但不显著；质量创新和品种创新在两种样本回归中的系数均显著为负。这说明无论是否考虑多个出口时间段，过程创新、质量创新和品种创新均能够显著降低企业出口失败风险。

表 5 - 16 中（3）、（4）则是改变回归方法的估计结果，其中：（3）为借鉴陈勇兵等的方法[①]，采用离散时间的随机效应 Probit 模型进行估计，其回归系数符号和显著性与基准回归高度一致。（4）为了避免逆向因果的影响，除了已经对过程创新、质量创新和品种创新等核心解释变量取滞后一阶项以外，本书进一步控制了年份 - 行业和年份 - 省份交互固定效应[②]的回归结果。不难发现，过程创新、质量创新和品种创新的回归系数符号和显著性与基准回归及表 5 - 16 中（1）~（3）高度一致。

综上所述，经过分样本和改变回归方法的稳健性检验后，主要计量检验结果依然是稳健的，证明研究结论是可靠的。

本章小结

本章基于 2001 ~ 2014 年中国工业企业数据库和中国海关企业进出口数据库的匹配样本，从中国出口企业频繁进入和退出、存在大量间断出口企业的特征事实入手，研究过程创新、质量创新和品种创新对稳定中国企业出口行为、提高出口连续性、降低企业出口失败概率的影响。研究结果发现：

一是不论按照连续出口、出口进入、出口退出、间断出口描述出口状态，还是按照出口生存概率描述，都可以发现连续出口企业的占比比较低，企业进入出口市场而又退出的现象普遍存在，平均出口生存时间仅 2

---

① 陈勇兵、李燕、周世民：《中国企业出口持续时间及其决定因素》，《经济研究》2012 年第 7 期，第 48 ~ 61 页。

② 使用面板 Cloglog 回归时，该方法的极大似然对数值采用 Gauss-Hermite 积分运算，在大样本的情况下，其运算速度非常慢，再进一步控制交互固定效应的话，对计算机的性能要求比较高，需要运算速度较快的处理器和较大的内存。

年左右。其中，资本技术密集型企业的出口生存概率小于劳动密集型企业，国有企业和民营企业的出口生存概率小于外资企业。同时也发现，进行过程创新、质量创新和品种创新的企业出口生存概率比不进行创新的企业要高，出口失败的风险比较低。

二是针对企业出口状态的多项 Logit 检验发现，过程创新、质量创新和品种创新能够显著提升企业出口行为的连续性，减少出口进入、出口退出和间断出口等出口波动。在考虑了内生性问题和样本选择问题之后，上述结论依然稳健可靠。进一步的对比分析发现，创新异质性对不同企业的出口促进作用存在差别，体现在：过程创新降低劳动密集型企业出口波动的作用超过资本技术密集型企业，质量创新和品种创新提升国有企业和民营企业出口连续性的作用超过外资企业。

三是基于生存分析法的 Cloglog 检验表明，过程创新、质量创新和品种创新均能够显著降低企业出口失败的风险，延长企业的出口生存时间。而过程创新降低资本技术密集型企业出口失败风险的作用超过劳动密集型企业，质量创新和品种创新降低国有企业和民营企业出口失败风险的作用超过外资企业。

本章的实证结果为第 3 章的理论命题 1 提供了经验证据，即在企业异质性的框架下，必须从创新异质性的视角，才能够更好地厘清企业创新和出口动态的关系。在资源有效配置的情况下，每一个企业都需要在内部对生产率、产品质量和产品种类三者进行权衡。过程创新能够帮助企业克服出口固定成本，进入国际市场并提高出口生存概率。但是当企业成功进入出口市场后，还要综合利用质量创新和品种创新等异质性的创新行为，更好地维持企业的出口连续性，降低出口失败的风险。

延长出口持续时间、避免出口失败仅仅代表了企业能够进入国际市场，或者说能实现在国际市场中"生存"，但是创新异质性能否帮助中国企业实现出口增长，即实现在国际市场中"成长"？第 6 章将对此进行实证检验。

第6章 创新异质性影响中国工业企业出口增长的实证检验

当前，全球经贸格局正在进行深度调整，发达国家贸易保护主义不断升温。中国如何在保持第一货物贸易大国地位的基础上，实现贸易转型升级，对于实现中国经济高质量发展具有重大意义。这既需要宏观层面的政策调整，更要求对外贸易的微观基础做出应有的变化。其核心在于以创新驱动实现中国工业企业升级，支撑出口规模和质量的增长。这既需要出口广延边际的扩张，如参与出口的企业数量、出口商品的种类、出口伙伴国的数量越来越多，也需要出口集约边际的深化，如每个企业、每个产品和每个出口目的地的出口额越来越大。从企业层面来看，中国工业企业的出口二元边际还有很大的改善空间，表现在：大部分企业的出口金额还比较小，出口生存时间很短，进入和退出出口市场频繁，出口目的地数量还比较少，比如中国与全世界200多个国家（地区）有贸易往来，但是2001~2014年平均每个企业每年的出口目的地数量仅为17~27个。目前已经有许多文献从国家、企业和产品层面对中国出口二元边际的特征事实和成因进行丰富而系统的探讨，但是从创新异质性视角研究企业出口二元边际的文献还比较少，特别是缺少对企业内出口边际调整的研究。本章围绕第3章的理论命题2和命题3，利用2001~2014年中国工业企业数据库和中国海关企业进出口数据库的匹配样本，从"企业－产品－市场"维度研究中国工业企业出口二元边际的特征事实，并基于过程创新、质量创新和品种创新三种异质性创新，研究其对出口增长的影响。

本章从两方面丰富和深化了已有的研究：一是实证研究了企业创新异质性对企业内出口边际调整的影响，主要关注企业内部"产品－市场"

组合的调整，而以往研究更多的是关注企业间出口边际调整，如企业的进入、退出行为以及企业出口总额的变化[①]；二是从企业创新能力、产品类型和贸易方式等方面对创新异质性的出口促进效应进行深度分析，为制定合适的创新政策提供可靠的经验证据。

6.1　中国工业企业出口二元边际的测算与分析

1. 出口二元边际及其测算

Melitz 的企业异质性贸易模型将企业出口的增长分为集约边际和广延边际的扩张[②]，前者主要是指每个企业、每个产品或者对每个国家的出口规模增加；后者主要是指出口企业的数量、产品的种类数和出口目标市场数量的扩展。此后的学者根据自身的研究目的和数据结构从不同的维度测算企业出口二元边际，早期的文献更注重从企业、产品或者出口目标市场等单一层面进行分析，近年来随着出口二元边际理论的发展和微观数据的广泛应用，更多的文献注重从"企业 – 产品 – 市场"更细分的维度进行研究，如 Mayneris et al. [③]、张杰等[④]、黄远浙等[⑤]和孙天阳等[⑥]。本章将从"企业 – 产品 – 市场"维度对 2001～2014 年中国工业企业的出口二元边际进行测算和分析。

[①] 根据不同文献的研究目的和所用数据的结构特征，出口二元边际具有多种不同的划分方式，典型的有在企业层面的划分，即将企业进入或退出市场的行为作为广延边际，将出口总额作为集约边际；也有在"企业 – 市场"层面的划分，即将企业进入新的出口目的国作为广延边际，将企业在每个国家的出口总额作为集约边际；也有在企业内部"产品 – 市场"层面的划分，即将企业出口新产品种类或进入新市场作为广延边际，将企业出口旧产品到旧市场的行为作为集约边际。

[②] Melitz M. J,"The Impact of Trade on Intra-Industry Reallocations and Aggregate Industry Productivity," *Econometrica*, No. 6（2003）：1695 – 1725.

[③] Mayneris F. & Poncet S,"Chinese Firms' Entry to Export Markets：The Role of Foreign Export Spillovers," *The World Bank Economic Review*, No. 1（2015）：150 – 179.

[④] 张杰、郑文平：《政府补贴如何影响中国企业出口的二元边际》，《世界经济》2015 年第 6 期，第 22～48 页。

[⑤] 黄远浙、李鑫洋、王成岐：《外资对中国企业出口影响的二元边际经验分析》，《国际贸易问题》2017 年第 5 期，第 114～125 页。

[⑥] 孙天阳、许和连、王海成：《产品关联、市场邻近与企业出口扩展边际》，《中国工业经济》2018 年第 5 期，第 24～42 页。

　　具体而言，当企业的已有产品向已有市场出口时，称为集约边际；当企业的出口产品范围或者市场范围增加新的内容时，称为广延边际。中国海关企业进出口数据库提供了企业名称、年份、出口目的地、出口金额等所需信息，使我们得以对企业内的出口边际进行系统测算。首先按照第 4 章的方法，将原始数据重新整理成"企业－年份－产品－市场"的数据样本；然后将每个企业在某一年的出口记录与过去每年的出口记录进行比较，当企业向未曾出口过的国家出口产品或者向出口过的国家增加出口品种时，就标记为广延边际①，当企业向出口过的国家增大出口规模时，就标记为集约边际。按照这种方式，可以将每个企业的出口总额分解为"旧企业－旧产品－旧市场""旧企业－旧产品－新市场""旧企业－新产品－旧市场""旧企业－新产品－新市场"和"新企业"五种类型②，其中第一种属于集约边际，其余四种属于广延边际。上述定义的出口二元边际可以按"产品－市场"层面的观测值数量统计，也可以按"出口金额"统计。

　　2. 工业企业出口二元边际分析（按照"产品－市场"层面观测值统计）

　　利用中国海关企业进出口数据库，按照"产品－市场"层面的观测值数量统计企业出口二元边际，共获得 46814116 个"企业－产品－市场"层面的观测值③，其出口边际情况如表 6－1 所示。表 6－1 中第 2 至 5 列数据为广延边际，其中，2001～2014 年平均值，5.33% 是"新产品－新市场"出口占比，10.92% 是"新产品－旧市场"出口占比，9.33% 是"旧产品－新市场"出口占比，16.79% 是"新企业"出口占比。最后一列数据为集约边际，即 57.63% 是"旧产品－旧市场"出口占比。这说明中国工业企业的出口扩张更多地来源于集约边际扩张，该结论与已有文献

---

①　因没有 1999 年的企业出口数据，所以无法判断 2000 年的企业出口扩张是集约边际还是广延边际；另外，因企业存在频繁的进入和退出情况，即"企业－市场"层面的间断出口，若只是比较相邻两个年份的企业出口记录，可能会得出错误的结论。因此，本书将每个企业在某一年的出口记录与过去每年的出口记录进行比较。

②　为表述简练，下文仅用"旧产品－旧市场""旧产品－新市场""新产品－旧市场""新产品－新市场"表述，省略"旧企业"。

③　在这里仅讨论中国海关企业进出口数据库中出口工业品的企业的出口二元边际，但在实证检验时，还需要将该样本数据与中国工业企业数据库进行匹配，才能获得工业企业的相关信息，具体方法详见 5.1 节。

的研究一致，如钟腾龙等①、张杰等②和钱学锋等③。从广延边际来看，2004 年之后"新企业"的出口占比明显超过其余三种广延边际，可能的原因是加入世界贸易组织之后，企业进入出口市场的门槛不断降低，出现大量的新企业。最后，我们还可以发现，中国工业企业的出口行为处于持续的波动之中，不同年份之间企业的出口类型分布差异明显，这为我们研究创新异质性对企业出口增长的影响提供了良好的数据基础。

表 6 - 1　中国工业企业的出口边际（按照观测值数量统计）

单位：%

年份	新产品 - 新市场	新产品 - 旧市场	旧产品 - 新市场	新企业	旧产品 - 旧市场
2001	6.37	17.49	11.51	14.22	50.41
2002	5.80	17.37	10.35	14.59	51.89
2003	4.88	14.97	10.59	14.20	55.36
2004	4.55	13.16	10.67	17.73	53.88
2005	5.89	11.72	9.98	28.78	43.64
2006	4.03	10.94	10.60	16.74	57.69
2007	9.77	16.05	10.97	13.48	49.74
2008	5.10	12.80	11.46	6.11	64.53
2009	4.84	12.23	10.00	6.42	66.50
2010	6.53	10.66	9.93	6.12	66.76
2011	4.48	8.37	8.34	19.72	59.09
2012	4.90	9.24	9.54	8.59	67.74
2013	4.37	8.87	9.05	6.52	71.19
2014	4.59	7.43	6.06	37.38	44.54
平均	5.33	10.92	9.33	16.79	57.63

数据来源：作者计算整理而得。

---

① 钟腾龙、祝树金、段凡：《中国出口二元边际的多维测算：2000～2013》，《经济学动态》2018 年第 5 期，第 86～101 页。

② 张杰、郑文平：《政府补贴如何影响中国企业出口的二元边际》，《世界经济》2015 年第 6 期，第 22～48 页。

③ 钱学锋、熊平：《中国出口增长的二元边际及其因素决定》，《经济研究》2010 年第 1 期，第 65～79 页。

3. 工业企业出口二元边际分析（按照"出口金额"统计）

按照"出口金额"统计的中国工业企业出口边际情况如表6－2所示。表6－2显示，集约边际的占比长期高达80%左右（74.25%～92.49%），而广延边际中的"新产品－新市场"占比仅为0.80%～2.07%，"新产品－旧市场"为1.70%～14.74%，"旧产品－新市场"为2.05%～4.11%，"新企业"为2.84%～11.00%。总体来看，集约边际是中国工业企业出口增长的主要来源。

表6－2　中国工业企业的出口边际（按照"出口金额"统计）

单位：%

年份	新产品－新市场	新产品－旧市场	旧产品－新市场	新企业	旧产品－旧市场
2001	1.44	4.40	4.11	6.12	83.93
2002	1.46	6.35	3.81	6.38	82.00
2003	0.97	3.43	3.83	6.56	85.21
2004	1.00	3.04	3.44	7.10	85.42
2005	1.28	3.13	3.69	8.07	83.82
2006	0.93	2.93	3.34	5.50	87.29
2007	2.07	14.74	3.45	5.49	74.25
2008	1.37	3.41	3.23	3.91	88.08
2009	0.90	2.66	3.02	4.11	89.31
2010	0.99	2.06	2.96	2.84	91.15
2011	0.87	1.96	2.84	7.78	86.55
2012	0.80	2.05	2.20	4.54	90.41
2013	0.83	1.70	2.05	2.93	92.49
2014	1.21	2.14	2.15	11.00	83.50
平均	1.08	3.23	2.76	5.90	87.04

数据来源：作者根据中国海关企业进出口数据库测算而得。

对比表 6 - 1 和表 6 - 2 可以发现，在 2001 ~ 2014 年期间，平均而言，中国工业企业"旧产品 - 旧市场"出口行为占比 57.63%，但是出口金额占比却高达 87.04%，说明集约边际出口的平均交易金额要明显高于广延边际。造成这种情况的原因可能在于：一是已有市场拥有熟悉的客户、渠道，交易成本比较低，特别是中国企业大量出口的欧盟、美国和日本等市场；二是新市场和新企业在初次进行贸易时，买卖双方为了规避交易风险，交易金额往往比较低，只进行试探性交易，待初次交易成功后，才会加大订单金额（Besedes）[①]。

另外，2001 ~ 2007 年是广延边际占比较高的时期，2007 年"新产品 - 旧市场"的出口金额占全年出口总额的 14.74%，为样本期内的最高值。2008 ~ 2014 年，广延边际的出口占比呈现先下降后上升的特征，可能的原因是 2008 年金融危机的冲击增加了企业推出新产品或者进入新市场的难度。

4. 区分贸易方式和产品技术水平的出口二元边际分析（按照"出口金额"统计）

参照李兵等的做法[②]，表 6 - 3 在区分贸易方式和产品技术水平的基础上，按照"出口金额"统计了中国工业企业出口边际情况。表 6 - 3 显示，一般贸易企业的集约边际出口占比最高，"旧产品 - 旧市场"占比达 91.81%，"新产品 - 旧市场"占 2.78%，"旧产品 - 新市场"占 2.31%，"新企业"占 2.25%，"新产品 - 新市场"占 0.85%。这说明一般贸易企业的出口增长主要来自集约边际，而广延边际的贡献主要是已有企业"新产品 - 旧市场"和"旧产品 - 新市场"的出口。加工贸易企业的集约边际出口占 91.02%，但其广延边际的贡献主要来自"新企业"和已有企业"新产品 - 旧市场"的出口。混合贸易企业的集约边际出口占 89.98%，是三种类型企业中最低的，其广延边际的贡献主要来自已有企业"新产品 - 旧市场"和"新企业"的出口。

---

①　Besedes T. , "A Search Cost Perspective on Formation and Duration of Trade," *Review of International Economics*, No. 5 (2008)：835 - 849.

②　李兵、岳云嵩、陈婷：《出口与企业自主技术创新：来自企业专利数据的经验研究》，《世界经济》2016 年第 12 期，第 72 ~ 94 页。

表6-3　区分贸易方式和产品技术水平的出口边际①

单位：%

分类		旧产品-旧市场	新产品-新市场	新产品-旧市场	旧产品-新市场	新企业
贸易方式	一般贸易	91.81	0.85	2.78	2.31	2.25
	加工贸易	91.02	0.52	2.47	2.31	3.68
	混合贸易	89.98	1.03	3.35	2.65	2.98
产品技术	高技术	93.14	0.42	2.57	1.43	2.44
	中低技术	89.27	1.20	3.31	3.16	3.07

数据来源：作者根据中国海关企业进出口数据库测算而得。

已有企业出口的广延边际可以分为"产品"和"市场"两个维度，将"新产品-新市场"和"新产品-旧市场"加总可以得到企业在"产品"维度的广延边际，将"旧产品-新市场"和"新产品-新市场"加总可以得到企业在"市场"维度的广延边际。对表6-3的数据简单计算可得，一般贸易企业在"产品"和"市场"维度的广延边际出口占比分别为3.63%和3.16%，加工贸易企业分别为2.99%和2.83%，而混合贸易企业则分别是4.38%和3.68%。说明对于这三种企业而言，产品品种的增加对广延边际的贡献超过市场拓展，对于已经参与出口的企业来说，一般贸易企业和混合贸易企业比加工贸易企业更加注重扩大产品范围和开拓新市场。

表6-3还给出区分产品技术水平②的企业出口二元边际情况。从表中可以发现，高技术产品出口企业的出口总额中有93.14%来自"旧产品-旧市场"，即集约边际，明显高于中低技术企业的89.27%，而在广延边际的各种类型中，高技术企业均低于中低技术企业。其可能的原因在于：高技术产品因其价值高、产品种类较少、交易周期长，市场主要集中在中高收入国家，而中低技术产品价值低、种类繁多、交易简便，所以不会依赖少数市场。在已有企业的广延边际方面，中低技术产品的研发周期

① 限于篇幅，正文部分没有给出不同类型企业出口二元边际金额的年度分布情况。
② 参照贸易方式划分，将高技术产品出口金额占比75%以上的称为高技术产品出口企业，否则为中低技术产品出口企业。

短、产品开发成本和营销费用低，所以容易实现"产品"和"市场"维度的扩张；相反，高技术产品研发周期长、产品开发和营销费用都比较高，所以广延边际的占比小。在"新企业"方面，中低技术产品的出口市场进入门槛低，所以其"新企业"出口对总出口的贡献比较大，为3.07%；而高技术产品的出口市场进入门槛高，所以其"新企业"的出口贡献仅为2.44%。

综上所述，从"企业 - 产品 - 市场"维度来看，2001～2014年中国工业企业出口增长主要来自集约边际，即已有企业在"旧产品 - 旧市场"维度的出口，其次是"新企业"的加入，最后才是已有企业在"产品"和"市场"维度的扩张。此外，按贸易方式和产品技术水平划分，不同类型企业对出口二元边际的贡献也不一样。出口二元边际的分布直接影响一国的福利，集约边际过高，出口集中在固定的产品以及少数国家和地区，出口增长容易因为外部冲击而导致波动；而广延边际的扩张有利于降低对单一市场和少数产品的依赖度，降低出口波动风险。从这个意义来看，在当前全球贸易保护主义抬头，中美贸易摩擦长期化的趋势下，研究如何通过技术创新促进中国企业特别是高科技企业和一般贸易企业改变对欧洲、美国、日本等发达国家市场的依赖，向多元化市场转变，对促进中国外贸转型升级、保障国家经济安全具有重大的现实意义。

6.2　创新异质性对企业出口增长的影响：计量检验

为了研究创新异质性对企业出口增长的影响，本书将计量模型设定为

$$\ln export_{ij} = \alpha + \beta_1 inno_{ij} + \beta_n Control + \varepsilon_k + \varepsilon_j + \varepsilon_p + \varepsilon_i + \mu_{it} \tag{6.1}$$

其中，下标 i 表示企业，j 表示年份。$\ln export_{ij}$ 表示企业的出口额（包括出口总额、集约边际出口额、广延边际出口额）对数值。因为新企业无法获得创新异质性指标，所以本书只对已有企业的出口增长进行实证检验。各出口额数据已在6.1节测算。$inno_{ij}$ 表示包含过程创新、质量创新和品种创新的企业创新虚拟变量，若某企业在当年进行了某类创新，则取值为1，否则为0，其数据已在第4章测算。Control 包含了企业层面、行

业层面的控制变量,其衡量与测算已在 5.2.2 节完成。ε_k、ε_j、ε_p 和 ε_i 分别代表行业、年份、省份和企业层面的固定效应。μ_{it} 为随机扰动项。本章还将标准误聚类在企业层面,以避免序列自相关和异方差的估计偏误,并使用双向固定效应模型回归,以便更好地处理潜在的内生性和遗漏变量所带来的估计偏误。

各变量的描述性统计分析见表 6 - 4。

表 6 - 4   企业创新与出口增长相关变量的描述性统计

变量	观测值	均值	标准差	最小值	最大值
企业出口	505910	83.949	1280.003	0.001	298000.000
新产品 - 新市场	90914	0.411	29.699	0.000	16300.000
新产品 - 旧市场	24289	1.848	78.912	0.000	26900.000
旧产品 - 新市场	279654	1.809	34.333	0.000	18500.000
旧产品 - 旧市场	447485	77.856	1256.306	0.001	298000.000
过程创新	505910	0.490	0.500	0	1
质量创新	505910	0.411	0.492	0	1
品种创新	505910	0.562	0.496	0	1
企业规模	505910	475.239	1395.250	9	236035
企业利润率	505910	0.137	0.299	- 83.320	45.692
企业资本密集度	505910	128.456	1642.621	0.002	860947.600
企业负债资产比	504956	8.712	1290.115	- 327.250	908579.000
企业年龄	505907	6.553	9.914	0	64
外资成分	505910	0.200	0.400	0	1
赫芬达尔指数	505910	0.002	0.002	0.000	0.081

6.2.1 基准回归

根据模型 (6.1),使用面板固定效应模型实证检验创新异质性对中国工业企业出口增长的影响。为了使检验结果更加稳健,参照 Imbriani et al. 的做法[1],逐一加入核心解释变量,然后一起加入三个创新异质性变量,最后加入控制变量,结果见表 6 - 5。

---

[1] Imbriani C, Morone P. & Morone P, et al, "Innovation and Exporting: Does Quality Matter?" *The International Trade Journal*, No. 4 (2015): 273 - 290.

表 6 – 5　创新异质性对企业出口增长影响的估计结果

变量	（1）export	（2）export	（3）export	（4）export	（5）export
过程创新	0. 142 *** （42. 892）			0. 109 *** （33. 892）	0. 055 *** （15. 742）
质量创新		0. 367 *** （112. 317）		0. 316 *** （99. 667）	0. 310 *** （98. 720）
品种创新			0. 490 *** （105. 017）	0. 442 *** （96. 974）	0. 422 *** （94. 338）
企业规模					0. 288 *** （54. 599）
企业利润率					0. 100 *** （4. 036）
企业资本密集度					– 0. 143 *** （– 31. 602）
企业负债资产比					– 0. 064 *** （– 18. 467）
企业年龄					0. 082 *** （14. 168）
外资成分					0. 033 *** （4. 560）
赫芬达尔指数					– 0. 067 *** （– 11. 476）
常数项	3. 463 *** （12. 344）	3. 487 *** （11. 677）	2. 863 *** （10. 726）	2. 974 *** （10. 694）	0. 399 （1. 430）
观测值	505910	505910	505910	505910	504953
R^2	0. 070	0. 095	0. 104	0. 129	0. 154
个体数	131396	131396	131396	131396	131263

注：括号中的数字代表 t 统计量，*** 代表在 1% 的水平上显著，模型还控制了企业、年份、行业和省份层面的固定效应。

表 6 – 5 中，（1）、（2）、（3）分别汇报了过程创新、质量创新和品种创新对企业出口总额的影响，可以发现它们的系数均为正，且通过 1% 的显著性水平检验；（4）汇报了同时加入三类创新的回归结果，与三类创新单独回归相比，系数的符号和显著性均保持一致，系数值改变不大。进

一步加入控制变量后，核心解释变量的回归系数变小，其符号与显著性没有明显的改变。这说明估计结果是稳健的。该结论很好地验证了第 3 章的理论命题 1，与胡馨月基于 2000～2006 年中国制造业企业数据的研究结论也基本一致①。但与该研究不同，本书将产品创新区分为质量创新和品种创新，使得研究更加深入和准确。

表 6-5 还汇报了控制变量的估计结果。企业规模的回归系数为 0.288，且在 1% 的水平上显著，说明规模越大的企业出口金额越大。企业利润率的回归系数是 0.100，也在 1% 的水平上通过显著性检验，说明利润率越大的企业出口能力越强。而企业资本密集度的回归系数是 -0.143，也通过了 1% 的显著性检验，从一个侧面说明中国制造业出口还是以劳动密集型产品为主。企业负债资产比的回归系数是 -0.064，说明负债越高的企业，出口金额越低，可能的原因在于高负债的企业无法承担出口所需要的固定成本。企业年龄的回归系数显著为正，可能的原因在于经营时间越长的企业，市场经验越丰富，积累的客户越多，所以出口金额越大。代表外资成分的指标 foreign 回归系数在 1% 的水平上显著为正，说明外资企业的出口倾向更高，可能的原因在于外资企业的市场营销网络成熟，出口经验丰富，而且很多外资企业本身就具有出口导向动机。代表行业集中度的赫芬达尔指数的回归系数在 1% 的水平上显著为负，说明行业集中度越高，企业的出口金额越低。这说明一个竞争充分的市场更有利于促进企业出口。这与已有文献的研究结论一致。

6.2.2　分组检验

在基准回归中，我们将企业创新能力不同、产品技术水平不同、贸易方式不同、行业竞争程度不同的企业样本放在一起进行回归（检验创新异质性对企业出口增长的影响），但是现实中，企业创新能力、产品技术水平、贸易方式、行业竞争程度与企业创新类型、企业出口动态密切相关，不同类型的企业（行业），企业创新影响出口增长的效果可能存在显

①　胡馨月：《产品创新、工艺创新与出口动态：机理与效应》，博士学位论文，浙江大学，2016 年。

著差别，有必要对企业样本进行分组检验。

1. 按企业创新能力分组

企业创新能力对创新决策和创新行为的出口效应具有直接的影响。因此，我们按创新能力（以全要素生产率衡量）将企业样本分为两组，即高于行业平均值、低于行业平均值，前者创新能力 tfp_hl 取值为 1，后者为 0。然后将过程创新、质量创新和品种创新与创新能力的交叉项引入模型（6.1），使用双向固定效应模型进行回归，结果见表 6 - 6。

表 6 - 6　创新异质性对企业出口增长影响的估计结果：按企业创新能力分组

变量	（1）export	（2）export	（3）export	（4）export	（5）export	（6）export
tfp_hl	0.258 *** （35.923）	0.206 *** （28.105）	0.247 *** （36.924）	0.184 *** （26.057）	0.217 *** （26.695）	0.150 *** （17.787）
过程创新	0.124 *** （27.731）	0.085 *** （18.736）				
过程创新 * tfp_hl	- 0.056 *** （- 8.345）	- 0.037 *** （- 5.639）				
质量创新			0.353 *** （81.080）	0.341 *** （79.479）		
质量创新 * tfp_hl			0.019 *** （2.946）	0.023 *** （3.663）		
品种创新					0.454 *** （78.031）	0.430 *** （75.467）
品种创新 * tfp_hl					0.067 *** （8.161）	0.071 *** （8.663）
常数项	3.156 *** （11.442）	0.478 * （1.662）	3.184 *** （10.874）	0.535 * （1.774）	2.546 *** （9.779）	0.061 （0.230）
控制变量	否	是	否	是	否	是
观测值	505910	504953	505910	504953	505910	504953
R^2	0.076	0.102	0.102	0.128	0.111	0.136
个体数	131396	131263	131396	131263	131396	131263

注：括号内的数字代表 t 统计量，*、*** 分别代表在 10% 和 1% 的水平上显著，模型中还控制了企业、年份、行业和省份层面的固定效应。

　　表6-6中，（1）和（2）汇报了过程创新与创新能力交叉项对企业出口的影响。交叉项的回归系数在1%的水平上显著为负，说明创新能力越高的企业再进行过程创新反而会降低企业出口总额。其可能的原因在于：全要素生产率提高的边际效应是递减的，所以高生产率的企业再进行过程创新不一定能增加出口数量，反而可能因为创新成本的负担过高而使企业收入减少。

　　（3）和（4）中质量创新与创新能力交叉项的回归系数显著为正，说明生产率越高的企业进行质量创新越容易产生出口促进作用，这与第3章的理论命题2相符。其可能的原因在于：生产率越高，越容易帮助企业克服质量创新所需要的固定研发成本，同时高生产率的企业更容易将质量创新的成果付诸规模化生产。

　　（5）和（6）中品种创新与创新能力交叉项的回归系数显著为正，说明生产率越高的企业进行品种创新越容易产生出口促进作用，这与第3章的理论命题2相符。其可能的原因在于：生产率越高，越容易帮助企业克服品种创新所需要的固定研发成本，同时高生产率的企业更容易将企业开发的新品种进行大规模生产，同时帮助企业进入国际市场。

　　上述结果表明，企业创新能力的差别对各类创新的出口促进效应有一定的影响，这与郝良峰等有关创新如何影响企业出口广延边际的研究结论类似，他们发现企业全要素生产率与企业研发投入强度、新产品研发强度的交叉项均显著为正[1]。黄先海等的研究也发现：只有生产率比较高的企业才能克服质量升级带来的成本上升，享受到"质量升级效应"的好处[2]。而本章的结果显示高生产率的企业进行质量创新和品种创新更容易产生出口促进作用，但是进行过程创新反而会减少企业出口。这说明中国出口企业应该采取更为多元、丰富的创新行为，而不能一味依赖过程创新。

　　表6-6包含了无控制变量和引入控制变量的不同回归结果，可以发

---

① 郝良峰、邱斌、吴飞飞：《企业创新是否促进了出口边际的增长》，《经济问题探索》2016年第6期，第101～107页。

② 黄先海、诸竹君、宋学印：《中国出口企业阶段性低加成率陷阱》，《世界经济》2016年第3期，第95～117页。

现，无论是否添加控制变量，模型的回归系数没有太大变化，系数符号和显著性也都保持高度一致，说明回归结果是比较稳健的，主要结论是可靠的，很好地印证了第 3 章的理论命题 2。

2. 按产品技术水平分组

企业创新的出口促进效应和企业所出口商品的技术含量具有紧密的联系，已有的文献从宏观和微观层面发现创新和出口技术复杂度具有紧密的联系，如李汉君[①]、毛其淋等[②]，也有文献证实研发创新能显著促进高科技企业的出口，如叶林等[③]，但是鲜有文献研究对比不同创新行为对技术水平不同的企业出口的影响。按照 6.2 节的分类方法，我们分别检验了创新异质性对高技术产品出口和中低技术产品出口的影响[④]，回归结果如表 6 - 7 所示。

表 6 - 7　创新异质性对企业出口增长影响的估计结果：按产品技术水平分组

变量	高技术企业		中低技术企业	
	（1）export	（2）export	（3）export	（4）export
过程创新	0.119 *** (11.729)	0.044 *** (3.972)	0.100 *** (27.964)	0.052 *** (13.213)
质量创新	0.346 *** (34.321)	0.339 *** (34.050)	0.337 *** (95.254)	0.332 *** (94.366)
品种创新	0.417 *** (29.886)	0.395 *** (29.190)	0.446 *** (87.577)	0.428 *** (85.162)
常数项	13.993 *** (52.318)	11.979 *** (37.952)	7.806 *** (23.765)	5.359 *** (16.498)

① 李汉君：《技术创新对中国出口商品结构的影响——基于技术含量视角的实证分析》，《国际经贸探索》2012 年第 11 期，第 26 ~ 33 页。

② 毛其淋、方森辉：《创新驱动与中国制造业企业出口技术复杂度》，《世界经济与政治论坛》2018 年第 2 期，第 1 ~ 24 页。

③ 叶林、简新华：《技术创新对中国高技术企业出口的影响》，《经济与管理研究》2014 年第 6 期，第 93 ~ 102 页。

④ 为表述方便，以下分别简称"高技术企业"和"中低技术企业"。但需要指出的是，这里的高技术企业是按 Lall 的标准对企业出口商品进行技术含量分类而得的，指的是企业的出口以技术含量较高的产品为主，与通常所说的由政府部门认定的高科技企业是不一样的。

变量	高技术企业		中低技术企业	
	（1）export	（2）export	（3）export	（4）export
控制变量	否	是	否	是
观测值	62684	62612	443226	442341
R^2	0.154	0.182	0.159	0.178
个体数	18842	18825	117466	117343

注：括号内的数字代表 t 统计量，*** 代表在 1% 的水平上显著，模型中还控制了企业、年份、行业和省份层面的固定效应。

表 6-7 中，（1）和（2）给出了创新异质性影响高技术企业的估计结果，（3）和（4）则给出了创新异质性影响中低技术企业的估计结果，其中（1）和（3）无控制变量，（2）和（4）引入了控制变量。可以发现，过程创新、质量创新和品种创新在不同回归结果中的系数均在 1% 的水平上显著为正，说明三种创新行为均能显著扩大高技术企业和中低技术企业的出口规模。

进一步的对比分析发现：在不加控制变量的情况下，过程创新对高技术企业的影响系数大于中低技术企业，但是加入控制变量之后，反而小于中低技术企业；而在加入控制变量的前、后，质量创新对高技术企业的影响系数分别为 0.346 和 0.339，均大于中低技术企业的 0.337 和 0.332；相反，在加入控制变量的前、后，品种创新对高技术企业的影响系数分别为 0.417 和 0.395，均小于中低技术企业的 0.446 和 0.428。上述结果说明，质量创新对促进高技术企业出口的作用超过中低技术企业，品种创新对促进中低技术企业出口的作用超过高技术企业，但无法判断过程创新对哪种技术水平的企业更为重要。上述结果产生的原因可能在于：高技术产品的技术含量、商品价值和消费者要求都比较高，要求更为可靠的质量；而中低技术产品则相反，企业更容易做好品质控制，满足消费者的质量需求，而通过品种创新提供丰富的品种选择，更容易扩大企业出口。

3. 按贸易方式分组

中国企业的出口贸易中存在大量的加工贸易，而加工贸易企业的生产模式、创新活动、出口行为与非加工贸易企业存在明显的差别，所以国内外学者在研究中国企业的出口动态时，经常将贸易方式作为一个重要的分类标准，如 Upward et al. [1]、戴觅等[2]。与 6.2 节一样，将所有样本数据分为加工贸易企业、一般贸易企业和混合贸易企业三种类型，并分别基于模型（6.1）进行实证检验，结果如表 6 - 8 所示。

表 6 - 8　创新异质性对企业出口增长影响的估计结果：按贸易方式分组

变量	加工贸易		一般贸易		混合贸易	
	（1）export	（2）export	（3）export	（4）export	（5）export	（6）export
过程创新	0. 110 *** (11. 185)	0. 049 *** (4. 603)	0. 104 *** (20. 685)	0. 051 *** (9. 458)	0. 079 *** (14. 483)	0. 034 *** (5. 932)
质量创新	0. 375 *** (36. 607)	0. 364 *** (35. 686)	0. 345 *** (68. 603)	0. 340 *** (68. 040)	0. 214 *** (39. 673)	0. 211 *** (39. 579)
品种创新	0. 298 *** (22. 278)	0. 277 *** (20. 900)	0. 508 *** (74. 442)	0. 489 *** (72. 649)	0. 292 *** (35. 494)	0. 280 *** (34. 762)
常数项	14. 480 *** (26. 106)	11. 647 *** (17. 804)	8. 200 *** (11. 147)	5. 461 *** (7. 206)	14. 233 *** (32. 511)	12. 239 *** (21. 052)
控制变量	否	是	否	是	否	是
观测值	99581	99319	268090	267615	138239	138019
R^2	0. 079	0. 099	0. 180	0. 200	0. 211	0. 234
个体数	48239	48173	100231	100113	67098	67023

注：括号内的数字代表 t 统计量，*** 代表在 1% 的水平上显著，模型中还控制了企业、年份、行业和省份层面的固定效应。

表 6 - 8 中，（1）和（2）汇报了创新异质性对加工贸易企业出口总额的影响。结果发现，三个创新变量的系数均在 1% 的水平上显著为正，说明过程创新、质量创新和品种创新均能够促进加工贸易企业出口规模的

①　Upward R，Wang Z. & Zheng J.，"Weighing China's Export Basket：The Domestic Content and Technology Intensity of Chinese Exports，" *Journal of Comparative Economics*，No. 2 （2013）：527 - 543.

②　戴觅、余森杰、Maitra Madhura：《中国出口企业生产率之谜：加工贸易的作用》，《经济学》（季刊）2014 年第 2 期，第 675 ~ 698 页。

扩大。在引入控制变量前、后，质量创新的影响系数分别为 0.375 和 0.364，明显大于品种创新和过程创新，说明对于加工贸易企业的出口而言，做好产品品质控制、提升产品质量比提高全要素生产率和推出新产品更为重要。

（3）和（4）是创新异质性影响一般贸易企业出口总额的估计结果。与加工贸易企业不同，虽然三个创新变量的系数均在 1% 的水平上显著为正，但是无论是否引入控制变量，品种创新的回归系数明显大于质量创新和过程创新。这说明对于一般贸易企业而言，品种创新具有更大的出口促进作用。

（5）和（6）的回归结果显示，品种创新的回归系数略大于质量创新，但是差异不大。

总体来看，过程创新、质量创新和品种创新均能够促进加工贸易企业、一般贸易企业和混合贸易企业的出口规模增长，但是存在一定的差别。本书更关心加工贸易企业和一般贸易企业的差别，前者是过去几十年中国承接国际产业转移、促进出口和增加就业的重要主体，后者则是中国对外贸易结构转型升级，从低端走向中高端的重要力量。根据表 6-8 的估计结果，质量创新促进加工贸易企业出口的作用更加明显，其可能的原因在于加工贸易企业主要接受来料加工和进料加工，企业只从事组装和加工的中低端工作，做好生产过程的品质控制，提高成品质量更为重要，至于开发新品种，则主要是客户的工作①。与此不同，一般贸易企业不仅要重视质量创新和过程创新，更要重视针对国际市场开发合适的产品，所以其品种创新的作用超过质量创新和过程创新。

4. 按行业竞争程度分组

大量的实证研究发现行业竞争程度对中国工业企业的出口动态和创新行为具有显著的影响，但是结论并不统一。李坤望等研究认为"入世"后大量的民营企业以低价竞争的方式进入出口行业，导致了中国出口产品

---

① 典型的例子是苹果手机的重要代工厂富士康，根据郑州市商务局的报告，2015 年郑州市加工贸易进出口额达 478.7 亿美元，富士康旗下的加工贸易进出口额达 474.2 亿美元，占全市的 99.0%。但很显然，富士康并不负责苹果手机的开发，数据来源：http://public. zhengzhou. gov. cn/08ABA/344350. jhtml。

质量的下滑[①]；黄先海等认为过度的出口市场竞争可能妨碍企业的质量升级和加成率提升[②]；但是张杰等发现竞争能促进出口企业产品质量提高[③]；林薛栋等研究发现行业竞争有利于新产品的生产与出口[④]；桑瑞聪等认为出口市场竞争能促使企业调整产品配置从而提高整体生产率[⑤]。研究结论不一的原因可能在于，适度的竞争有利于促进企业出口和激励创新，但是过度的竞争却产生抑制作用，如叶宁华等发现中国企业的行业集聚与出口呈倒 U 形关系[⑥]。本书比较在不同竞争程度的行业企业创新行为对出口增长的影响，因此在模型（6.1）中分别引入过程创新、质量创新和品种创新与赫芬达尔指数的交叉项，然后进行实证检验，回归结果见表 6 - 9。

表 6 - 9　创新异质性对企业出口增长影响的估计结果：按行业竞争程度分组

变量	本地行业竞争			出口行业竞争		
	（1）export	（2）export	（3）export	（4）export	（5）export	（6）export
HHI	-0.073^{***} (-10.926)	-0.079^{***} (-11.903)	-0.071^{***} (-9.728)			
HHI_exp				-0.049^{***} (-12.395)	-0.060^{***} (-15.549)	-0.044^{***} (-10.413)
过程创新 * HHI	0.011^{***} (2.722)					
质量创新 * HHI		0.012^{***} (2.763)				

① 李坤望、蒋为、宋立刚：《中国出口产品品质变动之谜：基于市场进入的微观解释》，《中国社会科学》2014 年第 3 期，第 80 ~ 103 页。

② 黄先海、诸竹君、宋学印：《中国出口企业阶段性低加成率陷阱》，《世界经济》2016 年第 3 期，第 95 ~ 117 页。

③ 张杰、翟福昕、周晓艳：《政府补贴、市场竞争与出口产品质量》，《数量经济技术经济研究》2015 年第 4 期，第 71 ~ 87 页。

④ 林薛栋、魏浩、李飚：《进口贸易自由化与中国的企业创新——来自中国制造业企业的证据》，《国际贸易问题》2017 年第 2 期，第 97 ~ 106 页。

⑤ 桑瑞聪、韩超、李秀珍：《出口市场竞争如何影响企业生产率——基于产品配置视角的分析》，《产业经济研究》2018 年第 5 期，第 41 ~ 53 页。

⑥ 叶宁华、包群、邵敏：《空间集聚、市场拥挤与我国出口企业的过度扩张》，《管理世界》2014 年第 1 期，第 58 ~ 72 页。

续表

变量	本地行业竞争			出口行业竞争		
	（1） export	（2） export	（3） export	（4） export	（5） export	（6） export
品种创新 * HHI			0.006 （1.074）			
过程创新 * HHI_exp				0.007 *** （3.025）		
质量创新 * HHI_exp					0.037 *** （15.649）	
品种创新 * HHI_exp						− 0.001 （− 0.404）
常数项	5.508 *** （18.602）	5.551 *** （17.787）	5.086 *** （17.819）	5.188 *** （17.378）	5.098 *** （16.149）	4.815 *** （16.714）
控制变量	是	是	是	是	是	是
观测值	504953	504953	504953	504953	504953	504953
R^2	0.127	0.152	0.156	0.127	0.153	0.156
个体数	131263	131263	131263	131263	131263	131263

　　注：括号内的数字代表 t 统计量，*** 代表在 1% 的水平上显著，模型中还控制了企业、年份、行业和省份层面的固定效应，为节省篇幅，表格中不展示过程创新、质量创新和品种创新的回归系数，其均在 1% 的水平上显著为正。

　　表 6 - 9 中，（1）~（3）汇报了本地市场竞争的影响，其赫芬达尔指数 HHI 用企业销售收入占行业销售收入份额的平方和表示，反映本地行业竞争程度；（4）~（6）的赫芬达尔指数 *HHI_exp* 则用企业出口额占行业出口额份额的平方和表示，反映出口行业竞争程度。赫芬达尔指数越高，行业集中度越高，竞争程度越低，反之则亦反。

　　根据表 6 - 9 的估计结果，赫芬达尔指数的回归系数均显著为负，说明行业竞争度的提高有利于企业出口规模的扩大。赫芬达尔指数与过程创新、质量创新交叉项均显著为正，说明行业集中度越高，过程创新和质量创新的出口促进作用越大，但是赫芬达尔指数和品种创新的交叉项并不显著。出现上述情况的原因可能是：一方面，同一行业大量企业的进入有利于发挥行业层面的规模经济，加强整体行业在国际市场的比较优势，从而扩大企业出口；另一方面，过多的企业进入可能带来过度竞争，特别是大量的低端企业进入会助长模仿侵权，抑制企业创新的动力，所以适当的行业集中度反而有利于发挥企业创新的贸易促进效应。上述结论从一个侧面说明：良性有序的行业竞争环境才有利于出口企业的转型升级和持续增长。

6.2.3　稳健性检验

为了提高估计结果的稳健性，我们分别通过更换企业创新衡量指标、更换出口增长衡量指标、基于工具变量的两阶段最小二乘法、取核心解释变量的滞后一阶项以及控制交互固定效应等方式来进行稳健性检验和解决潜在的内生性问题。

1. 更换企业创新衡量指标

在基准回归中，核心解释变量分别为基于企业总产出计算的过程创新、基于 Broda et al. [①] 的产品需求弹性计算的质量创新和基于 6 位 HS 商品编码计算的品种创新。现在，将这三个企业创新变量的衡量指标依次替换为基于企业销售收入计算的过程创新、基于需求弹性统一为 5 计算的质量创新以及基于 4 位 HS 商品编码计算的品种创新。新的回归结果见表 6 - 10 的（1）和（2），其中（1）不加控制变量，（2）加入了控制变量。显而易见，过程创新、质量创新和品种创新的回归系数均在 1% 的显著性水平上为正，说明这三类创新均能显著促进企业出口总额的增长，也说明在更换了核心解释变量的衡量指标后，回归结果依然是稳健的。

表 6 - 10　创新异质性对企业出口增长影响的估计结果：更换变量衡量指标

变量	更换企业创新衡量指标		更换出口增长衡量指标	
	（1）export	（2）export	（3）export	（4）export
过程创新	0.114 *** (34.852)	0.082 *** (22.811)	- 0.118 *** (- 36.370)	- 0.049 *** (- 14.169)

① Broda C. & Weinstein D. E,"Globalization and the Gains From Variety," *The Quarterly Journal of Economics*, No. 2（2006）: 541 - 585.

续表

变量	更换企业创新衡量指标		更换出口增长衡量指标	
	（1）export	（2）export	（3）export	（4）export
质量创新	0.362 *** (116.720)	0.355 *** (115.577)	0.285 *** (90.110)	0.287 *** (91.718)
品种创新	0.383 *** (90.853)	0.364 *** (87.952)	0.366 *** (81.995)	0.368 *** (83.210)
常数项	3.293 *** (11.002)	0.668 ** (2.213)	－ 8.349 *** （－27.272）	－ 8.101 *** （－25.628）
控制变量	否	是	否	是
观测值	505910	504953	505910	504953
R^2	0.129	0.155	0.057	0.077
个体数	131396	131263	131396	131263

注：括号中的数字代表 t 统计量，*** 代表在 1% 的水平上显著，模型中还控制了企业、年份、行业和省份层面的固定效应，控制变量系数显著，限于篇幅，在此不做汇报。

2. 更换出口增长衡量指标

在基准回归中，被解释变量为企业的年度出口总额，现在，将其更换为企业出口强度，即企业年度出口总额与销售收入之比。新的回归结果见表 6 - 10 的（3）和（4），其中（3）不加控制变量，（4）添加了控制变量。从表 6 - 10 中可以发现，过程创新的回归系数显著为负，说明全要素生产率的提高反而降低了企业出口强度，学术界将之称为中国出口企业的"生产率悖论"（李春顶）[①]。关于其原因，有众多不同的解释，李春顶等认为大量加工贸易企业的存在导致了"生产率悖论"[②]，徐蕾等认为是由国内市场比国际市场拥有更高的进入成本和贸易成本导致的[③]。这里的实证结果——过程创新扩大了企业出口，但是却降低了企业出口强度，与

---

① 李春顶：《中国企业"出口－生产率悖论"研究综述》，《世界经济》2015 年第 5 期，第 148～175 页。

② 李春顶、尹翔硕：《我国出口企业的"生产率悖论"及其解释》，《财贸经济》2009 年第 11 期，第 84～90、111 页。

③ 徐蕾、尹翔硕：《贸易成本视角的中国出口企业"生产率悖论"解释》，《国际商务》（对外经济贸易大学学报）2012 年第 3 期，第 13～26 页。

产生"生产率悖论"的内在逻辑和原因是一致的。与过程创新相反，质量创新和品种创新均提高了企业的出口强度，回归系数均在 1% 的水平上显著。

　　总体来看，表 6 - 10 的回归结果表明在更换了核心解释变量和被解释变量之后，回归结果仍然是稳健的。

　　3. 内生性问题的处理

　　从企业创新行为与企业出口总额的互动逻辑来看，可能存在双向因果的内生性问题：一是基于中国海关企业进出口数据库构建的质量创新和品种创新指标，是当年质量和产品范围与上一年的对比，相当于进行了差分，但是仍然可能存在内生性问题；二是出口企业的学习效应会提高企业全要素生产率，因此过程创新和企业出口总额可能存在互为因果的关系。此外，虽然本书控制了一系列企业层面的控制变量和行业层面的控制变量，但是可能仍然无法避免因遗漏变量带来的估计偏误。因此我们先采用两阶段最小二乘法处理潜在的内生性问题。参照郭玥的做法[①]，用企业所在行业的全要素生产率平均值和增长率作为过程创新的工具变量，企业所在行业的平均质量水平和增长率作为质量创新的工具变量，企业所在行业的平均出口产品种类数和增长率作为品种创新的工具变量。表 6 - 11 的（1）、（2）和（3）分别给出了过程创新、质量创新和品种创新的两阶段最小二乘法的估计结果，Kleibergen - Paap rk LM 和 Kleibergen - Paap rk Wald F 检验均拒绝了工具变量识别不足和弱识别的原假设，说明采用的工具变量是合理的，（1）~（3）的估计结果可行。另外，我们还用核心解释变量取滞后一阶项以及引入年份 - 行业和年份 - 省份的交互固定效应以更好地控制内生性问题，回归结果见表 6 - 11 的（4）~（6）。从表 6 - 11 的估计结果看，核心解释变量的系数显著为正，且通过 1% 的显著性检验，说明在考虑了潜在的内生性问题后，过程创新、质量创新和品种创新均显著扩大了企业的出口总额，基准回归的研究结论是稳健的。

---

　　① 郭玥：《政府创新补助的信号传递机制与企业创新》，《中国工业经济》2018 年第 9 期，第 98 ~ 116 页。

表 6 - 11　创新异质性对企业出口增长影响的估计结果：内生性处理后

变量	两阶段最小二乘法			滞后一阶项		交互固定效应
	(1) export	(2) export	(3) export	(4) export	(5) export	(6) export
过程创新	1.056 *** (3.814)			0.044 *** (13.359)	0.037 *** (11.313)	0.078 *** (21.926)
质量创新		3.425 *** (12.849)		0.092 *** (27.589)	0.091 *** (27.519)	0.302 *** (95.678)
品种创新			2.617 *** (9.022)	0.155 *** (34.630)	0.147 *** (33.276)	0.412 *** (92.656)
控制变量	是	是	是	否	是	是
年份	是	是	是	是	是	是
行业	是	是	是	是	是	否
省份	是	是	是	是	是	否
企业	是	是	是	是	是	是
年份 - 行业	否	否	否	否	否	是
年份 - 省份	否	否	否	否	否	是
观察值	468739	468739	468769	374514	373925	504953
R^2	- 0.085	- 1.911	- 0.602	0.047	0.068	0.172
个体数	95076	95076	95079	95222	95149	131263
Kleibergen - Paap rk LM	116.370 ***	264.900 ***	164.91 ***			
Kleibergen - Paap rk Wald F	58.666 [19.93]	133.851 [19.93]	84.843 [19.13]			

注：(1)~(3) 括号中的数字代表 z 统计量，(4)~(6) 括号中的数字代表 t 统计量，K - P 统计量方括号中的值为 Stock - Yogo 检验在 10% 水平上的临界值，*** 代表在 1% 的水平上显著。

6.3 创新异质性对企业出口二元边际的影响：计量检验

在 6.1 节，我们将中国工业企业的出口增长划分为集约边际和广延边际，广延边际又划分为"新产品－旧市场""旧产品－新市场""新产品－新市场""新企业"等四种类型，并计算了各类出口增长的数据。为了更好地研究创新异质性如何影响中国工业企业的出口二元边际，进而影响中国工业企业的出口增长，围绕 3.3 节的理论命题 3，本节实证检验各类企业创新（创新异质性）对各类出口增长的影响，以验证创新异质性影响出口动态的内在机制与路径。

6.3.1 基准回归

表 6-12 汇报了创新异质性影响企业内部"产品－市场"层面出口二元边际的估计结果。其中，（1）~（3）是创新异质性对企业出口广延边际的影响，（1）是"新产品－新市场"，（2）是"新产品－旧市场"，（3）是"旧产品－新市场"；（4）是创新异质性对企业出口集约边际的影响，即对"旧产品－旧市场"出口的影响。目前已有一些学者研究创新对企业出口二元边际的影响，如晏涛①、郝良峰等②、王奇珍等③，但他们都是研究企业间出口二元边际变化，主要用企业当年是否出口表示出口广延边际，用出口规模（甚至出口持续时间）来表示出口集约边际。而本书借鉴 Elliott et al. 的做法④，研究创新对"产品－市场"层面（企业内部）出口二元边际的影响。研究结论为第 3 章的理论命题 3 提供了充实的经验证据，有助于理解创新异质性如何影响企业在"产品－市场"层面的出口决策行为。

---

① 晏涛：《研发创新推动了中国企业出口吗？——基于"扩展边际"与"集约边际"的实证检验》，《中南财经政法大学学报》2013 年第 6 期，第 103 ~ 110 页。

② 郝良峰、邱斌、吴飞飞：《企业创新是否促进了出口边际的增长》，《经济问题探索》2016 年第 6 期，第 101 ~ 107 页。

③ 王奇珍、朱英明：《技术创新的出口增长集约边际效应——基于企业产品创新的视角》，《国际经贸探索》2016 年第 2 期，第 48 ~ 62 页。

④ Elliott R. J. R, Jabbour L. & Vanino E, "Innovation and the Creative Destruction of Trade: A Study of the Intensive and Extensive Margins of Trade for French Firms," *Oxford Bulletin of Economics and Statistics*, No. 1 (2019): 180 - 208.

表6-12　创新异质性对企业出口二元边际影响的估计结果

变量	新产品-新市场 (1) export	新产品-旧市场 (2) export	旧产品-新市场 (3) export	旧产品-旧市场 (4) export
过程创新	-0.013 (-0.491)	0.036*** (2.941)	0.056*** (6.749)	0.045*** (11.619)
质量创新	0.150*** (6.159)	0.080*** (6.915)	0.099*** (12.744)	0.191*** (54.679)
品种创新	-0.217*** (-3.399)	0.695*** (18.919)	0.137*** (14.109)	0.155*** (31.395)
常数项	4.926*** (13.271)	2.416*** (2.596)	4.711*** (8.893)	0.927*** (3.901)
控制变量	是	是	是	是
观测值	90771	243862	279236	446671
R^2	0.049	0.054	0.062	0.107
个体数	56854	87705	94056	117207

注：括号内的数字代表 t 统计量，*** 代表在1%的水平上显著，模型均控制了年份、行业、省份和企业层面的固定效应。

表6-12中，（1）的结果显示，过程创新对企业"新产品-新市场"出口的影响系数为负，但是并不显著，质量创新的影响系数在1%的水平上显著为正，品种创新的影响系数在1%的水平上显著为负，这与第3章的理论命题3相符。出现上述情况的原因可能是：根据第3章理论模型的假设，企业推出的产品新品种的生产率往往是比较低的，同时市场对产品新品种的了解比较少，接受也需要一个过程，因而品种创新对拓展新市场的促进作用有限，但是通过质量创新，改善产品性能，有利于消费者更快地接受该产品、拓展新市场。

（2）的结果显示，过程创新、质量创新和品种创新的回归系数均在1%的水平上显著为正，说明其均有利于扩大"新产品-旧市场"的出口。其可能的原因在于：过程创新能够降低新产品生产的边际成本，帮助其克服进入已有市场的固定成本，提高出口金额；质量创新有利于提高消费者对新产品的需求，增加产品吸引力；企业通过品种创新推出新品种时，往往会借助已有市场的销售网络先在旧市场进行销售试验，然后拓展市场范围。

（3）的结果显示，过程创新、质量创新和品种创新均在 1% 的显著性水平上促进了"旧产品 – 新市场"的出口，这与第 3 章的理论命题 3 高度一致。其原因在于：过程创新能够借助"规模经济"效应降低旧产品的边际成本，使得旧产品能进入原本因为进入成本太高而无法进入的市场；质量创新则能改善旧产品的性能，提高消费需求，从而开拓新市场；品种创新则可能带来"范围经济"效应，通过新旧产品的组合抵消新市场的进入成本，从而扩大企业出口。

（4）则汇报了创新异质性对出口集约边际（即对"旧产品 – 旧市场"出口）的影响。显然，过程创新、质量创新和品种创新均显著地促进企业出口集约边际的扩张。这与 Elliott et al. 的主要结论一致，他们基于法国企业的数据研究发现，过程创新和产品创新[1]均能够通过集约边际促进出口增长。

表 6 – 12 的估计结果还从侧面检验了多产品企业利润框架的一个重要假定，即新产品出口对原有产品需求是否存在利润侵蚀效应（cannibalization effect）[2]。（3）和（4）中品种创新的回归系数显著为正，说明企业推出新产品能够显著促进企业的旧产品向新市场和旧市场出口，即不存在利润侵蚀效应。这与本书理论模型的理论假设高度一致。

6.3.2　稳健性检验

为了考察创新异质性影响中国工业企业出口边际的估计结果是否稳健，本书进一步通过更换企业创新衡量指标、更换出口边际衡量指标、基于 Heckman 自选择模型回归的方式进行稳健性检验。

1. 更换企业创新衡量指标

与 6.2 节的稳健性检验类似，更换企业创新衡量指标——采用基于企业销售收入计算的过程创新、基于需求弹性统一为 5 计算的质量创新以及基于 4 位 HS 商品编码计算的品种创新，进行稳健性检验，结果如

---

[1]　该文的产品创新没有区分质量创新和品种创新。

[2]　Eckel C. & Neary J. P, "Multi-Product Firms and Flexible Manufacturing in the Global Economy," *The Review of Economic Studies*, No. 1（2010）：188 – 217.

表 6 – 13 中的 （1）~（4）所示。除了品种创新的回归系数变为不显著之外，其余回归系数的符号和显著性与基准回归高度一致。

2. 更换出口边际衡量指标

表 6 – 13 中的 （5）~（8）给出了更换出口边际衡量指标的回归结果。在基准回归中，出口边际用出口金额来衡量，现在改用虚拟变量来衡量，代表企业当年是否存在相应出口边际增长，假如企业当年有向新市场出口新产品，则取值为 1，否则为 0，依此类推，从而形成新的"新产品 – 新市场""新产品 – 旧市场""旧产品 – 新市场"和"旧产品 – 旧市场"出口边际变量，然后采用 Probit 模型进行回归检验。结果发现，除了过程创新从不显著变为显著为正，品种创新从显著为负变为显著为正之外，其余回归系数的符号和显著性与基准回归是一致的。本书认为这两个系数的变化与基准回归并不矛盾，虽然过程创新和品种创新会提高企业向新市场出口新产品的概率，但是并不一定能够提高出口金额。

综上所述，在更换企业创新衡量指标后，以及更换出口边际衡量指标并采用 Probit 回归后，稳健性检验的结果与基准回归基本保持一致，说明本书有关创新异质性影响企业出口二元边际的研究结论是稳健可靠的。

3. 样本自选择问题的处理

从创新异质性和企业出口二元边际的关系来看，二者可能存在互为因果的关系。此外，还可能存在样本自选择带来的估计偏误。为此，本书借鉴主流的做法，采用 Heckman 两步法进行稳健性检验，具体的回归模型如下：

$$\Pr(exp = 1) = \Phi(\gamma Z_{ij}) = \alpha + \beta_1 inno_{ij-1} + \beta_n Control + \varepsilon_k + \varepsilon_t + \varepsilon_p + \mu_{it} \quad (6.2)$$

$$\ln export_{ij} = \alpha + \beta_1 inno_{ij} + \rho\sigma \hat{\lambda}(\gamma Z_{ij}) + \beta_n Control + \varepsilon_k + \varepsilon_t + \varepsilon_p + \mu_{it} \quad (6.3)$$

模型 （6.2）是出口选择方程，解释变量包含了滞后一阶的过程创新、质量创新和品种创新，以及企业层面的控制变量和行业控制变量，同时还控制了年份、行业和省份层面的固定效应。对模型 （6.2）进行 Probit 回归后提取逆米尔斯系数代入模型 （6.3）进行回归，结果见表 6 – 14。

表6-13　创新异质性对企业出口边际影响的估计结果：更换变量衡量指标

变量	更换企业创新衡量指标				更换出口边际衡量指标			
	新产品-新市场 (1) export	新产品-旧市场 (2) export	旧产品-新市场 (3) export	旧产品-旧市场 (4) export	新产品-新市场 (5) export	新产品-旧市场 (6) export	旧产品-新市场 (7) export	旧产品-旧市场 (8) export
过程创新	-0.024 (-0.882)	0.054*** (4.366)	0.068*** (8.036)	0.068*** (17.431)	0.022*** (4.589)	0.012*** (2.707)	0.044*** (11.466)	0.074*** (13.575)
质量创新	0.119*** (4.948)	0.055*** (4.817)	0.104*** (13.571)	0.227*** (66.834)	0.044*** (9.722)	0.084*** (19.103)	0.232*** (62.032)	0.758*** (123.17)
品种创新	0.044 (1.19)	0.409*** (23.11)	0.139*** (15.19)	0.136*** (30.05)	1.092*** (221.63)	1.994*** (449.56)	0.466*** (123.40)	0.688*** (117.18)
常数项	4.75*** (12.879)	2.78*** (2.844)	4.76*** (9.038)	0.97*** (4.026)	-1.46*** (-24.820)	-1.78*** (-32.450)	-1.50*** (-32.127)	-0.51*** (-7.687)
控制变量	是	是	是	是	是	是	是	是
观测值	90771	243862	279236	446671	504944	504950	504953	504950
R^2	0.049	0.055	0.063	0.110				
个体数	56854	87705	94056	117207				

注：(1)～(4)括号内的数字表示面板OLS回归的t统计量，(5)～(8)中括号内的数字表示Probit回归的z统计量，*** 代表在1%的水平上显著。模型中还控制了年份、行业和省份的固定效应，(1)～(4)还控制了企业层面的固定效应。

表 6 – 14　创新异质性对企业出口边际影响的估计结果：样本自选择处理后

变量	新产品 – 新市场 （1）export	新产品 – 旧市场 （2）export	旧产品 – 新市场 （3）export	旧产品 – 旧市场 （4）export
过程创新	0. 113 *** （5. 486）	0. 107 *** （8. 891）	0. 111 *** （12. 447）	0. 018 （0. 766）
质量创新	0. 213 *** （10. 753）	0. 090 *** （7. 668）	0. 099 *** （11. 466）	0. 188 *** （8. 018）
品种创新	0. 439 *** （7. 275）	1. 052 *** （31. 597）	0. 219 *** （23. 020）	0. 490 *** （19. 825）
逆米尔斯系数	1. 585269 ***	0. 0106065	1. 006963 ***	– 7. 336155 ***
选择模型				
过程创新 滞后一阶	– 0. 033 *** （ – 6. 466）	– 0. 023 *** （ – 5. 216）	0. 013 *** （3. 059）	0. 016 * （1. 914）
质量创新 滞后一阶	– 0. 114 *** （ – 21. 850）	– 0. 042 *** （ – 9. 371）	– 0. 022 *** （ – 5. 069）	0. 192 *** （20. 908）
品种创新 滞后一阶	0. 075 *** （14. 207）	0. 698 *** （156. 547）	0. 212 *** （47. 718）	0. 401 *** （45. 421）
控制变量	是	是	是	是
观测值	373925	373925	373925	373925
删失	64294	193420	222802	361821
非删失	309631	180505	151123	12104

注：括号内的数字代表 z 统计量，*、*** 分别代表在 10% 和 1% 的水平上显著。模型中还控制了年份、行业和省份层面的固定效应。

　　表 6 – 14 中，与基准回归相比，除了（1）中过程创新和品种创新的回归系数变为显著为正，（4）中过程创新变为不显著之外，其余回归系数的符号和显著性均与基准回归一致，说明在考虑了样本自选择的问题之后，过程创新、质量创新和品种创新对企业"产品 – 市场"层面的出口二元边际具有显著的促进作用，本书研究结论稳健。最后，除了（2）以外，其余结果中逆米尔斯系数均在 1% 的水平上显著，说明采用 Heckman 两步法解决样本自选择问题是必要的。

本章小结

本章基于 2001 ~ 2014 年中国工业企业数据库与中国海关企业进出口数据库的匹配样本，综合采用双向固定效应模型、两阶段最小二乘法、Heckman 两步法和 Probit 回归等计量方法，实证检验了创新异质性对中国工业企业出口增长的影响，为第 3 章的理论命题 2 和理论命题 3 提供了充分的经验证据。研究发现：

第一，以企业出口总额作为被解释变量，过程创新、质量创新和品种创新均能够帮助企业扩大出口规模，但三种创新的出口促进效应有差别，按照作用大小排序，依次是品种创新、质量创新和过程创新。上述结论在考虑了内生性问题后依然成立。这说明中国对外贸易的转型升级需要借助异质性和多元化的创新手段，而不能依靠单一创新路径。过程创新固然能够帮助企业获得价格优势，但是增加产品种类、提高产品质量才是企业出口转型升级的必经之路。

第二，将企业出口总额在"产品 – 市场"层面进行出口二元边际分解，从企业内部考察创新异质性对企业出口二元边际的影响。结果表明：创新异质性行为会促使企业在内部调整产品和市场组合，其中质量创新能够同时促进出口集约边际和广延边际的扩展，品种创新不仅能够促进新品种向新市场出口，也能带动已有产品的出口。因此，企业有必要通过创新异质性行为，一方面实现已有产品已有市场的深化，另一方面不断推出新产品，进入新市场，这样才能有效应对产品生命周期的变化，成功实现出口市场多元化。

第三，对于不同类型的企业，创新的出口促进效应不同。对于创新能力比较强（生产率比较高）的企业而言，继续着力过程创新不但不能促进出口，反而会抑制出口增长，而质量创新和品种创新更容易带动出口扩张；在技术水平方面，质量创新对高技术企业和加工贸易企业的出口带动作用超过其他创新，品种创新对中低技术企业和一般贸易企业的出口促进作用超过其他创新；在行业竞争方面，适度的行业竞争能更好地发挥创新的出口促进效应。

　　上述研究结论在考虑了模型内生性问题和样本自选择偏误后依然稳健。这些结论对于政府和企业的"创新－出口"决策和政策具有一定的参考意义。

第7章　研发补贴、创新异质性和出口增长关系的实证检验

作为政府的一种手段，通过研发补贴调动企业创新积极性，在提高创新效率和水平的基础上促进出口，是各国普遍的做法。由国务院批准，直接定位企业创新的"科技型中小企业技术创新基金"（以下简称"创新基金"）是中国层级最高、覆盖范围最广的研发补贴项目之一。该基金早期以贷款贴息、无偿资助和资本金投入等方式为主，后来将资本金投入改为投资保障、风险补助和阶段参股。创新基金成立之初主要资助电子信息、生物医药、新材料、光机电一体化、资源与环境以及新能源与高效节能等项目，后来增加了现代农业、新能源汽车和高科技服务业领域。截至2014年，创新基金共资助近 5 万个企业创新项目，投入资金超过 320 亿元。这些创新基金还以 1∶10 的比例带动来自地方政府配套资金、金融机构贷款、企业自筹经费和其他来源资金等相关的研发投入。根据创新基金主管部门的报告，创新基金有效提高了相关企业的创新能力和创新绩效，带动了产品出口[①]。近年来也有越来越多的文献研究研发补贴对企业创新和出口行为的影响，这也是中美贸易战的一个焦点议题。

本章围绕第 3 章的理论命题 4，利用 2001～2014 年的创新基金项目清单，检验了"研发补贴-创新-出口"的传导机制与效应。与已有研究相比，本书基于"企业创新异质性引发企业出口动态差异"的分析框架，采用过程创新、质量创新、品种创新三个异质性创新变量，在检验并比较

---

①　相关资料见"科技型中小企业技术创新基金"网站，网址：http：//www. innofund. chinatorch. gov. cn/。

过程创新、质量创新、品种创新的中介效应的基础上，结合出口动态，更加深入和细致地评价研发补贴影响企业创新与出口的机制和效果。

7.1　实证研究设计

1. 计量模型设定

本章以过程创新、质量创新、品种创新三个异质性创新变量为中介，运用中介效应检验，比较"研发补贴 – 创新 – 出口"政策传导过程中三个创新中介效应的存在性和大小，并结合与异质性创新相伴随的出口产品质量、品种，得出研发补贴促进创新与出口的政策含义。

具体地，中介效应检验包括三步验证：①检验研发补贴是否促进出口；②检验研发补贴是否促进创新；③检验创新是否促进出口。因此设定如下模型：

$$export_{it} = \alpha_1(innofund_{it} \times post_{it}) + \alpha_2 Control_{it} + \mu_k + \mu_t + \mu_j + \mu_i + \varepsilon_{it} \quad (7.1)$$

$$inno_{it} = \beta_1(innofund_{it} \times post_{it}) + \beta_2 Control_{it} + \mu_k + \mu_t + \mu_j + \mu_i + \varepsilon_{it} \quad (7.2)$$

$$export_{it} = \gamma_1(innofund_{it} \times post_{it}) + \gamma_2 Control_{it} + \gamma_3 inno_{it} + \mu_k + \mu_t + \mu_j + \mu_i + \varepsilon_{it}$$

$$(7.3)$$

其中，下标 i 和 t 分别代表企业和年份；$export$ 表示企业出口金额，用来观测企业出口规模的变化；交叉项 $innofund \times post$ 表示研发补贴，是二元虚拟变量，$innofund = 1$ 时表示企业 i 获得创新基金项目，为受补贴企业，反之为未受补贴企业，当 $post = 1$ 时表示企业获得创新基金项目之后的年份，反之为获得创新基金项目之前的年份；$inno$ 表示企业创新，可以是过程创新、质量创新和品种创新；$Control$ 代表一系列控制变量，包括企业规模、企业利润率、企业资本密集度、企业负债资产比、企业年龄和是否有外资资本；μ_k、μ_t、μ_j 和 μ_i 分别代表行业、年份、省份和企业固定效应[①]；ε_{it} 代表误差项。各变量的数据见前述章节的计算。为控制序列自相关和异方差的估计偏误，在企业层面进行聚类标准误，并采用企业层

---

① Nocke V. & Yeaple S, "Globalization and Multiproduct Firms," *International Economic Review*, No. 4（2014）：993 – 1018.

面的固定效应模型进行估计。

　　按照中介效应理论[①]，若 α_1、β_1、γ_3 均显著且 $\beta_1 \times \gamma_3$ 与 γ_1 正负号相同，则说明企业创新对研发补贴的出口效应起到中介作用；若 β_1、γ_3 任何一项不显著，则进一步采用 Sobel 检验，首先计算 $\beta_1 \times \gamma_3$ 的标准差 $s_{\beta\gamma} = \sqrt{\hat{\beta}_1^2 s_\beta^2 + \hat{\gamma}_3^2 s_\gamma^2}$（其中，$s$ 表示相应估计系数的标准差），然后使用模型（7.2）和模型（7.3）的估计结果计算 $Z_{\beta\gamma}$ 统计量，根据其相伴随概率判断是否拒绝 $H_0 : \beta_1 \times \gamma_3 = 0$ 的原假设（创新在研发补贴对出口的影响中不起中介作用）；若 α_1 不显著，β_1、γ_3 显著且 $\beta_1 \times \gamma_3$ 与 γ_1 正负号相反，说明企业创新起到遮掩效应，妨碍了研发补贴的出口促进作用。

　　2. 基于倾向得分匹配的企业样本选取

　　上述检验中，交叉项 *innofund* × *post* 是二元虚拟变量，包含受补贴企业和未受补贴企业，因此需要使用倾向得分匹配（Propensity Score Matching，PSM）获取未受补贴企业[②]。基于 PSM 的企业样本选取过程包括受补贴企业与工业企业出口数据的合并、不符合创新基金申请条件企业的剔除、匹配变量选取、倾向得分估计和企业匹配、匹配平衡性检验。具体如下：

　　（1）受补贴企业与工业企业出口数据的合并。借鉴张杰等[③]和 Guo et al. [④] 的做法，通过企业中文名称将 2000～2014 年获得创新基金资助的企业与中国工业企业数据库和中国海关企业进出口数据库中的企业合并（匹配）[⑤]。获得创新基金资助的企业与工业企业数据匹配得到样本企业

①　温忠麟、叶宝娟：《中介效应分析：方法和模型发展》，《心理科学进展》2014 年第 5 期，第 731～745 页。

②　具有相同企业特征（条件）的企业可能未申请或申请但未获得创新基金资助，为了验证研发补贴的"创新–出口"促进效应，需要以企业特征（条件）为匹配变量，在中国工业出口企业样本中找出企业特征（条件）与受补贴企业基本相同的未受补贴的企业，然后才能通过受补贴企业与未受补贴企业的"创新–出口"绩效对比，加以验证。

③　张杰、陈志远、杨连星等：《中国创新补贴政策的绩效评估：理论与证据》，《经济研究》2015 年第 10 期，第 4～17 页。

④　Guo D, Guo Y. & Jiang K, "Government-Subsidized R&D and Firm Innovation: Evidence from China," *Research Policy*, No. 6（2016）：1129 – 1144.

⑤　科技部"科技型中小企业创新基金"项目列表公布了 2000～2014 年每一年的项目信息，包括项目编号、承担单位名称（企业名称）、承担单位所在省份（市）、资助方式和资助金额，见：http://www.innofund.gov.cn/。

8786 家，占获得创新基金资助企业数的 18.17%[①]；进一步与海关数据匹配后，得到有效样本企业 1877 家，共 9188 个观测值。附表 A－1 给出了匹配后受补贴企业的行业分布，分布最多的 8 个行业是专用设备制造业，通信设备、计算机及其他电子设备制造业，通用设备制造业，交通运输设备制造业，仪器仪表及文化、办公用机械制造业，化学原料及化学制品制造业，电气机械及器材制造业，以及医药制造业。该结果符合创新基金申报指南的导向——重点资助电子信息、生物医药、新材料、光机电一体化、资源与环境以及新能源与高效节能等项目，说明数据匹配结果具有代表性。

（2）不符合创新基金申请条件企业的剔除。在使用倾向得分匹配前，需要先剔除不符合创新基金申请条件的企业样本。本书剔除了职工总数超过 500 人或者负债资产比超过 70% 的企业样本[②]，从而得到"待 PSM"企业样本。

（3）匹配变量选取。创新基金的申报材料要求企业填写上一年度的总收入、总资产、净利润、纳税总额、负债资产比、出口创汇比率和技术开发经费支出额，这些指标显著影响创新基金的获取，也是我们从"待 PSM"企业样本中找出企业特征与受补贴企业（实验组）尽可能相似的未受补贴企业（控制组）的依据[③]。结合本书的数据可得性和研究目的，选取匹配变量如下：利润总额（$profit$）、固定资产总值（$asset$）、职工总

---

① 张杰等合并了 1999～2007 年创新基金的企业数据、国家知识产权局的专利数据和中国工业企业数据，得到有效样本企业 2565 家。Guo et al. 合并了 1999～2007 年创新基金的企业数据和中国工业企业数据库的数据，共得到有效样本企业 2638 家，占所有获得创新基金资助企业数的 22.03%，该文使用"企业所在城市名称＋去掉企业全称中的地名"作为补充合并，所以提高了合并成功率。

② 申请创新基金的企业须满足一些标准，包括职工人数不超过 500 人，具有大专以上学历的科技人员占职工总数的比例不低于 30%，直接从事研究开发的科技人员占职工总数的比例不低于 10%，每年用于高新技术产品研究开发的经费不低于销售额的 5%，还有贷款贴息项目的项目新增投资在 3000 万元以下，无偿资助项目的项目新增投资一般在 1000 万元以下，参见 2005 年《科技型中小企业技术创新基金项目管理暂行办法》，网址：http://innofund. chinatorch. gov. cn/2/jjwja/201403/513b9e0ab70840e8bca0a97bf0d7b130. shtml。

③ 倾向得分指的是一个企业获得创新基金项目的概率，而匹配的目的在于从"待 PSM"企业样本中选取一个在补贴前企业特征与受补贴企业（实验组）尽可能相似的未受补贴企业（控制组）。其本质上是一种"反事实"估计，因为我们不可能获知受补贴企业在未受补贴的情况下的出口表现，所以只能为其寻找一个企业特征与其尽可能相似的未受补贴企业，通过衡量两个企业出口表现的差异来估计研发补贴的出口效应。

数（labor）、销售收入（sale）、人均工资（wage）、企业年龄（age）以及利润总额（profit）、固定资产总值（asset）、职工总数（labor）和人均工资（wage）的平方项。

（4）倾向得分估计和企业匹配。倾向得分估计采用 Logit 回归，同时控制了省份固定效应。在估计出企业获得补贴的倾向得分之后，我们采用核配对（kernel matching）作为配对方式，由于不同行业的企业存在异质性，并且不同年份的企业受到宏观经济的影响不同，缺乏可比性，因此我们采用了年份、行业进行匹配[1]。在此基础上，我们将成功匹配的所有年份和所有行业的样本合并成为一个同时包含受补贴组和未受补贴组的非平衡面板数据。

（5）匹配平衡性检验。为了考察匹配结果的准确性和可靠性，还需进行匹配平衡性检验。表 7 - 1 给出了匹配变量的平衡性检验结果[2]，从表中可以看出，匹配之后各变量的标准偏差大多减少 80% 左右，标准偏差均在 3% 以内，其 t 统计量伴随概率均超过 10%，说明匹配之后受补贴企业和未受补贴企业不存在显著差异，满足平衡性假设[3]。

表 7 - 1　匹配变量的平衡性检验结果

变量	处理	均值		标准偏差（%）	标准偏差减少（%）	t 检验		V（T）/ V（C）
		处理组	对照组			t	$p > t$	
age	匹配前	1. 1852	1. 1998	- 1. 2		- 0. 95	0. 344	1. 01
	匹配后	1. 1852	1. 1855	0	97. 6	- 0. 02	0. 987	1
profit	匹配前	9. 4476	9. 3785	5		3. 38	0. 001	0. 65 *
	匹配后	9. 4476	9. 4464	0. 1	98. 2	0. 05	0. 958	0. 94 *

[1]　需要说明的是，因为部分年份、部分行业的补贴企业数量较少，有些甚至为 0，同时有些匹配变量存在缺失值，造成分行业分年份的 Logit 回归无法收敛，所以我们舍弃了当年补贴企业数量在 7 家以下的行业，最终只有 1274 家补贴企业，有 6725 个观测值进入处理组。Logit 回归结果参见附表 A - 2。

[2]　限于篇幅，未给出分年度的平衡性检验结果。

[3]　附表 A - 3 给出了未补贴企业与补贴企业在主要变量方面的描述性统计。可以看出，受补贴企业的出口总额、销售收入、利润总额、固定资产总值、员工数量和 TFP 的均值均小于未补贴企业，这是因为创新基金主要面向创新能力有待提高的中小企业。补贴企业的国有控股变量均值大于未补贴企业，外资成分变量的均值小于未补贴企业，说明创新基金主要面向本土企业，国有企业获得补贴的概率更高。

变量	处理	均值		标准偏差（%）	标准偏差减少（%）	t 检验		V（T）/ V（C）
		处理组	对照组			t	p > t	
$profit^2$	匹配前	90.771	90.301	1.8		1.18	0.237	0.62 *
	匹配后	90.771	90.843	−0.3	84.8	−0.16	0.874	0.94 *
$asset$	匹配前	9.4129	9.4414	−1.8		−1.29	0.196	0.64 *
	匹配后	9.4129	9.4268	−0.9	51.3	−0.55	0.582	0.98
$asset^2$	匹配前	90.514	92.111	−5.4		−3.78	0.000	0.61 *
	匹配后	90.514	90.809	−1	81.5	−0.62	0.534	0.97
$labor$	匹配前	5.414	5.599	−18.9		−13.5	0.000	0.67 *
	匹配后	5.414	5.4344	−2.1	89	−1.27	0.202	0.99
$labor^2$	匹配前	30.082	32.502	−22.1		−15.48	0.000	0.59 *
	匹配后	30.082	30.308	−2.1	90.6	−1.32	0.187	0.98
$sale$	匹配前	11.145	11.381	−19		−13.64	0.000	0.68 *
	匹配后	11.145	11.166	−1.7	90.8	−1.06	0.289	0.98
$wage$	匹配前	0.69476	0.03549	16.5		12.28	0.000	0.81 *
	匹配后	0.69476	0.67367	0.5	96.8	0.31	0.759	0.98
$wage^2$	匹配前	14.677	17.625	−25.5		−18.3	0.000	0.68 *
	匹配后	14.677	14.904	−2	92.3	−1.2	0.230	0.98

7.2　计量检验：基准回归

表 7 - 2 中，（1）为研发补贴促进出口的总效应，交叉项（*innofund* × *post*）的回归系数在 1% 的水平上显著为正，说明研发补贴促进出口规模扩张。（2）和（3）、（4）和（5）、（6）和（7）分别汇报以过程创新、质量创新、品种创新为中介变量的"研发补贴 - 创新""创新 - 出口"关系的检验结果。每两列代表中介效应的两步验证，对应方程（7.2）和方程（7.3）。

以过程创新为中介变量的检验：（2）的交叉项（*innofund* × *post*）的回归系数为正且在 10% 的水平上显著，说明研发补贴对过程创新有显著影响；（3）创新（过程创新）的回归系数显著为正，说明过程创新显著扩大出口规模。

表 7 - 2　"研发补贴 - 创新 - 出口"的政策传导效果：基准回归

变量	研发补贴	过程创新		质量创新		品种创新	
	export (1)	inno (2)	export (3)	inno (4)	export (5)	inno (6)	export (7)
交叉项	0.288*** (6.979)	0.030* (1.825)	0.286*** (6.933)	0.069*** (4.347)	0.269*** (6.611)	0.052*** (3.438)	0.276*** (6.777)
创新			0.060*** (11.527)		0.274*** (62.031)		0.238*** (41.691)
企业规模	0.127*** (20.784)	-0.024*** (-7.669)	0.128*** (21.002)	0.008** (2.379)	0.125*** (20.649)	0.018*** (6.337)	0.122*** (20.399)
企业利润率	0.044*** (8.778)	-0.030*** (-10.514)	0.046*** (9.128)	0.016*** (5.510)	0.040*** (8.031)	-0.001 (-0.405)	0.045*** (8.920)
企业资本密集度	-0.128*** (-20.494)	-0.300*** (-90.757)	-0.110*** (-16.676)	-0.030*** (-9.516)	-0.120*** (-19.426)	-0.004 (-1.534)	-0.127*** (-20.603)
企业负债资产比	-0.054*** (-10.625)	0.011*** (4.273)	-0.055*** (-10.771)	-0.007*** (-2.776)	-0.052*** (-10.350)	-0.002 (-0.935)	-0.053*** (-10.660)
企业年龄	0.140*** (15.875)	0.080*** (18.027)	0.135*** (15.326)	0.023*** (4.909)	0.133*** (15.402)	0.025*** (5.938)	0.134*** (15.398)

续表

变量	研发补贴		过程创新		质量创新		品种创新	
	export (1)	inno (2)	export (3)	inno (4)	export (5)	inno (6)	export (7)
外资成分	-0.025** (-2.261)	0.001 (0.209)	-0.025** (-2.266)	-0.004 (-0.605)	-0.024** (-2.182)	-0.009 (-1.566)	-0.023** (-2.097)
常数项	9.980*** (29.641)	-0.321** (-2.107)	9.999*** (29.638)	-0.152 (-0.989)	10.022*** (30.757)	0.236* (1.891)	9.921*** (28.823)
观察值	168115	168115	168115	168115	168115	168095	168095
R^2	0.118	0.264	0.119	0.017	0.147	0.003	0.134
企业数	61816	61816	61816	61816	61816	61807	61807

注：括号内的数字代表 t 统计量，*、**、*** 分别代表在10%、5%和1%的水平上显著。所有回归均控制了年份、行业、省份和企业层面的固定效应。

以质量创新为中介变量的检验：（4）的交叉项（$innofund \times post$）的回归系数、（5）创新（质量创新）的回归系数均显著为正，说明中介效应存在，研发补贴帮助企业实现了产品的质量升级，从而扩大了出口规模。

以品种创新为中介变量的检验：与以质量创新为中介变量的检验类似，（6）的交叉项（$innofund \times post$）的回归系数、（7）创新（品种创新）的回归系数均显著为正，说明中介效应存在，研发补贴促进企业品种创新，进而扩大了出口规模。

进一步地，通过 Sobel 方法进行更为严谨的检验，结果见表 7 - 3。显而易见，质量创新和品种创新的 z 统计量均在 1% 的显著性水平上通过检验，说明两种创新都是研发补贴促进企业出口的有效渠道。过程创新的中介作用虽然在 10% 的水平上显著，但中介程度仅为 0.63%。从数值上看，质量创新所起的渠道作用略高于品种创新。总体来看，上述结论较好地印证了第 3 章的理论命题 4，即来自政府的研发补贴帮助企业克服研发所带来的成本约束，激励了企业的创新行为，促进了出口增长。

表 7 - 3　各种创新的中介作用的 Sobel 检验

变量	α_1	β_1	γ_3	z	中介效应
过程创新		0.03	0.06	1.8 *	0.63%
质量创新	0.288	0.069	0.274	4.33 ***	6.56%
品种创新		0.052	0.238	3.42 ***	4.30%

注：z 统计量用来检验中介效应的统计显著性，*、*** 分别代表在 10% 和 1% 的水平上显著。其中，α_1 是研发补贴对企业出口规模的估计系数，β_1 是研发补贴对中介变量的估计系数，γ_3 是中介变量对企业出口规模的估计系数。中介效应的计算式为 $\beta_1 \times \gamma_3 / \alpha_1$。下同。

7.3　分组检验

为了更好地认识过程创新、质量创新、品种创新在"研发补贴 - 创新 - 出口"政策传导机制中的作用与效果，我们分别按照产品技术类型、贸易方式对受补贴企业进行分组，分别匹配未受补贴企业，然后用方程

(7.1)～方程(7.3) 进行稳健性检验。

1. 按产品技术类型分组

表 7 - 4 和表 7 - 5 分别汇报了高技术产品、中低技术产品受补贴企业样本过程创新、质量创新、品种创新三个中介变量的回归结果。显而易见，研发补贴显著激励了高技术企业、中低技术企业的过程创新、质量创新、品种创新，并因此促进高技术产品、中低技术产品的出口。

表 7 - 4　"研发补贴 - 创新 - 出口"的政策传导效果：高技术产品

变量	研发补贴	过程创新		质量创新		品种创新	
	(1) export	(2) inno	(3) export	(4) inno	(5) export	(6) inno	(7) export
交叉项	0.121 * (- 1.751)	0.030 * - 1.825	0.120 * - 1.732	0.069 *** - 4.347	0.116 * - 1.686	0.052 *** - 3.438	0.105 - 1.53
创新			0.043 *** - 5.425		0.068 *** - 9.396		0.331 *** - 36.163
常数项	3.285 *** (- 8.674)	- 0.321 ** (- 2.107)	3.299 *** - 8.685	- 0.152 (- 0.989)	3.295 *** - 8.693	0.236 * - 1.891	3.203 *** - 8.393
控制变量	是	是	是	是	是	是	是
观察值	168115	168115	168115	168115	168115	168095	168095
R^2	0.016	0.264	0.017	0.017	0.017	0.003	0.031
个体数	61816	61816	61816	61816	61816	61807	61807

注：括号内的数字代表 t 统计量，*、**、*** 分别代表在 10%、5% 和 1% 的水平上显著，所有回归均控制了年份、行业、省份和企业层面的固定效应。

表 7 - 5　"研发补贴 - 创新 - 出口"的政策传导效果：中低技术产品

变量	研发补贴	过程创新		质量创新		品种创新	
	(1) export	(2) inno	(3) export	(4) inno	(5) export	(6) inno	(7) export
交叉项	0.213 *** - 3.54	0.030 * - 1.825	0.211 *** - 3.508	0.069 *** - 4.347	0.195 *** - 3.252	0.052 *** - 3.438	0.188 *** - 3.19
创新			0.065 *** - 8.504		0.266 *** - 40.161		0.474 *** - 49.416

变量	研发补贴	过程创新		质量创新		品种创新	
	(1) export	(2) inno	(3) export	(4) inno	(5) export	(6) inno	(7) export
常数项	7.748 *** - 15.261	- 0.321 ** (- 2.107)	7.768 *** - 15.34	- 0.152 (- 0.989)	7.788 *** - 15.491	0.236 * - 1.891	7.629 *** - 14.738
控制变量	是	是	是	是	是	是	是
观察值	168115	168115	168115	168115	168115	168095	168095
R^2	0.06	0.264	0.06	0.017	0.073	0.003	0.092
个体数	61816	61816	61816	61816	61816	61807	61807

注：括号内的数字代表 t 统计量，*、**、*** 分别代表在 10%、5% 和 1% 的水平上显著，所有回归均控制了年份、行业、省份和企业层面的固定效应。

进一步进行 Sobel 检验，并计算了各种创新在"研发补贴 - 创新 - 出口"政策传导中的作用程度，结果见表 7-6。由表 7-6 可知，对于高技术产品，过程创新的中介作用通过了 10% 的显著性检验，但是中介效应仅为 1.07%，质量创新和品种创新都通过了 1% 的显著性检验，中介效应的程度分别为 3.88% 和 14.22%。这说明研发补贴更多地通过促进品种创新扩大了中国企业的高技术产品出口。

表 7-6　各种创新的中介作用的 Sobel 检验：按产品技术类型分组

高技术产品					
变量	α_1	β_1	γ_3	z	中介效应
过程创新		0.030	0.043	1.72 *	1.07%
质量创新	0.121	0.069	0.068	3.95 ***	3.88%
品种创新		0.052	0.331	3.42 ***	14.22%
中低技术产品					
过程创新		0.030	0.065	1.78 *	0.92%
质量创新	0.213	0.069	0.266	4.32 ***	8.62%
品种创新		0.052	0.474	3.43 ***	11.57%

注：*、*** 分别代表在 10% 和 1% 的水平上显著。

对于中低技术产品，过程创新的中介作用通过了 10% 的显著性检验，但是中介效应仅为 0.92%，质量创新和品种创新都通过了 1% 的显著性检验，中介效应的程度分别为 8.62% 和 11.57%，说明质量创新在促进中低技术产品出口中的作用更大。

　　总的来说，不论是高技术产品还是中低技术产品，创新异质性都起到显著的中介效应，并且过程创新的作用都比较小。品种创新和质量创新在"研发补贴－创新－出口"政策传导中的作用存在差异，品种创新在高技术产品出口中的作用更突出，而质量创新在中低技术产品出口中的作用更重要。

　　出现上述情况的原因可能是：中国出口企业的产品技术升级已经经历从"无"到"有"，正进入从"有"到"优"的阶段，已摆脱"低价取胜"模式，所以过程创新所起的作用不显著。但在高技术产品出口中，中国企业仍处于从"无"到"有"的阶段，要优先解决"有没有"的问题，在"优不优"的方面还无法和国际一流企业竞争，所以品种创新的中介作用比较突出。在中低技术产品领域，质量创新所起的作用明显提高，出口产品越来越依赖质量升级来提高国际竞争力。比如，对于手机，中国拥有华为、小米、OPPO 等国际知名品牌，已经到达"有"的阶段，但还没有真正进入"优"的阶段。但在劳动密集型产业，中国企业的产品品种丰富多样，质量提升才是提高出口产品竞争力的关键。

　　2. 按贸易方式分组

　　根据已有文献的研究结果，补贴对不同贸易方式的企业具有不同的出口促进作用（许家云等）[①]，而不同贸易方式的企业间创新行为也往往不同（李兵等）[②]。所以本章进一步将所有企业按照贸易方式分为一般贸易企业、混合贸易企业和加工贸易企业。因为纯加工贸易企业获得创新基金项目补贴非常少，所以剔除了相关样本。在此基础上将一般贸易企业和混合贸易企业分别回归，结果见表 7－7 和表 7－8。

[①]　许家云、毛其淋：《生产性补贴与企业进口行为：来自中国制造业企业的证据》，《世界经济》2019 年第 7 期，第 46～70 页。

[②]　李兵、岳云嵩、陈婷：《出口与企业自主技术创新：来自企业专利数据的经验研究》，《世界经济》2016 年第 12 期，第 72～94 页。

表 7 - 7　"研发补贴 - 创新 - 出口"的政策传导效果：一般贸易企业

变量	研发补贴	过程创新		质量创新		品种创新	
	（1） export	（2） inno	（3） export	（4） inno	（5） export	（6） inno	（7） export
交叉项	0. 290 *** - 5. 014	0. 041 * - 1. 874	0. 288 *** - 4. 969	0. 084 *** - 3. 866	0. 266 *** - 4. 646	0. 101 *** - 4. 897	0. 264 *** - 4. 646
创新			0. 054 *** - 6. 648		0. 282 *** - 38. 888		0. 256 *** - 28. 528
常数项	7. 878 *** - 23. 886	- 0. 3071 * （ - 1. 653）	7. 894 *** - 24. 193	- 0. 057 （ - 0. 247）	7. 894 *** - 23. 362	0. 080 - 0. 532	7. 922 *** - 22. 928
控制变量	是	是	是	是	是	是	是
观察值	93414	93414	93414	93414	93414	93403	93403
R^2	0. 122	0. 254	0. 122	0. 02	0. 15	0. 004	0. 139
个体数	48880	48880	48880	48880	48880	48877	48877

注：括号内的数字代表 t 统计量，*、*** 分别代表在 10% 和 1% 的水平上显著，所有回归均控制了年份、行业、省份和企业层面的固定效应。

表 7 - 8　"研发补贴 - 创新 - 出口"的政策传导效果：混合贸易企业

变量	研发补贴	过程创新		质量创新		品种创新	
	（1） export	（2） inno	（3） export	（4） inno	（5） export	（6） inno	（7） export
交叉项	0. 156 ** - 2. 257	0. 010 - 0. 261	0. 156 ** - 2. 257	0. 070 * - 1. 785	0. 141 ** - 2. 071	- 0. 022 （ - 0. 635）	0. 160 ** - 2. 333
创新			0. 045 *** - 5. 15		0. 211 *** - 27. 538		0. 188 *** - 18. 318
常数项	8. 159 *** - 21. 829	- 0. 094 （ - 0. 42）	8. 164 *** - 21. 822	- 0. 003 （ - 0. 01）	8. 160 *** - 21. 562	0. 554 *** - 2. 765	8. 054 *** - 20. 548
控制变量	是	是	是	是	是	是	是
观察值	61584	61584	61584	61584	61584	61581	61581
R^2	0. 145	0. 278	0. 146	0. 024	0. 17	0. 002	0. 159
个体数	36665	36665	36665	36665	36665	36662	36662

注：括号内的数字代表 t 统计量，*、**、*** 分别代表在 10%、5% 和 1% 的水平上显著，所有回归均控制了年份、行业、省份和企业层面的固定效应。

　　表7-7汇报了一般贸易企业出口中，过程创新、质量创新、品种创新在"研发补贴-创新-出口"政策传导中的作用与效果。从回归系数的数值和显著性来看，研发补贴对一般贸易企业的过程创新、质量创新、品种创新及由此带动的出口规模扩大都起到了显著的作用。表7-8汇报了混合贸易企业出口中，过程创新、质量创新、品种创新在"研发补贴-创新-出口"政策传导中的作用与效果。与一般贸易企业出口的回归结果不同，研发补贴仅通过促进混合贸易企业的质量创新扩大出口规模，过程创新和品种创新的作用不显著。

　　进一步进行 Sobel 检验，并计算各种创新在"研发补贴-创新-出口"政策传导中的作用程度，结果见表7-9。

表7-9　各种创新的中介作用的 Sobel 检验：按贸易方式分组

一般贸易出口					
变量	α_1	β_1	γ_3	z	中介效应
过程创新		0.041	0.055	1.8 *	0.78%
质量创新	0.291	0.085	0.282	3.84 ***	8.20%
品种创新		0.102	0.256	4.83 ***	8.96%
混合贸易出口					
过程创新		0.010	0.045	0.26	0.29%
质量创新	0.157	0.071	0.212	1.78 *	9.54%
品种创新		-0.022	0.189	0.63	-2.69%

　　注：*、*** 分别代表在 10% 和 1% 的水平上显著。

　　从表7-9中可以发现，一般贸易企业出口中，过程创新、质量创新、品种创新的中介作用通过了显著性检验，过程创新的中介效应为0.78%，而质量创新、品种创新的中介效应分别为8.20%和8.96%。相比之下，混合贸易企业出口中，仅质量创新的中介作用通过了10%的显著性检验。这与张洋关于政府补贴的出口质量促进作用超过混合贸易企业的结论一致[①]，即一般贸易企业具有比较强的创新驱动和出口"干中学"能力。其

---

① 张洋：《政府补贴提高了中国制造业企业出口产品质量吗》，《国际贸易问题》2017 年第 4 期，第 27～37 页。

可能的原因在于，在研发补贴的激励下，一般贸易企业选择更为多元化和异质性的自主创新方式来扩大出口，而混合贸易企业则更倾向于以加工贸易的方式进口高质量的中间品进行组装加工后再出口。这在一定程度上也说明中国通过创新基金项目的研发补贴，有效地提高了一般贸易企业的创新能力，扩大了一般贸易出口，推进了出口结构优化。

7.4　稳健性检验

为了提高检验回归结果的稳健性，本书通过更换企业创新衡量指标、更换 PSM 方法、分段检验等进行稳健性检验。

1. 更换企业创新衡量指标

在基准回归中，核心解释变量分别为基于企业总产出计算的过程创新、基于 Broda et al. 的产品需求弹性计算的质量创新和基于 6 位 HS 商品编码计算的品种创新。现在，将这三个企业创新变量的衡量指标依次替换为基于企业销售收入计算的过程创新、基于需求弹性统一为 5 计算的质量创新以及基于 4 位 HS 商品编码计算的品种创新。新的回归结果见附表 A – 4①。

与表 7 – 2 类似，附表 A – 4 中的（1）汇报了研发补贴影响企业出口规模的回归结果，（2）和（3）、（4）和（5）、（6）和（7）分别汇报以过程创新、质量创新、品种创新为中介变量的"研发补贴 – 创新""创新 – 出口"关系的检验结果。可以发现，除了（2）之外，交叉项的回归系数通过 5% 的显著性检验，说明更换企业创新衡量指标后，研究结论与基准回归仍然是一致的。即研发补贴通过激励企业的质量创新和品种创新促进出口规模扩张，但是没有通过过程创新促进出口。

进一步的 Sobel 检验结果见表 7 – 10，可见过程创新的中介作用并不显著，而质量创新和品种创新的中介作用分别通过了 1% 和 5% 的显著性检验。从数值看，质量创新的中介作用比品种创新要大。这与基准回归的结论是高度一致的。

---

①　因为本部分内容主要关心"研发补贴 – 创新 – 出口"的政策传导效果中异质性创新所起的中介作用，为节省篇幅，稳健性检验中，正文部分仅给出 Sobel 中介效应检验的表格，而计量回归结果均放在附录 A 当中。

表 7 - 10 各种创新的中介作用的 Sobel 检验：更换企业创新衡量指标后

变量	α_1	β_1	γ_3	z	中介效应
过程创新		0.026	0.093	1.59	0.84%
质量创新	0.288	0.071	0.274	4.49***	6.75%
品种创新		0.032	0.273	2.1**	3.03%

注：**、***分别代表在 5%和 1%的水平上显著。

2. 更换 PSM 方法

在基准回归的控制组样本（未补贴企业）选取中，采用核配对（kernel matching）的 PSM 方法。为了避免因样本量影响估计结果，这里使用半径卡尺匹配（radius matching）重新选取控制组样本，然后利用方程（7.1）~方程（7.3）分别对以过程创新、质量创新、品种创新为中介变量的"研发补贴 - 创新 - 出口"政策传导效果进行稳健性检验，结果见附表 A - 5。

如附表 A - 5 所示，在更换 PSM 方法后，研发补贴对企业出口以及质量创新和品种创新的回归系数依然在 1%的显著性水平上通过检验，对过程创新的影响还是不显著。从表 7 - 11 来看，可以判断研发补贴通过促进质量创新和品种创新来促进出口，且质量创新的作用大于品种创新。

表 7 - 11 各种创新的中介作用的 Sobel 检验：更换 PSM 方法后

变量	α_1	β_1	γ_3	z	中介效应
过程创新		0.022	0.093	1.34	0.78%
质量创新	0.263	0.069	0.274	4.12***	7.19%
品种创新		0.048	0.273	2.98***	4.98%

注：***分别代表在 1%的水平上显著。

3. 分段检验

2005 年创新基金的管理体制经历了系统性的调整。地方政府的科技管理部门在创新基金的申报、评估和筛选中被赋予更多权力，这个改革被 Guo et al. 称为决策"去中心化"。由于地方政府比中央部门更了解当地企业的真实能力和需求，而且 2005 年之后要求地方政府为申报企业提供配套资金，客观上有利于筛选出更值得补贴的企业，提高基金资助效果。因此，我们将受补贴企业分为 2005 年前受补贴和 2005 年后受补贴，分别匹配未受补贴企业进行稳健性检验。

附表 A-6 和附表 A-7 分别汇报了 2005 年前、后"研发补贴-创新-出口"政策传导效果的检验结果。可以发现：2005 年之前，研发补贴激励了品种创新，从而促进了出口，但通过过程创新和质量创新促进出口的作用不显著；2005 年之后研发补贴对企业过程创新、质量创新、品种创新都具有显著的激励作用，并且都因此促进了出口。

如表 7-12 所示，进一步的 Sobel 检验也可以发现，2005 年之后，质量创新的渠道作用最大，品种创新次之，过程创新最低。这说明 2005 年的创新基金管理体制改革是比较成功的，改革后的创新基金补贴全面激励了企业的过程创新、质量创新和品种创新行为，也成为成功促进出口的技术政策。

表 7-12   各种创新的中介作用的 Sobel 检验：分段检验

2005 年之前受补贴					
变量	α_1	β_1	γ_3	z	中介效应
过程创新		0.062	0.06	0.72	0.41%
质量创新	0.913	0.109	0.272	1.51	3.25%
品种创新		0.173	0.232	3.69***	4.40%
2005 年之后受补贴					
过程创新		0.029	0.06	1.70*	0.65%
质量创新	0.266	0.066	0.273	4.09***	6.77%
品种创新		0.046	0.238	2.93***	4.12%

注：*、*** 分别代表在 10% 和 1% 的水平上显著。

本章小结

基于 2001~2014 年"科技型中小企业技术创新基金"的研发补贴信息，采用基于倾向得分匹配法的双重差分模型，实证检验了中国情境下研发补贴通过提高企业创新能力以促进企业出口的作用机制与效果，比较好地证明了第 3 章的理论命题 4。研究发现：

　　从整体来看，创新基金是一项行之有效的研发补贴政策和出口促进政策。研发补贴提高了企业的创新能力，从而促进企业出口规模的扩大。与未受补贴企业相比，得到创新基金资助的企业进行过程创新、质量创新和品种创新的倾向更高，出口规模更大。这完全符合提高企业创新能力、培养出口创汇能力的创新基金政策初衷。

　　从创新异质性来看，各种创新在"研发补贴－创新－出口"政策传导中的作用存在差别。在基准回归、分组检验、稳健性检验中，过程创新的中介作用均不大显著，中介效应的程度也比较低，而质量创新和品种创新的作用比较突出。在分组检验中，品种创新和质量创新的作用也有所差异——品种创新在高技术产品出口中的作用更突出，而质量创新在中低技术产品出口中的作用更重要；两种创新在一般贸易企业出口中的作用同样显著，但只有质量创新在混合贸易企业出口中发挥作用。

　　总体上，创新基金，尤其是经历 2005 年政策调整后的创新基金，通过激励企业选择质量升级和品种开发的路径，使企业逐渐摆脱"低价竞争"的出口模式，实现出口产品结构优化和质量升级。但政策效果也因企业类型、贸易方式的不同而有所差别，所以要有的放矢，制定更为精准的政策，才能实现创新驱动和对外贸易的高质量发展。

第8章　结论和政策建议

本章对全文进行总结，归纳了本书的主要研究结论并提出政策建议，亦有对今后研究的展望。

8.1　主要结论

企业创新是决定出口动态的重要决定因素，本书基于企业异质性贸易理论研究的最新成果，构建了企业创新异质性影响出口动态的理论模型，然后利用 2001~2014 年中国工业企业数据库和中国海关企业进出口数据库的匹配样本，区分和测算了企业的过程创新、质量创新和品种创新，归纳梳理了中国工业企业创新异质性行为的特征事实，进而实证检验了企业创新异质性对出口动态的影响，得出了丰富的结论。

有关企业创新异质性影响出口动态的理论机制。本书借鉴了新贸易增长理论有关技术创新与国际贸易关系的核心思想，将 Akcigit et al. 有关创新异质性的概念引入企业异质性贸易理论，建立了同时包含过程创新、质量创新和品种创新的理论框架。企业创新异质性对出口动态具有异质性的影响，过程创新通过提高生产力，降低产品边际成本，进而提高产品在出口市场的价格竞争力；质量创新通过满足消费者关于高质量产品的需求，从而促进企业出口；品种创新通过提供水平差异化的产品满足不断变化的市场需求，从而增加企业的收入来源。本书建立的理论模型发现：过程创新、质量创新和品种创新均有利于推动企业出口增长，提高企业的出口生存概率；假设创新需要付出固定的研发成本，则生产率更高的企业更能够克服相应的成本，提高质量创新和品种创新的出口促进效应，但是高生产率的企业继续进行过程创新却可能带来负面作用；从"企业－产品－市场"的维度来考虑企业出口二元边际的话，过程创新和质量创新均有利于企业出口集约边际，但是品种创新则不一定，过程创新和品种创新能够促进广延边际的增长，但是质量创新不一定；企业创新异质性是研发补贴促进出口增长的重要渠道。

有关中国工业企业创新异质性的特征事实。本书先使用 OP 法测算了样本企业的全要素生产率，使用需求信息回归推断法测算了样本企业的产品质量，从而分别得出企业每一年的过程创新和质量创新情况，通过观察6 位 HS 商品编码变动情况测算了企业品种创新，并对上述指标进行了必要的稳健性估计。整体而言，中国工业企业进行异质性创新的情况处于波动式发展的过程中，进行创新的企业占比仍然不高，并呈现以下特征：（1）劳动密集型企业和资本密集型企业的过程创新活动比技术密集型企业活跃；出口企业进行过程创新的比例比非出口企业高。（2）外资企业和加工贸易企业的质量创新比例超过本土企业和非加工贸易企业。这在一定程度上说明，只有加快本土企业和非加工贸易企业的质量升级，才能迅速提升中国出口产品质量。（3）中国出口企业的品种创新行为在不同类型企业之间不断调整，整体来看，2000～2008 年，加工贸易企业的品种创新行为比非加工贸易企业活跃，2010～2015 年则相反；2008 年之前，本土企业的品种创新行为比外资企业活跃，2010～2015 年则相反。

关于企业创新异质性对企业出口动态的影响。整体来看，中国工业企业的出口行为缺乏稳定性和连续性，连续出口企业在中国出口企业中占比比较低，企业进入出口市场但是又迅速退出的现象普遍存在，平均出口生存时间仅 2 年左右。其中，资本技术密集型企业的出口生存概率小于劳动密集型企业，国有企业和民营企业的出口生存概率小于外资企业。通过多项 Logit 检验发现，过程创新、质量创新和品种创新能够显著提高企业出口行为的连续性，减少出口进入、出口退出、间断出口等出口波动；基于生存分析法的 Cloglog 检验表明，过程创新、质量创新和品种创新均能够显著降低企业出口失败的风险，延长企业的出口生存时间。进一步的分组检验发现：过程创新降低劳动密集型企业出口波动的作用超过资本技术密集型企业，质量创新和品种创新提高国有企业和民营企业出口连续性的作用超过外资企业；过程创新降低资本技术密集型企业出口失败风险的作用超过劳动密集型企业，质量创新和品种创新降低国有企业和民营企业出口失败风险的作用超过外资企业。

关于企业创新异质性对出口增长的影响。在 2001～2014 年期间，从"企业－产品－市场"维度来看，中国工业企业出口增长首先主要来自集约边际，即已有企业在"旧产品－旧市场"维度的出口，其次是新企业的加入，然后是已有企业在"产品"和"市场"维度的扩张。通过实证检验发现，过程创新、质量创新和品种创新均能够帮助企业扩大出口规模，促进出口增长，且品种创新的作用超过质量创新和过程创新。通过对企业出口总额在"产品－市场"层面进行出口二元边际分解和实证检验发现，创新异质性行为会促使企业在公司内部调整产品和市场组合，其中过程创新和质量创新能够同时促进出口集约边际和广延边际的扩展，品种创新不仅能够促进新品种向新市场出口，也能带动已有产品的出口。通过分组检验分析发现，对于创新能力比较高或者生产率比较高的企业而言，继续进行过程创新不但不能促进出口，反而会抑制出口增长，而质量创新和品种创新更容易带动出口规模扩张；质量创新对高技术企业和加工贸易企业的出口带动作用超过其他创新；品种创新对中低技术企业和一般贸易企业的出口促进作用超过其他创新。

关于研发补贴、企业创新异质性与出口增长的实证检验。整体来看，以资金补贴为主要手段的创新基金是一项行之有效的创新激励政策。与未受补贴企业相比，得到创新基金资助的企业进行过程创新、质量创新和品种创新的倾向更高，出口规模更大。通过中介效应分析可以发现，企业创新异质性在研发补贴促进企业出口的过程中起到有效的传导作用，这完全符合创新基金提高企业创新能力、培养出口创汇能力的政策初衷。但是过程创新的渠道作用比较小，而质量创新和品种创新的作用比较突出。在分组检验中发现，在高技术产品出口中，品种创新的中介效应远远超过质量创新和过程创新；而在中低技术产品出口中，质量创新的中介作用更重要；另外，创新异质性在一般贸易企业出口中所起的中介作用更加显著，特别是品种创新方面，而在混合贸易企业出口中，仅质量创新起到显著的中介作用。

8.2 　政策建议

综合本书的理论和实证研究，提出如下政策建议：

第一，以创新模式转型驱动出口增长模式转型升级。长期以来，中国出口企业偏爱以成本节约为导向的过程创新，使得企业出口过分依靠"低价竞争"的增长模式。这不利于出口企业与国外市场建立稳定的贸易关系，削弱了企业的出口盈利能力，也加剧了中国出口企业之间的恶性竞争，还容易引起对外贸易摩擦。因此，要鼓励企业进行创新模式转型，提高异质性创新能力，一方面要注重产品质量升级，从而提高国外市场对企业产品的需求，提高产品溢价能力，推动中国制造从"物美价廉"到"物美价美"的转变；另一方面要注重出口产品的品种创新，针对不同文化、不同收入水平的出口市场的独特需求，开发和推出不同类型的产品，从而促进企业出口的广延边际增长。

第二，创造有利于企业创新的环境。正如本书理论模型中所指出的，创新需要成本的投入，在实践中还需要一定的创新周期，也可能存在创新失败的风险。因此，为了调动企业的创新积极性，需要为企业创造良好的创新环境。首先要加强外贸知识产权保护，为企业创新创造良好的法律环境。重视开展外贸领域打击侵权假冒专项行动，加强境外知识产权争端解决和维权援助机制建设，健全多双边知识产权交流和执法协作机制，支持出口企业应对境外知识产权纠纷。其次要加强产品质量监管，积极采用国际先进质量标准，建立国际认可的产品检测和认证体系，鼓励企业按照国际标准组织生产和质量检验。加快推进与重点出口市场检验检测、认证认可体系和证书互认。建立完善的出口产品质量检测公共平台，支持出口企业开展质量管理体系认证。加强出口食品、农产品质量提升工作，加大对外技术质量磋商谈判力度。最后要建立竞争有序的出口环境，完善重点行业进出口资质管理和竞争自律公约机制，探索建立规范外贸经营秩序新模式，避免企业间恶性竞争。

第三，制定精准有效的创新激励政策。正如本书的分组检验结果所示，企业创新异质性行为促进出口的效应在不同类型企业中存在一定差别。因此，在符合世界贸易组织规定和其他国际惯例的前提下，既要充分发挥资金补贴、税收优惠等各种手段的作用，对企业的创新活动进行适当的资助和激励，也要综合考虑企业的创新能力、发展阶段、创新导向和行业特点等异质性特征，进行精准有效的创新激励。对于初创企业，要资助其开展过程创新，迅速降低产品生产成本，扩大产能，实现规模经济，从而成功进入出口市场；对于具备一定规模的企业，要着重资助其进行质量创新和品种创新，走高质量发展和产品多元化的创新道路。对于中低技术产品，要先引导企业采用自动化设备改进生产工艺，提高全要素生产率，从而牢固树立规模经济的优势，然后借助品种创新和质量创新实现；对于高技术产品，首先通过鼓励品种创新，实现从"无"到"有"的跨越，然后进行过程创新，降低单位产品成本，帮助企业成功进入国际市场，最后进行质量创新，提高产品的出口竞争力，实现从"有"到"优"的升级。还要进一步鼓励本土企业和一般贸易企业的异质性创新活动，依靠本土企业和本土供应链的升级，推动中国工业企业占据价值链的高端位置，实现中国企业出口的高质量发展。

8.3　研究展望

本书基于企业异质性来源多样化的视角，将生产率、产品质量和产品品种的决定内生化，构建了创新异质性影响出口动态的理论模型，并利用中国工业企业数据库和中国海关企业进出口数据库进行了实证检验，在一定程度上丰富了有关企业创新与出口动态的微观机制和经验证据。然而，本书的研究还存在着一定的不足和进一步改善的空间。

第一，本书的理论模型借助灵活的市场进入成本形式，直接探讨了过程创新、质量创新和品种创新对企业出口增长的影响，其中还有一些问题尚待解答，如：企业在三种创新中如何决策和选择？三种创新的相互影响如何作用于企业出口？另外，本书的理论模型是基于垄断竞争框架，而在寡头竞争框架下，模型的结论会有何变化？回答上述问题，将有助于更好地厘清企业创新异质性与出口动态之间的关系，但由于基准模型的框架限制，本书的研究尚未深入这一领域。

第二，由于无法获得中国企业创新异质性行为的大样本微观数据，因此本书只能使用间接测算的方法获得核心指标，且主要直接检验企业创新异质性与出口状态、出口生存概率和出口增长的关系。未来如果能获得相应的微观数据，那就能够进行更为有力的实证检验，并对过程创新、质量创新和品种创新影响企业出口动态的机制进行更为深入的分析。

第三，由于微观层面的政策数据有限，本书仅研究了研发补贴影响企业创新异质性进而促进企业出口的影响机制，未来应该针对贸易政策、产业政策和知识产权保护进行更多的实证检验，考察和比较不同政策提升企业创新能力、促进出口的政策效果。

附 录

附录 A 表 格

附表 A-1 匹配成功的受补贴企业（实验组）行业分布情况

行业名称	企业数	占比（%）
农副食品加工业	4	0.21
食品制造业	12	0.64
纺织业	31	1.65
纺织服装、鞋、帽制造业	1	0.05
皮革、毛皮、羽毛（绒）及其制品业	5	0.27
木材加工及木、竹、藤、棕、草制品业	3	0.16
造纸及纸制品业	5	0.27
印刷业和记录媒介的复制	5	0.27
文教体育用品制造业	10	0.53
石油加工、炼焦及核燃料加工业	4	0.21
化学原料及化学制品制造业	154	8.2
医药制造业	97	5.17
化学纤维制造业	8	0.43
橡胶制品业	24	1.28
塑料制品业	9	0.48
非金属矿物制品业	76	4.05
黑色金属冶炼及压延加工业	37	1.97
有色金属冶炼及压延加工业	21	1.12
金属制品业	65	3.46
通用设备制造业	237	12.63
专用设备制造业	296	15.77

续表

行业名称	企业数	占比（%）
交通运输设备制造业	196	10.44
电气机械及器材制造业	106	5.65
通信设备、计算机及其他电子设备制造业	260	13.85
仪器仪表及文化、办公用机械制造业	175	9.32
工艺品及其他制造业	33	1.76
废弃资源和废旧材料回收加工业	3	0.16

数据来源：作者整理。

附表 A-2　Logit 回归结果

变量	(1) 补贴
age	0.0750 *** (3.114)
$profit$	1.7306 *** (16.946)
$profit^2$	-0.0599 *** (-11.079)
$asset$	1.0273 *** (12.813)
$asset^2$	-0.0562 *** (-12.875)
$labor$	1.2373 *** (11.027)
$labor^2$	-0.1260 *** (-12.191)
$sale$	-0.4951 *** (-21.698)
$wage$	-0.0361 ** (-2.304)
$wage^2$	-0.0140 *** (-7.007)

续表

变量	（1） 补贴
常数项	-19.8791*** (-31.841)
观察值	470487

注：括号中的数字代表 z 统计量，**、*** 分别代表在5%和1%的水平上显著，模型中还控制了年份、行业和省份层面的固定效应。

附表 A-3　未补贴企业与补贴企业的主要变量描述性统计①

企业分组	变量名称	样本数	均值	标准差	最小值	最大值
未补贴企业	出口总额	183222	13393.29	199042.23	0.04	29782060.80
	销售收入	183222	36204.70	285272.58	12.60	23714373.90
	利润总额	183222	4284.68	73868.86	-6127072.40	13553572.80
	固定资产总值	183222	7356.04	56413.30	0.10	5479375.20
	员工总数	183222	520.93	1801.34	9.00	236035.00
	TFP	160918	0.28	0.87	6.89	6.23
	企业年龄	183222	6.48	8.83	1.00	117.00
	国有控股	183222	0.01	0.11	0.00	1.00
	外资成分	183222	0.14	0.35	0.00	1.00
补贴企业	出口总额	6725	3428.70	42536.42	0.10	1851416.40
	销售收入	6725	14788.03	54845.86	123.60	2611136.00
	利润总额	6725	2332.22	11232.13	-185614.10	404298.60
	固定资产总值	6725	3391.76	12383.69	0.10	357799.70
	员工总数	6725	332.26	493.77	9.00	15145.00
	TFP	6162	0.19	0.76	4.17	3.28
	企业年龄	6725	6.64	8.30	1.00	102.00
	国有控股	6725	0.03	0.16	0.00	1.00
	外资成分	6725	0.07	0.26	0.00	1.00

数据来源：作者根据数据匹配结果整理而得。

---

①　出口总额、销售收入、利润总额和固定资产总值的单位为万元人民币。

附表 A－4　"研发补贴－创新－出口"的政策传导效果：更换中介变量测度方法

变量	研发补贴	过程创新		质量创新		品种创新	
	(1) export	(2) inno	(3) export	(4) inno	(5) export	(6) inno	(7) export
交叉项	0.288*** (6.979)	0.026 (1.595)	0.286*** (6.920)	0.071*** (4.511)	0.269*** (6.591)	0.032** (2.107)	0.279*** (6.890)
创新			0.093*** (17.446)		0.274*** (62.071)		0.273*** (44.938)
控制变量	是	是	是	是	是	是	是
常数项	9.980*** (29.641)	0.455*** (2.896)	9.938*** (29.324)	-0.173 (-1.139)	10.028*** (30.821)	0.402*** (3.928)	9.868*** (28.852)
观察值	168115	168115	168115	168115	168115	168095	168095
R^2	0.118	0.293	0.120	0.017	0.147	0.003	0.138
个体数	61816	61816	61816	61816	61816	61807	61807

注：括号内的数字代表 t 统计量，*、**、*** 分别代表在 10%、5% 和 1% 的水平上显著，所有回归均控制了年份、行业、省份和企业层面的固定效应，下同。

附表 A－5　"研发补贴－创新－出口"的政策传导效果：更换 PSM 方法

变量	研发补贴	过程创新		质量创新		品种创新	
	(1) export	(2) inno	(3) export	(4) inno	(5) export	(6) inno	(7) export
交叉项	0.263*** (6.358)	0.022 (1.351)	0.262*** (6.328)	0.069*** (4.131)	0.244*** (5.997)	0.048*** (2.993)	0.251*** (6.158)
创新			0.058*** (11.129)		0.273*** (60.897)		0.233*** (40.510)
控制变量	是	是	是	是	是	是	是
常数项	9.843*** (26.879)	-0.520*** (-2.889)	9.874*** (26.929)	-0.317* (-1.795)	9.930*** (27.419)	0.163 (0.979)	9.805*** (26.011)
观察值	162876	162876	162876	162876	162876	162864	162864
R^2	0.111	0.269	0.113	0.018	0.142	0.002	0.128
个体数	60813	60813	60813	60813	60813	60806	60806

附表 A-6　"研发补贴-创新-出口"的政策传导效果：2005 年之前受补贴

变量	研发补贴	过程创新		质量创新		品种创新	
	（1）	（2）	（3）	（4）	（5）	（6）	（7）
	export	inno	export	inno	export	inno	export
交叉项	0.913***	0.062	0.909***	0.109	0.883***	0.173***	0.873***
	（4.401）	（0.726）	（4.403）	（1.516）	（4.239）	（3.704）	（4.229）
创新			0.060***		0.272***		0.232***
			（11.442）		（60.771）		（40.311）
控制变量	是	是	是	是	是	是	是
常数项	10.147***	-0.293*	10.164***	-0.186	10.197***	0.220	10.091***
	（29.352）	（-1.785）	（29.324）	（-1.105）	（30.580）	（1.586）	（28.314）
观察值	162914	162914	162914	162914	162914	162895	162895
R^2	0.112	0.266	0.113	0.017	0.142	0.002	0.128
个体数	60557	60557	60557	60557	60557	60548	60548

附表 A-7　"研发补贴-创新-出口"的政策传导效果：2005 年之后受补贴

变量	研发补贴	过程创新		质量创新		品种创新	
	（1）	（2）	（3）	（4）	（5）	（6）	（7）
	export	inno	export	inno	export	inno	export
交叉项	0.266***	0.029*	0.264***	0.066***	0.248***	0.046***	0.255***
	（6.356）	（1.725）	（6.311）	（4.109）	（6.004）	（2.940）	（6.184）
创新			0.060***		0.273***		0.238***
			（11.497）		（61.886）		（41.616）
控制变量	是	是	是	是	是	是	是
常数项	10.037***	-0.335**	10.057***	-0.189	10.089***	0.259**	9.968***
	（29.319）	（-2.077）	（29.325）	（-1.176）	（30.304）	（2.090）	（28.368）
观察值	167425	167425	167425	167425	167425	167405	167405
R^2	0.116	0.265	0.117	0.017	0.146	0.003	0.133
个体数	61691	61691	61691	61691	61691	61682	61682

附录 B　程序源代码

B.1　第 4 章　中国工业企业资本和劳动投入弹性计算的程序源代码

＊＊全体样本

```
opreg lnY, exit (exit) state (lnage lnK) proxy (lnI)
free (lnL time1 - time16) cvars (export state shock) vce
(bootstrap, seed (1357) rep (5))
    estimates store OP_output_total
```

＊＊分行业样本

```
local i =13
while 'i' < =37 {
opreg lnY if cic =='i', exit (exit) state (lnage lnK)
proxy (lnI) free (lnL time1 - time16) cvars (export
state shock) vce (bootstrap, seed (1357) rep (5))
    estimates store OP_output'i'
    local i ='i' +1
    }
local i =39
while 'i' < =43 {
opreg lnY if cic =='i', exit (exit) state (lnage lnK)
proxy (lnI) free (lnL time1 - time16) cvars (export state
shock) vce (bootstrap, seed (1357) rep (5))
    estimates store OP_output'i'
    local i ='i' +1
    }
```

＊＊结果输出

```
outreg2 [OP_output_total] using OP_output1031, excel
ctitle (total) keep (lnK lnL)
    local i =13
```

```
while 'i' < =37 {
outreg2 [OP_output'i'] using OP_output1031, excel
ctitle ('i') keep (lnK lnL year)
local i = 'i' +1
}
local i = 39
while 'i' < =43 {
outreg2 [OP_output'i'] using OP_output1031, excel
ctitle ('i') keep (lnK lnL)
local i = 'i' +1
}
```

* * * *

B.2 第4章 中国工业企业出口产品质量测算的程序源代码

```
clear
clear matrix
set more off
set matsize 11000
set maxvar 120000
set emptycells drop
use 海关.dta, clear
* * * * KSW法质量测算
g lnqty = log (qty)
g lnprice = log (price)
g x = lnqty + sigma_ave * lnprice
destring hs07, replace
encode cty, g (cty_name)
reg x i.hs07 i.cty_name#i.year
predict kersi, residual
g quality = kersi / (sigma_ave -1)
* * * * 质量标准化
```

```
bysort hs07: egen max_q = max (quality)
bysort hs07: egen min_q = min (quality)
g r_quality = (quality - min_q) / (max_q - min_q)
save 产品质量.dta, replace
```

B.3 第4章 中国工业企业出口产品品种创新指标测算的程序源代码

```
local i = 2000
while 'i' < = 2015 {
use 海关.dta, clear
keep if year == 'i'
keep firm_id year hs07
sort firm_id hs07
g year_original = year
save c_pro'i'.dta, replace
local i = 'i' + 1
}
local i = 2001
  while 'i' < = 2015 {
local j = 'i' - 1
use c_pro'i'.dta, replace
replace year = 'i'
merge m: m firm_id using c_pro'j'.dta, force
rename _merge _merge_id
keep if year == 'i'
sort firm_id hs07
merge m: m firm_id hs07 using c_pro'j'.dta, force
rename _merge _merge_id_year
g product_inno = 1 if _merge_id! = 1&_merge_id_year
== 1 // 生成品种创新指标
replace product_inno = 0 if product_inno == .
keep if year_original == 'i'
```

```
drop year _mer *
bysort firm_id: egen product = max (product_inno)
duplicates drop firm_id year, force
rename year_original year
save pro'i'.dta, replace
use c_pro'i'.dta, clear
merge m: m firm_id using c_pro'j'.dta, force
keep if _merge = = 2
drop _merge
sort firm_id
save exit'j'.dta, replace
use c_pro'i'.dta, clear
sort firm_id
append using exit'j'.dta, force
sort firm_id year
save c_pro'i'.dta, replace
local i ='i' +1
}
use pro2001.dta, clear
local i =2002
while 'i' < =2015 {
append using pro'i'.dta, force
local i ='i' +1
}
save 品种创新 .dta, replace
```

B.4　第5章　中国工业企业数据库与中国海关企业进出口数据库匹配的程序源代码

```
* * * * * * * * * * * * * * * * * * * * *
* 第一步：用企业名称合并 * *
* * * * * * * * * * * * * * * * * * * * *
```

```
use 工业企业 .dta, clear
replace firm_name = subinstr (firm_name," "," ", .) //
```
删除公司名变量中的空格
```
keep if missing (firm_name)
save miss_name.dta, replace
use 工业企业 .dta, clear
drop _merge
replace firm_name = subinstr (firm_name," "," ", .) //
```
删除公司名变量中的空格
```
drop if firm_name == " " //删除公司名为空格的样本
drop if firm_name == "." //删除公司名 . 的样本
drop if missing (firm_name) //删除公司名缺失的样本
bysort firm_name year: drop if _N >1 //删除公司名中重复
```
的样本
```
duplicates drop firm_name year, force //删除公司名中重
```
复的样本
```
isid firm_name year //识别重复记录
save nbs.10.dta, replace //用于合并的样本
use 海关 .dta, clear
replace firm_name = subinstr (firm_name," "," ", .) //
```
删除公司名变量中的空格
```
sort firm_name
keep if missing (firm_name) | firm_name == "." //保留
```
公司名缺失的样本
```
save custom_null_name.10.dta, replace
use 海关 .dta, clear
replace firm_name = subinstr (firm_name," "," ", .)
sort firm_name
drop if missing (firm_name) | firm_name == "."
recast str60 firm_name, force
```

```
save custom.10.dta, replace//用于合并的样本
use custom.10.dta, clear
drop _merge
merge m: 1  firm_name year using nbs.10.dta, force//
```
用 firm_name 和 year 合并
```
keep if _merge = =1
drop _merge
save unmatched_by_name_custom.dta, replace//保留海
```
关库中公司名合并不了的样本
```
use custom.10.dta, clear
drop _merge
merge m: 1  firm_name year using nbs.10.dta
keep if _merge = =2
drop _merge
save unmatched_by_name_nbs.dta, replace//保留工业库
```
中公司名合并不了的样本
```
use custom.10.dta, clear
drop _merge
merge m: 1  firm_name  year using nbs.10.dta
keep if _merge = =3
g tab_method = " name" //标注合并方法 name
drop _merge
save m_c_by_name.dta, replace//保留通过公司名合并成功
```
的样本
```
* * * * * * * * * * * * * * * * * * * *
*第二步：用邮编 + 电话合并 * *
* * * * * * * * * * * * * * * * * * * *
use unmatched_by_name_custom.dta, clear
append using custom_null_name.10.dta, force
drop firm_name
```

```
tostring zip_custom, replace
tostring tele_custom, replace
drop if missing (zip_custom) |missing (tele_custom)
g code2 = zip_custom + tele_custom //生成合并编码 code2
sort code2
drop _merge
duplicates drop code2 year, force
save custom.20.dta, replace
use unmatched_by_name_nbs.dta, clear
append using miss_name.dta, force
drop _merge
tostring zip_nbs, replace
tostring tele_nbs, replace
drop if missing (zip_nbs) |missing (tele_nbs)
g code2 = zip_nbs + tele_nbs //生成合并编码 code2
sort code2
duplicates drop code2 year, force
save nbs.20.dta, replace
use custom.20.dta, clear
merge m:1  code2 year using nbs.20.dta
keep if _merge == 3
g tab_method = " code" if _merge == 3 //标注合并方法 code
drop _merge *
drop code
save m_c_by_code.dta, replace
use m_c_by_name.dta, clear
append using m_c_by_code.dta, force
save 工业和海关匹配 .dta, replace
tab tab_method
tab tab_merge
```

B.5 第5章 估计创新异质性对企业出口状态影响的程序源代码

```
global 创新 "process_output quality_inno product06"
global 创新滞后 "l_process l_quality l_product"
global 控制变量 "lnl  profit_ratio lnkl lndebit lnage
foreign lnhhi"
global 基准回归 "outreg2 using 基准回归.rtf, bdec (3)
adec (4) stats (coef tstat) addstat (r2, e (r2), r2_b,
e (r2_b), r2_o, e (r2_o))"
global 稳健性_换状态 "outreg2 using 稳健性_换状态.rtf,
bdec (3) adec (4) stats (coef tstat) addstat (r2, e
(r2), r2_b, e (r2_b), r2_o, e (r2_o))"
global 稳健性_年度 "outreg2 using 稳健性_年度.rtf,
bdec (3) adec (4) stats (coef tstat) addstat (r2, e
(r2), r2_b, e (r2_b), r2_o, e (r2_o))"
global 异质性_所有制 "outreg2 using 异质性_所有制.rtf,
bdec (3) adec (4) stats (coef tstat) addstat (r2, e
(r2), r2_b, e (r2_b), r2_o, e (r2_o))"
global 异质性_要素 "outreg2 using 异质性_要素.rtf,
bdec (3) adec (4) stats (coef tstat) addstat (r2, e
(r2), r2_b, e (r2_b), r2_o, e (r2_o))"
****第一步：基准回归
mlogit firm_continue $创新滞后  i.cic i.region, base
(1) cluster (id)
$基准回归
mlogit firm_continue $创新滞后  $控制变量  i.cic
i.region, base (1) cluster (id)
$基准回归
****第二步：稳健性回归
mlogit firm_continue2 $创新滞后  i.cic i.region,
base (1)
```

＄稳健性_换状态

mlogit firm＿continue2 ＄创新滞后　＄控制变量 i.cic i.region, base (1)

＄稳健性_换状态

mlogit firm＿continue ＄创新滞后　＄控制变量　i.cic i.region if year＜=2007, base (1) cluster (id)

＄稳健性_年度

mlogit firm＿continue ＄创新滞后　＄控制变量　i.cic i.region if year＞2007, base (1) cluster (id)

＄稳健性_年度

＊＊＊＊第三步：异质性

global 控制变量 "lnl profit_ratio lnkl lndebit lnage lnhhi"

＊＊＊所有制

mlogit firm＿continue ＄创新滞后　＄控制变量 i.cic i.region if ownership == "国有", base (1)

＄异质性_所有制

mlogit firm＿continue ＄创新滞后　＄控制变量 i.cic i.region if ownership == "民营", base (1) cluster (id)

＄异质性_所有制

mlogit firm＿continue ＄创新滞后　＄控制变量 i.cic i.region if ownership == "港澳台" | ownership == "外资", base (1)

＄异质性_所有制

＊＊＊要素密集度

global 控制变量 "lnl profit_ratio lnkl lndebit lnage foreign lnhhi"

mlogit firm＿continue ＄创新滞后　＄控制变量 i.cic if factor_type! = "劳动", base (1)

＄异质性_要素

```
mlogit firm_continue $创新滞后  $控制变量 i.cic  if
factor_type == "劳动", base (1)
    $异质性_要素
```

B.6 第5章 估计创新异质性对企业出口生存时间影响的程序源代码

```
global 创新滞后 "l_process l_quality l_product"
global 控制变量 "lnl  profit_ratio lnkl lndebit lnage
foreign lnhhi i.cic i.region i.year"
global 基准回归 "outreg2 using 基准回归_生存 .rtf, bdec
(3) adec (4) stats (coef tstat) addstat (ll, e (ll))"
global 稳健性_多时间 "outreg2 using 稳健性生存_多时间 .
rtf, bdec (3) stats (coef tstat) addstat (ll, e (ll))"
    ***第一步: 基准回归
xtcloglog failure  l_process i.cic i.region i.year,
i (id_survivor)
    $基准回归
xtcloglog failure  l_quality i.cic i.region i.year,
i (id_survivor)
    $基准回归
xtcloglog failure  l_product i.cic i.region i.year,
i (id_survivor)
    $基准回归
xtcloglog failure   $创新滞后, i (id_survivor)
    $基准回归
xtcloglog failure   $创新滞后 i.cic i.region i.year, i
(id_survivor)
    $基准回归
xtcloglog failure   $创新滞后 $控制变量, i (id_survivor)
    $基准回归
    ***第二步: 稳健性检验
xtcloglog failure   $创新滞后 $控制变量 if spell_no ==
```

```
1, i (id_survivor)
    $稳健性_多时间
    xtcloglog failure  $创新滞后 $控制变量 if spell ==1, i
(id_survivor)
    $稳健性_多时间
    probit failure  $创新滞后 $控制变量
    $稳健性_多时间
    xtcloglog failure  $创新滞后 lnl profit_ratio lnkl
lndebit lnage foreign lnhhi i.year#i.cic i.year#i. region,
i (id_survivor)
    $稳健性_多时间
```

B.7　第6章　估计创新异质性对企业出口增长影响的程序源代码

```
global 创新 "process_output quality_inno product06"
global 创新工具 "process_sale quality_inno_iv prod-
uct04"
global 创新滞后 "l_process l_quality l_product"
global 创新工具滞后 "liv_process liv_quality liv_
product"
global 控制变量 "lnl  profit_ratio lnkl lndebit lnage
foreign lnhhi"
global 基准回归_更换变量 "outreg2 using 基准回归_更换变
量.rtf, bdec (3) adec (4) stats (coef tstat) addstat
(r2, e (r2), r2_b, e (r2_b), r2_o, e (r2_o))"
global 内生_强度 "outreg2 using 内生_强度.rtf, bdec (3)
adec (4) stats (coef tstat) addstat (r2, e (r2), r2_b, e
(r2_b), r2_o, e (r2_o))"
global 基准回归_总额 "outreg2 using 基准回归_总额.rtf,
bdec (3) adec (4) stats (coef tstat) addstat (r2, e
(r2), r2_b, e (r2_b), r2_o, e (r2_o))"
global 内生_总额 "outreg2 using 内生_总额.rtf, bdec (3)
```

adec (4) stats (coef tstat) addstat (r2, e (r2), r2_b, e (r2_b), r2_o, e (r2_o))"

global 基准回归_边际 "outreg2 using 基准回归_边际.rtf, bdec (3) adec (4) stats (coef tstat) addstat (r2, e (r2), r2_b, e (r2_b), r2_o, e (r2_o))"

global 边际_更换变量 "outreg2 using 边际_更换变量.rtf, bdec (3) adec (4) stats (coef tstat) addstat (r2, e (r2), r2_b, e (r2_b), r2_o, e (r2_o))"

global 边际_heckman "outreg2 using 边际_heckman.rtf, bdec (3) adec (4) stats (coef tstat) addstat (r2, e (r2), r2_b, e (r2_b), r2_o, e (r2_o))"

global 边际_heckman_2sls "outreg2 using 边际_heckman_2sls.rtf, bdec (3) adec (4) stats (coef tstat) addstat (r2, e (r2), r2_b, e (r2_b), r2_o, e (r2_o))"

global 创新能力 "outreg2 using 异质性_创新能力.rtf, bdec (3) adec (4) stats (coef tstat) addstat (r2, e (r2), r2_b, e (r2_b), r2_o, e (r2_o))"

global 总额_贸易类型 "outreg2 using 总额_贸易类型.rtf, bdec (4) adec (4) stats (coef tstat) addstat (r2, e (r2), r2_b, e (r2_b), r2_o, e (r2_o))"

global 总额_产品类型 "outreg2 using 总额_产品类型.rtf, bdec (4) adec (4) stats (coef tstat) addstat (r2, e (r2), r2_b, e (r2_b), r2_o, e (r2_o))"

global 总额_竞争程度2 "outreg2 using 总额_竞争程度2.rtf, bdec (4) adec (4) stats (coef tstat) addstat (r2, e (r2), r2_b, e (r2_b), r2_o, e (r2_o))"

* * * *第一步: 总额回归

* * * * *1.1 基准回归

xtreg lnfirm_value process_output region * ind * time *, fe i (id) vce (cluster id)

$基准回归_总额

xtreg lnfirm_value quality_inno region * ind * time *, fe i (id) vce (cluster id)

$基准回归_总额

xtreg lnfirm_value product06 region * ind * time *, fe i (id) vce (cluster id)

$基准回归_总额

xtreg lnfirm_value $创新 region * ind * time *, fe i (id) vce (cluster id)

$基准回归_总额

xtreg lnfirm_value $创新 $控制变量 region * ind * time *, fe i (id) vce (cluster id)

$基准回归_总额

* * * * * *1.2 内生性问题

* * * *1.2.1 最小二乘法

xtivreg2 lnfirm_value $控制变量 region * time * ind * (process_output = tfp_mean tfp_ratio), fe ffirst cluster (id) endog (process_output)

$内生_总额

xtivreg2 lnfirm_value $控制变量 region * time * ind * (quality_inno = quality_mean quality_ratio), fe ffirst cluster (id) endog (quality_inno)

$内生_总额

xtivreg2 lnfirm_value $控制变量 region * time * ind * (product06 = product _ ave product _ ratio), fe ffirst cluster (id) endog (product06)

$内生_总额

* * * *1.2.2 滞后一阶

xtreg lnfirm_value $创新滞后　region * ind * time *, fe i (id) vce (cluster id)

$内生_总额

xtreg lnfirm_value $创新滞后 $控制变量 region＊ind＊
time＊, fe i (id) vce (cluster id)

$内生_总额

＊＊＊＊1.2.3 内生强度

xtivreg2 lnexp_ratio $控制变量 region＊time＊ind＊
(process_output = tfp_mean tfp_ratio), fe ffirst cluster
(id) endog (process_output)

$内生_强度

xtivreg2 lnexp_ratio $控制变量 region＊time＊ind＊
(quality_inno = quality_mean quality_ratio), fe ffirst
cluster (id) endog (quality_inno)

$内生_强度

xtivreg2 lnexp_ratio $控制变量 region＊time＊ind＊
(product06 = product_ave product_ratio), fe ffirst
cluster (id) endog (product06)

$内生_强度

＊＊＊＊＊＊1.3 更换解释变量

xtreg lnfirm_value $创新工具 region＊ind＊time＊,
fe i (id) vce (cluster id)

$基准回归_更换变量

xtreg lnfirm_value $创新工具 $控制变量 region＊ind＊
time＊, fe i (id) vce (cluster id)

$基准回归_更换变量

xtreg lnexp_ratio $创新 region＊ind＊time＊, fe i
(id) vce (cluster id)

$基准回归_更换变量

xtreg lnexp_ratio $创新 $控制变量 region＊ind＊time＊,
fe i (id) vce (cluster id)

$基准回归_更换变量

```
＊＊＊＊第二步：出口边际
＊＊＊2.1 基准回归
global margin " lnnp_nm_v lnnp_om_v lnop_nm_v lnop_
om_new"
foreach name of global margin {
xtreg 'name' $创新 region * ind * time * , fe i (id)
vce (cluster id)
$基准回归_边际
xtreg 'name' $创新 $控制变量 region * ind * time * , fe i
(id) vce (cluster id)
$基准回归_边际
}
＊＊＊2.2 稳健_更换变量
foreach name of global margin {
xtreg 'name' $创新工具 $控制变量 region * ind * time * ,
fe i (id) vce (cluster id)
$边际_更换变量
}
foreach name of global margin {
xtreg 'name' $创新滞后 $控制变量 region * ind * time * ,
fe i (id) vce (cluster id)
$边际_更换变量
}
＊＊＊2.3 样本自选择
＊＊＊＊2.3.1 Heckman
global margin " lnnp_nm_v lnnp_om_v lnop_nm_v lnop_
om_new"
foreach name of global margin {
heckman 'name' $创新 $控制变量 region * ind * time * ,
select ($创新滞后 $控制变量 region * ind * time * ) twostep
```

```
$边际_heckman
}
* * * * 2.3.2 Heckman + 2sls
probit process_output tfp_mean tfp_ratio $控制变量
region * ind * time *
predict process_iv
probit quality_inno quality_mean quality_ratio $控
制变量 region * ind * time *
predict quality_iv
probit product06 product_ave product_ratio $控制变量
region * ind * time *
predict product_iv
bysort id (year): g l_process_iv = process_iv [_n - 1]
bysort id (year): g l_quality_iv = quality_iv [_n - 1]
bysort id (year): g l_product_iv = product06 [_n - 1]
global margin " lnnp_nm_v lnnp_om_v lnop_nm_v lnop_
om_new"
foreach name of global margin {
heckman 'name' process_iv quality_iv product_iv $控
制变量 region * ind * time *, select (l_process_iv l_
quality_iv l_product_iv region * ind * time *) twostep
$边际_heckman_2sls
}
* * * * 第三步：异质性影响
* * * 3.1 创新能力的影响
xtreg lnfirm_value c.process_output##c.tfp_hl region *
ind * time *, fe i (id) vce (cluster id)
$创新能力
xtreg lnfirm_value c.process_output##c.tfp_hl $控
制变量 region * ind * time *, fe i (id) vce (cluster id)
```

$创新能力

```
xtreg lnfirm_value  c.quality_inno##c.tfp_hl  region*
ind*time*, fe i (id) vce (cluster id)
```

$创新能力

```
xtreg lnfirm_value  c.quality_inno##c.tfp_hl  $控
制变量 region*ind*time*, fe i (id) vce (cluster id)
```

$创新能力

```
xtreg lnfirm_value  c.product06##c.tfp_hl  region*
ind*time*, fe i (id) vce (cluster id)
```

$创新能力

```
xtreg lnfirm_value  c.product06##c.tfp_hl $控制变量
region*ind*time*, fe i (id) vce (cluster id)
```

$创新能力

****3.2 行业竞争程度

****国内竞争

```
xtreg lnvalue_new c.process_output##c.lnhhi  region*
ind*time*, fe i (id) vce (cluster id)
```

$总额_竞争程度

```
xtreg lnvalue_new c.process_output##c.lnhhi  $控制
变量 region*ind*time*, fe i (id) vce (cluster id)
```

$总额_竞争程度

```
xtreg lnvalue_new  c.quality_inno##c.lnhhi  region*
ind*time*, fe i (id) vce (cluster id)
```

$总额_竞争程度

```
xtreg lnvalue_new  c.quality_inno##c.lnhhi  $控制变
量 region*ind*time*, fe i (id) vce (cluster id)
```

$总额_竞争程度

```
xtreg lnvalue_new  c.product06##c.lnhhi  region*
ind*time*, fe i (id) vce (cluster id)
```

$总额_竞争程度

```
xtreg lnvalue_new  c.product06##c.lnhhi  $控制变量
region * ind * time * , fe i (id) vce (cluster id)
```
$总额_竞争程度

* * * *国外竞争
```
xtreg lnvalue_new c.process_output##c.lnhhi_exp
region * ind * time * , fe i (id) vce (cluster id)
```
$总额_竞争程度 2
```
xtreg lnvalue_new c.process_output##c.lnhhi_exp  $控
制变量 region * ind * time * , fe i (id) vce (cluster id)
```
$总额_竞争程度 2
```
xtreg lnvalue_new  c.quality_inno##c.lnhhi_exp  region *
ind * time * , fe i (id) vce (cluster id)
```
$总额_竞争程度 2
```
xtreg lnvalue_new  c.quality_inno##c.lnhhi_exp  $控
制变量 region * ind * time * , fe i (id) vce (cluster id)
```
$总额_竞争程度 2
```
xtreg lnvalue_new  c.product06##c.lnhhi_exp  region *
ind * time * , fe i (id) vce (cluster id)
```
$总额_竞争程度 2
```
xtreg lnvalue_new  c.product06##c.lnhhi_exp  $控制
变量 region * ind * time * , fe i (id) vce (cluster id)
```
$总额_竞争程度 2

* * *3.3 加工贸易
```
xtreg lnvalue_new $创新  region * ind * time * if tt = =
" jg", fe i (id) vce (cluster id)
```
$总额_贸易类型
```
xtreg lnvalue_new $创新 $控制变量 region * ind * time *
if tt = = " jg", fe i (id) vce (cluster id)
```
$总额_贸易类型
```
xtreg lnvalue_new $创新  region * ind * time * if tt = =
```

"njg", fe i (id) vce (cluster id)

$总额_贸易类型

xtreg lnvalue_new $创新 $控制变量 region * ind * time *
if tt == "njg", fe i (id) vce (cluster id)

$总额_贸易类型

xtreg lnvalue_new $创新　region * ind * time * if tt ==
"hh", fe i (id) vce (cluster id)

$总额_贸易类型

xtreg lnvalue_new $创新 $控制变量 region * ind * time *
if tt == "hh", fe i (id) vce (cluster id)

$总额_贸易类型

* * * 3.4 产品类型

xtreg lnvalue_new $创新　region * ind * time * if high_
tech ==1, fe i (id) vce (cluster id)

$总额_产品类型

xtreg lnvalue_new $创新 $控制变量 region * ind * time *
if high_tech ==1, fe i (id) vce (cluster id)

$总额_产品类型

xtreg lnvalue_new $创新　region * ind * time * if high_
tech ==0, fe i (id) vce (cluster id)

$总额_产品类型

xtreg lnvalue_new $创新 $控制变量 region * ind * time *
if high_tech ==0, fe i (id) vce (cluster id)

$总额_产品类型

B.8　第7章　估计研发补贴通过创新异质性影响企业出口
增长的程序源代码

global 控制变量 " lnl lnprofit_ratio lnkl lndebit_ratio
lnage foreign"

global 基准回归 " outreg2 using 基准回归_ kernel.rtf,
bdec (3) adec (4) stats (coef tstat) addstat (r2, e

(r2), r2_b, e (r2_b), r2_o, e (r2_o))"

　　global 稳健 2005 " outreg2 using 稳健 2005_kernel.rtf, bdec (3) adec (4) stats (coef tstat) addstat (r2, e (r2), r2_b, e (r2_b), r2_o, e (r2_o))"

　　global 稳健_更换变量 " outreg2 using 稳健_更换变量_kernel.rtf, bdec (3) adec (4) stats (coef tstat) addstat (r2, e (r2), r2_b, e (r2_b), r2_o, e (r2_o))"

　　global 分产品类型 " outreg2 using 分产品类型_kernel.rtf, bdec (3) adec (4) stats (coef tstat) addstat (r2, e (r2), r2_b, e (r2_b), r2_o, e (r2_o))"

　　global 加工贸易 " outreg2 using 加工贸易_kernel.rtf, bdec (4) adec (4) stats (coef tstat) addstat (r2, e (r2), r2_b, e (r2_b), r2_o, e (r2_o))"

　　* * * * * * * * 第一步：基准回归

　　* * * *1.1 无控制变量

　　xtreg lnfirm_value tp i.year region1 - region31 i.cic, fe i (id) vce (cluster id)

　　$ 基准回归

　　xtreg process _ output tp i.year region1 - region31 i.cic, fe i (id) vce (cluster id)

　　$ 基准回归

　　xtreg lnfirm_value process_output tp i.year region1 - region31 i.cic, fe i (id) vce (cluster id)

　　$ 基准回归

　　xtreg quality_inno tp i.year region1 - region31 i.cic, fe i (id) vce (cluster id)

　　$ 基准回归

　　xtreg lnfirm_value quality_inno tp i.year region1 - region31 i.cic, fe i (id) vce (cluster id)

　　$ 基准回归

```
xtreg product04 tp i.year region1 - region31 i.cic, fe
i (id) vce (cluster id)
```
$基准回归
```
xtreg lnfirm_value product04 tp i.year region1 - region31
i.cic, fe i (id) vce (cluster id)
```
$基准回归

****1.2 有控制变量
```
xtreg lnfirm_value tp $控制变量 i.year region1 - region31
i.cic, fe i (id) vce (cluster id)
```
$基准回归
```
xtreg process_output tp $控制变量 i.year region1 - region31
i.cic, fe i (id) vce (cluster id)
```
$基准回归
```
xtreg lnfirm_value process_output tp $控制变量 i.year
region1 - region31 i.cic, fe i (id) vce (cluster id)
```
$基准回归
```
xtreg quality_inno tp $控制变量 i.year region1 - region31
i.cic, fe i (id) vce (cluster id)
```
$基准回归
```
xtreg lnfirm_value quality_inno tp $控制变量 i.year
region1 - region31 i.cic, fe i (id) vce (cluster id)
```
$基准回归
```
xtreg product04 tp $控制变量 i.year region1 - region31
i.cic, fe i (id) vce (cluster id)
```
$基准回归
```
xtreg lnfirm_value product04 tp $控制变量 i.year region1 -
region31 i.cic, fe i (id) vce (cluster id)
```
$基准回归

*******第二步: 稳健性检验
*****2.1 以 2005 年为分水岭

＊＊＊＊＊＊2005 年之前

xtreg lnfirm_value tp_bef2005 $控制变量 i.year region1 - region31 i.cic if inno_after2005！=1, fe i (id) vce (cluster id)

$稳健2005

xtreg process_output tp_bef2005 $控制变量 i.year region1 - region31 i.cic if inno_after2005！=1, fe i (id) vce (cluster id)

$稳健2005

xtreg lnfirm_value process_output tp_bef2005 $控制 变量 i.year region1 - region31 i.cic if inno_after2005！= 1, fe i (id) vce (cluster id)

$稳健2005

xtreg quality_inno tp_bef2005 $控制变量 i.year region1 - region31 i.cic if inno_after2005！=1, fe i (id) vce (cluster id)

$稳健2005

xtreg lnfirm_value quality_inno tp_bef2005 $控制变量 i.year region1 - region31 i.cic if inno_after2005！=1, fe i (id) vce (cluster id)

$稳健2005

xtreg product04 tp_bef2005 $控制变量 i.year region1 - region31 i.cic if inno_after2005！=1, fe i (id) vce (cluster id)

$稳健2005

xtreg lnfirm_value product04 tp_bef2005 $控制变量 i.year region1 - region31 i.cic if inno_after2005！=1, fe i (id) vce (cluster id)

$稳健2005

＊＊＊＊＊＊2005 年之后

```
xtreg lnfirm_value tp_af2005 $控制变量 i.year region1 -
region31 i.cic if inno_before2005! =1, fe i (id) vce (cluster
id)
```

$稳健2005

```
xtreg process_output tp_af2005 $控制变量 i.year region1 -
region31 i.cic if inno_before2005! =1, fe i (id) vce (cluster
id)
```

$稳健2005

```
xtreg lnfirm_value process_output tp_af2005 $控制变
量 i.year region1 - region31 i.cic if inno_before2005! =
1, fe i (id) vce (cluster id)
```

$稳健2005

```
xtreg quality_inno tp_af2005 $控制变量 i.year region1 -
region31 i.cic if inno_before2005! =1, fe i (id) vce (cluster
id)
```

$稳健2005

```
xtreg lnfirm_value quality_inno tp_af2005 $控制变量
i.year region1 - region31 i.cic if inno_before2005! =1,
fe i (id) vce (cluster id)
```

$稳健2005

```
xtreg product04 tp_af2005 $控制变量 i.year region1 -
region31 i.cic if inno_before2005! =1, fe i (id) vce
(cluster id)
```

$稳健2005

```
xtreg lnfirm_value product04 tp_af2005 $控制变量
i.year region1 - region31 i.cic if inno_before2005! =1,
fe i (id) vce (cluster id)
```

$稳健2005

* * * * *2.2 更换解释变量

```
xtreg lnfirm_value tp $控制变量 i.year region1 - region31
```

```
i.cic, fe i (id) vce (cluster id)
    $稳健_更换变量
    xtreg process_sale tp $控制变量 i.year region1 - region31
i.cic, fe i (id) vce (cluster id)
    $稳健_更换变量
    xtreg lnfirm_value process_sale tp $控制变量 i.year
region1 - region31 i.cic, fe i (id) vce (cluster id)
    $稳健_更换变量
    xtreg quality_iv tp $控制变量 i.year region1 - region31
i.cic, fe i (id) vce (cluster id)
    $稳健_更换变量
    xtreg lnfirm_value quality_iv tp $控制变量 i.year
region1 - region31 i.cic, fe i (id) vce (cluster id)
    $稳健_更换变量
    xtreg product06 tp $控制变量 i.year region1 - region31
i.cic, fe i (id) vce (cluster id)
    $稳健_更换变量
    xtreg lnfirm_value product06 tp $控制变量 i.year region1 -
region31 i.cic, fe i (id) vce (cluster id)
    $稳健_更换变量
    * * * * * * * *第三步:异质性分析
    * * * *3.1 分产品类型
    * * * *过程创新
    foreach exp in " lnexp_tech_high" " lnexp_tech_ml" {
    xtreg ′exp′  tp $控制变量 i.year region1 - region31
i.cic, fe i (id) vce (cluster id)
    $分产品类型
    xtreg process_output tp $控制变量 i.year region1 - region31
i.cic, fe i (id) vce (cluster id)
    $分产品类型
```

```
xtreg 'exp'process_output tp $控制变量 i.year region1 -
region31 i.cic, fe i (id) vce (cluster id)
    $分产品类型
}
****质量创新
foreach exp in " lnexp_tech_high" " lnexp_tech_ml" {
    xtreg 'exp' tp $控制变量 i.year region1 - region31
i.cic, fe i (id) vce (cluster id)
    $分产品类型
    xtreg quality_inno tp $控制变量 i.year region1 - region31
i.cic, fe i (id) vce (cluster id)
    $分产品类型
    xtreg 'exp' quality_inno tp $控制变量 i.year region1 -
region31 i.cic, fe i (id) vce (cluster id)
    $分产品类型
}
****品种创新
foreach exp in " lnexp_tech_high" " lnexp_tech_ml" {
    xtreg 'exp'  tp $控制变量 i.year region1 - region31
i.cic, fe i (id) vce (cluster id)
    $分产品类型
    xtreg product04 tp $控制变量 i.year region1 - region31
i.cic, fe i (id) vce (cluster id)
    $分产品类型
    xtreg 'exp'product04 tp $控制变量 i.year region1 - region31
i.cic, fe i (id) vce (cluster id)
    $分产品类型
}
*****3.2 分贸易类型
****过程创新
```

```
foreach exp in "hh" "jg" "njg" {
    xtreg lnfirm_value  tp $控制变量 i.year region1 - region31
i.cic if tt == "'exp'", fe i (id) vce (cluster id)
    $加工贸易
    xtreg process_output tp $控制变量 i.year region1 - region31
i.cic if tt == "'exp'", fe i (id) vce (cluster id)
    $加工贸易
    xtreg lnfirm_value process_output tp $控制变量 i.year
region1 - region31 i.cic if tt == "'exp'", fe i (id) vce
(cluster id)
    $加工贸易
}
**** 质量创新
foreach exp in "hh" "jg" "njg" {
    xtreg lnfirm_value  tp $控制变量 i.year region1 - region31
i.cic if tt == "'exp'", fe i (id) vce (cluster id)
    $加工贸易
    xtreg quality_inno tp $控制变量 i.year region1 - region31
i.cic if tt == "'exp'", fe i (id) vce (cluster id)
    $加工贸易
    xtreg lnfirm_value quality_inno tp $控制变量 i.year
region1 - region31 i.cic if tt == "'exp'", fe i (id) vce
(cluster id)
    $加工贸易
}
**** 品种创新
foreach exp in "hh" "jg" "njg" {
    xtreg lnfirm_value  tp $控制变量 i.year region1 - region31
i.cic if tt == "'exp'", fe i (id) vce (cluster id)
    $加工贸易
```

```
    xtreg product04 tp $控制变量 i.year region1 - region31
i.cic if tt = = " ′exp′ " , fe i (id) vce (cluster id)
    $加工贸易
    xtreg lnfirm_value product04 tp $控制变量 i.year region1 -
region31 i.cic if tt = = " ′exp′ " , fe i (id) vce (cluster id)
    $加工贸易
    }
```

图书在版编目（CIP）数据

中国工业企业创新异质性与出口动态 / 陈乘风著
. -- 北京：社会科学文献出版社，2021.7
（华侨大学哲学社会科学文库. 经济学系列）
ISBN 978 - 7 - 5201 - 8630 - 8

Ⅰ.①中… Ⅱ.①陈… Ⅲ.①工业企业 - 企业创新 -
关系 - 出口结构 - 研究 - 中国 Ⅳ.①F426 ②F752.62

中国版本图书馆 CIP 数据核字（2021）第 130004 号

华侨大学哲学社会科学文库·经济学系列
中国工业企业创新异质性与出口动态

著　　者 / 陈乘风

出 版 人 / 王利民
责任编辑 / 崔晓璇　张建中

出　　版 / 社会科学文献出版社·政法传媒分社（010）59367156
　　　　　　地址：北京市北三环中路甲 29 号院华龙大厦　邮编：100029
　　　　　　网址：www.ssap.com.cn
发　　行 / 市场营销中心（010）59367081　59367083
印　　装 / 北京玺诚印务有限公司

规　　格 / 开本：787mm × 1092mm　1/16
　　　　　　印张：15.75　字数：248 千字
版　　次 / 2021 年 7 月第 1 版　2021 年 7 月第 1 次印刷
书　　号 / ISBN 978 - 7 - 5201 - 8630 - 8
定　　价 / 79.00 元